中国社会科学院创新工程学术出版资助项目

中国流动人口

MIGRANTS IN CHINA

健康与教育

Health and Education

郑真真　张　妍
牛建林　林　宝　著

社会科学文献出版社
SOCIAL SCIENCES ACADEMIC PRESS (CHINA)

目录

引　言／001

第一部分　研究背景

第一章　中国流动人口的现状与特点／025

第二章　中国人口迁移流动调查综述／042

第三章　影响我国人口迁移流动的政策回顾：1949～2010 年／056

第二部分　迁移流动与健康

第四章　劳动力流动与流动人口健康问题／087

第五章　现阶段我国流动妇女健康研究综述：1996～2009 年／104

第六章　流动人口的居住工作环境与健康：深圳调查／127

第七章　流动人口健康服务需求：内蒙古调查报告／147

第八章　新生代流动妇女的健康服务需求研究／177

第九章　男性流动人口避孕套使用及影响因素分析／198

第三部分　迁移流动与教育

第十章　人口流动与教育回报：综述性研究／209

第十一章　迁移流动人口受教育程度研究

　　　　　——基于五普数据的分析／226

第十二章　流动人口的教育现状与贫困／242

第十三章　流动人口子女的义务教育：北京调查／264

第十四章　我国流动妇女的培训现状及培训需求分析／289

后　记／302

Contents

Introduction / 001

Part I   Background and Reviews

    Chapter 1   A Profile of Migrants in Contemporary China / 025

    Chapter 2   Surveys of Migrants in China: a Review / 042

    Chapter 3   Reviews on Migration Related Policies in China:
              1949 – 2010 / 056

Part II   Migration and Health

    Chapter 4   Health Vulnerability among Temporary Migrants in Urban
              China / 087

    Chapter 5   A Review on Health Issues of Migrant Women: 1996 –
              2009 / 104

    Chapter 6   Labor Migrants' Working and Living Environments and the
              Related Health Impacts: Evidences from Shenzhen / 127

    Chapter 7   Equal Primary Health Service for Migrants:
              Inner – Mongolia Surey / 147

    Chapter 8   Health Service Needs of Young Women Migrants / 177

    Chapter 9   Condom Use and Determinants among Migrant Men / 198

Part III Migration and Education

    Chapter 10 Migration and Education Return：a Literature
                Review / 209

    Chapter 11 Education Attainment of Migrants / 226

    Chapter 12 Migrants' Education and Poverty / 242

    Chapter 13 Compulsory Education of Migrant Children：Evidence
                from Beijing / 264

    Chapter 14 Trainings and Needs of Migrant Women / 289

Postscript / 302

引/言

一 研究背景

人口的迁移是人口学研究三大主题之一，指的是人口发生跨地域的空间变化。自有历史以来，人类一直在持续不断地迁移流动，形成了当今人口分布的格局。19 世纪末以来，不少学者根据人类迁移行为总结出迁移规律，提出一系列与迁移相关的经济学理论模型；20 世纪70 年代以来有更多学者关注迁移方面的微观研究和相关理论，其中包括迁移动机和决策，迁移的选择性和迁移对人口、经济、社会、文化的影响。

历史上中国人口的迁移主要是从中原地区向四周流动和从北向南流动两种走向，主要迁移活动的发生多与战乱和自然灾害相关。新中国成立以来，中国人口的迁移流动则与国家政策密切相关，总的走向仍是从农村向城镇迁移。特别是自改革开放以来，随着沿海一带非农就业机会的增加，以务工经商为主的从农村向城市、从中西部向东部地区的人口流动逐渐兴起，至今已形成了历经两代人经久不衰、规模日益增长的人口流动，也是中国有史以来和平时期历史最久、规模最大的人口流动。如此长期持续和规模日益增长的人口流动，不仅对中国经济发展做出了贡献，促进了中国的农村劳动力转移和非农就业，同时还增加了农村居民和家庭的收入。此外，人口流动不仅使流动者的工作生活发生改变，还影响到他们的家庭成员、亲友以及他们所居住的社区。

20 世纪 80 年代以来，对中国人口流动的调查和研究相继开展。初期研究较多围绕人口流动现象和流量、流向等宏观规律描述，主要关注点为"人口的流动"。随着时间的推移，相关研究也从对人口流动宏观趋势和模式的关注、对人口流动与经济发展和城市化进程的关注，深入到对"流动的人口"及各相关群体的关注（如近年来对留守家庭成员的研究），研究范围和研究对象进一步得到拓展，越来越多的研究转向对微观理论和模型的分析，更多的学者对流动者本身以及流动对流动者的影响展开研究，尤其关注流动者在流入地所面临的各种问题。

段成荣等利用 1982 年以来的全国人口普查和人口抽样调查数据，回顾了改革开放 30 年来人口流动状况，总结了流动人口变动的九大趋势：流动人口的普遍化、流动原因的经济化、流动时间的长期化、流入地分布的沿海集中化、年龄结构的成年化、性别构成的均衡化、女性人口流动的自主化、流动方式的家庭化和学业构成的"知识化"。20 世纪 80 年代以婚迁、随迁和投亲靠友为主的流动人口中妇女占多数，90 年代则转变为以外出务工为主的流动，年轻力壮的男性占了主要比例，而进入 21 世纪以后，女性外出务工人员迅速增长，2000 年的女性流动人口中有 48.9% 的女性因"务工经商"而迁移流动，该比例仅比男性低 12 个百分点，此外以实现家庭团聚的流动日渐增多，男女两性在流动人口中的构成逐渐趋于平衡。流动人口中的女性比例从 1990 年的 44.5% 上升到 2005 年的 49.7%，规模达到 7000 多万人。

进入 21 世纪以来，更多中西部农村的劳动力加入到人口流动的潮流中，更多家庭成员随着农民工进入到流入地，更多受过初中或高中教育的年轻一代改变了流动人口的教育构成。而相对于这些变化而言，流动人口在流入地所面临的问题和困难似乎依旧。如果说，近年来的一系列政策变化和不同城市采取的措施，旨在改善流动人口的状况，而且有些政策和措施已经初见成效；但令人遗憾的是，尚有多年积累的问题没能得到有效解决，而新一代的"农民工"① 又面对新的问题和挑战。改革开放以来，一方面人口流动方面的宽松政策为农村居民的发展提供了更多机会，流动的经历有利于这个群体人力资本的提升；但另一方面，各种政策、机制和条件的限制又妨碍了流动者的发展和人力资本的进一步提升。

本研究将健康和教育视为人力资本的主要元素，从流动人口发展和人力资本建设的视角，了解与流动人口健康和教育有关的现状及揭示问题，对人口流动与这两者的关系进行研究，并注重分析近年来公共政策的变化对改善流动人口健康和教育的影响，最终目的在于促进与人口流动相关问题的解决和流动人口状况的改善。

二　主要研究内容和研究方法

（一）主要研究内容

根据近年来中央和各地有关人口流动的相应政策变化、现有研究成果和可获得的数据，本项目将研究的重点确定为流动人口的健康和教育以及相关政策问题。研究从流动与个人发展的视角，将流动与人力资本相联系，揭示和分析这方面存在的问题，并提出相关政策建议。因此，本项目的关注对象是流动人口，并将健康和教育视为人力资本

---

① 这里之所以用引号，是因为当前的新一代流动人口除了户籍是农业户口之外，其他方面特征已经和传统的农民相差甚远了。

的主要元素，从流动人口的发展和人力资本提升的视角，对人口流动与健康和教育的关系进行研究。本研究的主要内容是流动者的健康和教育现状，流动经历对健康和教育状况改善的影响以及存在问题，并注重分析近年来公共政策的变化对改善流动人口健康和教育的影响；最后根据这些现状与问题提出相关的政策建议。

对流动人口的界定，从基本概念来说，居住地发生空间位置变化者为迁移者，而中国的居住空间位置变化与户籍相关，一般将居住空间位置变化、户籍登记也发生相应变化者称为迁移者，而户籍登记没有发生变化的称为流动者。还可按照流出地和流入地的城乡划分将流动者细分为城－城、城－乡、乡－城、乡－乡流动者四个群体。城－乡流动在中国流动人口总体中比例很小，城－城流动和乡－乡流动者所面临的具体问题和困难又往往不同于乡－城流动者，且乡－城流动在流动人口总体尤其是劳动力流动中占主要成分，而他们在流动中遇到的问题和挑战也最为突出，因此，本课题的研究对象主要为乡－城流动人口。

（二）主要研究方法

本研究应用了综合的研究方法，主要有以下几点。

（1）文献研究和政策综述。包括对流动人口调查和相关研究主题的成果综述和影响我国人口迁移的政策综述。

（2）现有数据分析。利用已有调查数据和第五次、第六次人口普查相关数据围绕研究内容展开深入分析。

（3）定量问卷调查和数据分析。根据项目需求开展小规模问卷调查。课题组与深圳市人口和计划生育科学研究所、内蒙古社会科学院以及北京市丰台区人口计生局合作，在三地开展了流动人口健康、公共服务需求及服务利用的问卷调查。

（4）实地调查。课题组在深圳、北京和呼和浩特三市，在流动人口、社区工作者和相关政府部门工作人员中开展了深入访谈，并实地考察了流动人口的工作场所、居住环境和社区服务中心。

（三）研究策略

基于本研究的研究目的和主要研究内容以及现有研究条件，课题组在研究中采取了以下研究策略。

（1）本研究以课题组主要成员的已有研究为基础，注意知识的积累和研究的延续性，并关注和考虑未来深入研究的方向与议题。

（2）在实地研究收集数据时，把握研究方法的科学性和实地操作的灵活性，在可行的前提下，尽力保证收集数据的可靠性。

（3）将课题研究与其他横向研究/合作研究项目结合，扩展研究内容和覆盖面，克服经费不足的困难。例如，课题组负责人和课题组主要成员作为专家参与了全国第三期妇女社会地位调查的全过程，并负责受流动影响群体的调查问卷设计、抽样设计和数据分析；课题组主要成员成功申请到并按计划完成美国社科研究理事会（SS-RC）的小额资助项目，与深圳市人口和计划生育科研所密切合作，顺利完成深圳调查；此外，课题组还借鉴了上海社区环境与居民健康调查问卷，并将深圳调查研究结果与上海调查的流动人口样本进行比较。

（4）与地方研究机构或政府部门合作，在学术研究的同时兼顾地方需求。如课题组应北京市丰台区邀请，协助设计流动人口公共服务需求调查，除了将该调查数据应用于本课题的研究外，还为丰台区撰写了调研报告。

（5）考虑到不同地区在流动人口政策及执行力度方面的差别，选择有不同特点的地区开展调研，体现研究地点和研究案例的多样性。

（四）实地调查介绍①

1. 调查点（样本城市）的选取

为了更深入地了解流动者在流入地的社会经济生活特征及人力资本发展状况，本课题组选取深圳、北京和内蒙古三个具有典型意义且特征各异的人口流入地进行了实地抽样调查。

深圳市是东南沿海最大的人口流入地，20世纪80年代以来，受深圳市特区经济政策和大量就业机会的吸引，来自全国各地的大规模的流动人口不断涌入深圳市。与其他主要的人口流入地相比，深圳市户籍人口与流动人口规模严重倒挂，户籍人口仅约相当于流动人口数量的1/6。这些独特的人口与社会经济特征使深圳市成为研究人口流动与人力资本发展不可或缺的典型案例。与深圳市相比，北京市流动人口总规模与之接近，但北京市的产业和经济结构、人口分布等特征与深圳市存在明显的差异，因而，考察北京市流动人口的人力资本发展状况对于全面理解人口流动对人力资本的影响同样具有重要的意义。

除北京和深圳两个人口主要流入城市外，本项目还选取了内蒙古自治区的两大人口流入城市（呼和浩特市和包头市）作为典型的人口流入样本点。与北京和深圳相比，呼和浩特市和包头市的城市人口规模较小，其经济结构突出反映了该区域是以工业和服务业为主，以及特有的丰富矿产资源、地域特征和风土人情等要素。此外，呼和浩特市和包头市吸引的流动人口具有明显的区域性特征，多数流动人口来自华北地区，且以内蒙古自治区内流动人口为主。在不同类型的人口

---

① 本节由牛建林撰写。

流入地中，呼和浩特与包头两市在一定程度上反映了中等城市的人口流动特征，因而本项目选择这两市为第三个典型调查点。

2. 抽样方法

本项目调查的目标人群为：年龄为 16～54 岁、户籍登记地不在样本城市、来样本城市务工经商 6 个月①及以上的流动人口。

考虑到流动人口的流动性强、相对缺乏准确完整的抽样框等特征，本项目选用了多阶段分层配额的抽样方法。首先，根据最新人口普查数据（包括小普查数据）中各样本城市的流动人口分布特征，选取流动人口较为集中的区；其次，在选中的区中，选取流动人口较为集中的社区、街道和工厂，尽可能使这些社区、街道和工厂在社会经济、环境方面的特征（如街道的地理位置、社会经济条件、工厂的类型）多元化；再次，在选中的街道和工厂按照事先确定的比例对流动人口进行配额抽样。本项目的三个样本点抽样方法具体如下。

（1）深圳市调查首先选取流动人口相对集中但社会经济特征各异的三个区：福田、宝安和龙岗，其中，福田是深圳市政府所在区，也是深圳经济特区的中心；宝安和龙岗是深圳经济特区外迅速发展的两个区，近年来吸引的外来务工人员规模不断扩大，聚集了深圳市绝大部分外来务工人员。然后，在这三个区根据流动人口居住和工作场所的分布特征抽取了不同类型的街道 7 个、工厂 12 个；在选中的街道和工厂中，按照流动人口年龄、性别、职业等分布特征确定配额原则，抽取并调查了符合条件的流动者共 1025 人。

（2）北京市调查选择了流动人口居住相对集中的丰台区，然后按

---

① 北京市的实地调查对象为 16～49 周岁、户籍登记地不在北京、来北京居住 1 个月以上的流动人口。

照流动人口在各街道的分布比例兼顾流动人口的年龄、性别、职业等分布特征进行配额。北京市调查设计总样本为 3000 人。

（3）内蒙古流动人口调查中，首先选取呼和浩特和包头两个流动人口较多但经济与就业结构各异的城市，呼和浩特市是内蒙古自治区行政首府，包头市是自治区内第一大城市，这两个城市聚集了内蒙古绝大多数流动人口。在这两个城市根据流动人口的年龄、性别、职业分布特征进行配额抽样，设计调查样本量为 800 人。样本规模的确定考虑了流动人口的分布特征和实际调研经费等资源状况。

调查结果显示，本项目调查的三个样本点中，被访流动者的基本社会经济等特征与普查数据较为吻合。

3. 问卷内容

根据各调查点的流动人口基本特征及地区社会政策与服务的发展特征，三个样本点采用了核心模块相同但各有侧重的调查问卷。这些问卷的核心模块均包括了被访流动者的人口与社会经济特征（包括户口特征、教育状况、工作特征、婚姻状况、家庭特征等）、流动者的身心健康状况（包括一般健康、慢性疾病、心理健康和压力量表等）、卫生保健服务需求和利用状况（接受全面体检、生病就医状况、医疗保险等特征）及流动经历等。

除主题模块的问题外，各问卷也包括了一些特殊主题和意义的问题，以反映各调查点流动人口面临的特殊问题或可能存在的特殊需求。具体而言，除核心模块的问题外，本项目在北京市的调查问卷中增加了与北京市流动人口服务均等化工程相关的问题，如健康和计划生育均等化服务的利用状况、相关培训的经历和培训需求等；在内蒙古的调查问卷中增加了流动者生殖健康状况、卫生保健知识培训的需求及实际培训经历、个人详细的流动史等；在深圳市调查问卷中详细询问了流动者在流入地的工作和生活环境特征、健康知识与职业安全知识、个人日常健康行为、社会网络与支持等内容。

4. 调查实施

本项目的实地调查由中国社会科学院人口与劳动经济研究所和各调查点的基层职能部门、研究机构合作展开，分别于 2010 年 5 ~ 6 月与深圳市人口和计划生育科学研究所合作组织了"环境与健康：深圳外来务工人员调查"，2011 年 9 ~ 11 月与内蒙古自治区社会科学院人口研究所合作实施了"外来务工人员的健康服务需求"调查，2011 年 9 ~ 11 月与北京市丰台区人口和计划生育委员会合作组织了"流动人口计划生育基本公共服务均等化"调查。调查均采用面对面调查方法，由调查员询问并填答，或由被访者在调查员的指导下自行填答。三个样本点最终收集的有效样本分别为深圳市 1025 份、北京市 3007 份和内蒙古 803 份，共计 4835 份。

三　主要研究成果综述

（一）人口流动概况、相关调查与政策综述

本研究成果的第一部分，根据最近发布的 2010 年第六次全国人口普查数据，介绍了中国人口流动的现状，并对中国人口迁移流动的相关调查做了综述，回顾了 1949 ~ 2010 年影响我国人口迁移的相关政策。

通过分析"六普"结果并与此前人口普查或人口抽样调查结果的比较，可以看到人口流动的模式在很大程度上保持了以往的特点，但也有所变化：（1）流动人口在规模上继续扩大，新加入的青年劳动力和在流入地长期定居的中年人口积累都导致了流动人口规模的扩大；

（2）流动人口主要集中在20～24岁，以往流动人口中15～24岁年龄组的女性规模显著大于男性的情况发生了变化，流动人口在青年阶段的性别结构更趋于平衡；（3）更多受过高中及以上教育的青年加入了流动的行列，同时流动人口受教育程度的性别差距缩小；（4）从务工经商原因流动的年龄模式看，女性与男性几乎同时加入流动者的行列，所不同的是女性比男性早两年退出这个行列；（5）流动人口的就业特征一方面延续了制造业和服务业为主、跨省流动者以农村户籍人口为主的模式，另一方面在省内流动者中有相当一部分人以专业技术人员的身份就业，流动人口的受教育和就业构成已经呈现多元化的趋势；（6）与此前的年龄别流动模式相比，在十几岁的年轻人中，男女两性都有所改变，女青年显然推迟了外出时间，而男青年的外出时间则提前了，以往农村女性早于男性外出打工的模式正在改变；（7）与2005年相比，随父母流动的儿童虽然有所增加，但多数流动父母仍未带儿女同行，"留守儿童"现象没有根本性的改变。

有关人口迁移流动的调查数据主要来自全国人口普查、人口抽样调查、人口迁移流动的专项调查和全国其他调查中有关人口迁移流动的信息。这些调查大多涵盖了乡城流动人口，收集的信息主要围绕迁移流动的规模、流向、外出经历（如就业、居住、社会保障、经济状况、社会融合等）、外出原因等，各种专项调查还包括迁移流动对个人、家庭和社会的影响内容。20世纪80年代以来，有关人口迁移流动的调查在抽样方法和调查指标方面不断改进，尤其是最近20年，调查内容日益丰富，为中国人口迁移流动研究提供了更多条件。虽有利因素不断增多，但仍存在许多不足，主要有：（1）大多数研究以一次调查数据的描述性分析为主，对长期数据的动态分析和因果分析较少；（2）更注重研究人口迁移流动对流入地的影响，而对流出地影响的研究相对较少；（3）缺少多学科的合作研究；（4）数据共享较差，许多调查数据未能充分有效利用。特别是第六次人口普查的微观数据难以获得，对于构成复杂的流动人口而言，仅从目前发布的汇总数据很难进行深入分析。

对影响我国人口迁移的政策回顾，可按照不同时期划分为四个阶段，不同阶段的主要政策取向为：（1）中华人民共和国成立初期至1978年，严格限制农村人口向城市迁移的政策；（2）20世纪80年代，相对宽松的人口流动政策；（3）1989年至20世纪末，流动人口的管制政策；（4）2000～2010年，以服务为主体的社会融合政策。该回顾特别总结了21世纪对人口流动有影响的标志性政策，尤其是2007年"关于进一步加强流动人口服务和管理工作的意见"，提出对流动人口"公平对待、搞好服务、合理引导、完善管理"的工作方针。中国在城市化的进程中，亦重视"三农"问题，由于中国劳动力的流动主要是农村流向城市，农村的发展和建设也对人口流动有直接或间接的影响。对影响人口迁移政策的回顾，将有助于我们了解不同历史时期流动人口所面临的主要问题及变化，并可能应用实证方法分析这些政策对流动人口的影响。

（二）流动与健康

该部分收入了分别完成于2005年和2009年的两篇与流动相关的健康问题研究综述，列举了流动人口中的主要健康问题，讨论了与流动和健康相关的政府角色及公共政策、雇主、卫生部门、社区和流动人口自身在改善流动人口健康问题中的作用（见图1）。流动人口主要由青壮年构成，这个年龄段的主要健康问题大多是工伤或意外伤害、传染性疾病、生殖系统疾病及心理疾病等。本项目的研究重点为流动人口的居住工作环境与健康状况分析，流动人口的健康服务利用，流动妇女的生殖健康，尤其关注新生代女性农民工的健康服务需求。该

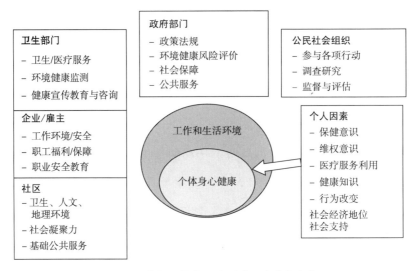

图 1　流动人口健康风险影响因素分析框架

部分的内容除两篇综述性文章外，全部来自对实地调查资料的分析研究。

　　健康是人力资本的主要内容之一。鉴于目前存在的巨大地区差距和城乡差距，从医疗卫生条件较差的农村和欠发达地区向城市和发达地区的迁移流动应当能够提高流入者的整体健康水平，有利于流动者人力资本的提升。但以往不少研究指出，由于我国卫生医疗保障和服务的相关制度不能适应劳动力大规模流动的形势，流动人口并不能享受与当地居民相同的医疗卫生服务和保障，使流动人口在为各地经济发展做出贡献的同时，也付出了健康成本并面临较高的健康风险。

　　在当前中国人口流动的形势下，健康与流动之间的关系错综复杂。首先，流动人口是一个相对健康的人群，迁移的选择性决定了健康的个体更有能力移动，而有健康问题的流动者更有可能退出流动返回家乡。因此，不少调查研究虽然指出流动人口的各种健康风险，但在应用健康指标测量状态时，流动人口的健康往往要好于非流动人口，在一定程度上掩盖了流动人口的健康服务需求。其次，健康状况有一个积累过程，健康或不健康的现状与个体的经历相关，而不一定与当前的社会经济状况有密切联系，通过一次性调查所了解到的流动人口健康状况，很难进行因果关系的分析。再次，流动经历有可能损害流动者的健康，也可能改善流动者的健康，流动对健康的积极或消极影响，在很大程度上取决于流入地的相关政策、公共服务提供和流动人口的工作生活环境，不同的地区和不同的人群之间具有较大差距。仅限于一个地区或某个特定人群的调查，较难判断这种影响的方向，从而影响研究结论的科学性。最后，近年来各主要流入地开展了各种项目促进流动人口的基本健康服务均等化，采取措施改善面向流动人口的医疗卫生服务，这类快速的政策变化促使相关调查研究具有很强的时效性，但学术研究都需要经过一段时期的准备才能开展现场调查，事后还需要分析和撰写报告，至研究成果发表时，现实状况有可能已经发生了改变。学术研究的滞后性影响了对相关政策和实施效果的评价。

流动人口的身体和心理健康与工作生活环境的关系，是以往研究中较少涉及的主题。通过 2010 年在深圳市开展的调查研究，课题组分析了城市外来务工人员的工作、生活环境特征与身心健康状况，分析了工作和生活环境因素对外来务工人员身心健康的影响。通过研究，我们可以得出以下结论。

（1）深圳外来务工者的工作环境中存在不同程度的不利条件，他们的工作时间普遍较长。

（2）外来务工者多数居住在当地农民修建的楼房中，居住区环境与住房内的宜居条件均较差。

（3）外来务工者有不同程度的身体和心理问题，尽管其总体健康状况较好。

（4）不利工作条件与居住环境对外来务工者的身心健康存在重要

的负面效应，从不同变量对健康状况的解释力可以看出，相对于其他社会经济因素的影响，这些环境效应的重要性更为突出。

（5）良好的健康行为与生活习惯对外来务工者身心健康具有重要的积极作用，尽管这些因素对于缓减不利环境带来的额外健康损耗作用有限。

（6）流入地的社会网络支持，如家人的陪伴等，对外来务工者的健康状况同样具有重要的保护效应。

研究表明，改善外来务工人员的工作和居住环境、倡导良好的保健行为和生活习惯、创造条件促进外来务工者的社会融入，对于改善他们的健康状况都具有重要意义。

与流动人口相关的调查大多集中在沿海和东部地区，如北京、珠三角、长三角等地。课题组选择了内蒙古的呼和浩特市和包头市进行调查，希望能对中部城市的情况有更多了解。通过在两个市展开的问卷调查和实地考察，我们收集了流动者个人及家庭的基本情况、个人健康状况、健康知识、认识与行为、卫生保健服务利用状况、卫生保健服务需求状况以及较为完整的流动史。通过调查，我们可以得出以下结论。

（1）流动人口的健康具有较强的选择性特征，大多数人的健康状况较好，但流动人口的慢性病患病情况不容忽视。流动人口中较为常见的慢性病包括肠胃疾病、贫血、专科疾病、支气管炎/肺炎/哮喘、关节炎/血管炎。同时，流动人口慢性病的患病类型存在明显的性别差异，女性患专科疾病和贫血的比例高于男性，而男性患高血压/高血脂/心脏病的比例高于女性。

（2）流动人口在流入地受超长时间工作、过度疲劳和不健康的饮食与生活习惯的影响，身体经常出现肩/颈/腰部酸痛、肌肉和关节发僵或僵硬、眼睛酸胀、反应能力下降、失眠、胃部不适和头痛头晕等不适状况。

（3）流动人口的心理健康问题相对更为隐蔽，但应引起足够重视。男女两性的心理健康状况存在显著差异，相比较而言，男性频繁经历各种亚健康心理感受的比例明显更高。这可能与男女的职业分工和工作环境不同、倾诉和交流个人心理感受的行为不同有关。

（4）流动人口对基本卫生保健知识的掌握程度不高，尤其是对专门保护从事有毒有害工作的劳动者权利的法律知晓率最低，只有23.4%的人知道正确答案。

（5）流动人口的健康保健意识较强，但受居住地医疗保险的参保率低和医疗保险报销额度有限，以及怕影响工作和没时间等因素的影响，仍有30.4%的人从未进行过常规体检，一些人在生病时拖着不去就医，或者选择到私人医院就诊。在所调查地区，私人诊所是流动人口就医的首选。

（6）已婚育龄流动妇女是在居住地接受生殖健康/计划生育服务的主要人群，她们接受的主要服务是妇科检查、上环/取环和孕检。做过流产手术的流动妇女中，超过一半的人在术后未能得到充分休息。

（7）只有9.3%的流动人口参加过有关卫生保健知识的培训活动；与流动人口表现出的培训需求相比，已开展的培训活动远远未满足其培训需求，尤其是在家庭急救/用药常识、妇科/男科/性传播疾病防治知识、孕产/育儿知识、科学养生知识和心理健康知识等方面的差距甚大。

（8）用人单位是培训活动开展的主要组织者，卫生/计生部门尚未承担起培训活动开展的责任；男性参加培训的情况好于女性，女性获得的培训机会较少。

此外，通过分析本次调查获得的流动史信息，我们还发现流动人口的流动特征出现一些重要变化，这些变化主要表现为："流动性"

开始下降；开始流动的时间呈现低龄化趋势；流动现象趋于长期化。

通过综合分析 2010 年深圳市和 2011 年北京市丰台区的问卷调查数据和座谈、访谈内容，课题组重点研究了 20 世纪 80 年代以后出生的"新生代"流动妇女的健康服务需求。经过课题组分析发现，尽管越来越多的流动妇女能够在外出务工地享受到多项卫生保健服务，但从政府投入和服务提供的角度出发，仍面临着一些问题，如：（1）面向流动人口的服务尚未形成长效机制；（2）现有的服务提供模式以"资源配置型"为主；（3）未婚者和层次最低的流动人口是现有服务开展的盲点人群；（4）部分流动人口仍缺乏服务信息的收集和保健意识；（5）生育保险尚未覆盖流动妇女。针对这些问题，课题组提出如下的政策性建议，以期逐步改善新生代流动妇女的基本公共卫生服务。

（1）将流动人口纳入城市公共卫生服务体系。流动人口长期滞留于城市，很多人已经成为事实上的"城市人"，同时，越来越多的新生代流动妇女倾向于在流入地生育孩子，将对流入地的孕产期保健/服务和流动儿童免疫接种服务提出更多需求。因此，切实将流动人口纳入城市公共卫生服务体系，建立以常住人口为依据的管理体制，才能避免区别对待所形成的社会排斥，防止政府公共产品供给机制的严重滞后，这对我国未来城市化的健康发展至关重要。

（2）创新面向流动人口的公共卫生服务提供和管理模式。在我国经济社会急剧发展变化的过程中，以"资源配置型"为主的卫生服务提供模式已暴露出诸多问题，难以满足人们日益多样化的需求，因此，政府应创新公共卫生服务的供给模式，即以服务对象的需求为核心，针对不同人群特征来制定服务内容、方法和手段，形成用"服务带动管理"的新模式。同时，应充分利用现代化的传媒手段（电视/报纸、手机、网络）来开展服务与管理工作。

（3）服务的提供应惠及所有流动人口。目前，一些相关政府部门的工作人员对流动人口公共卫生服务的提供还缺乏正确认识，思想较为保守，导致服务提供不到位，覆盖范围有限，特别是将大量未婚人群和最底层流动人口遗漏于服务体系之外。因此，应设计面向所有流动人口的公共卫生服务，并重点关注上述两个群体。

（4）面向流动人口的服务活动开展应以社区为载体。社区是一个兼具管理、服务、监督以及教育等多种职能的复合体，是流动人口最集中，也是社会支持资源的主要聚集地，是人们情感交流的场所和归宿。流动人口在城市工作、生活，总是要依附于某个固定的社区，本次调查结果也显示社区组织是他们参与各种培训活动的主要机构。因此，从社区层面入手，面向流动人口开展各种服务或培训活动是较好的途径。同时，政府在资源配置的过程中，应重点向社区倾斜，解决体制内社区资源不足的问题，扭转社区责重、权缺、利少而产生的"非法管理"或"无力作为"的局面。

（5）加强流动人口公共卫生服务的宣传教育和社会倡导工作。首先，需要增强广大流动妇女，尤其是受教育水平低和收入低的妇女的健康知识、保健意识和权利意识，促使她们养成日常锻炼、卫生健康的生活方式和饮食习惯，积极参与到公共卫生保健服务中来，引导她们在身体不适时能主动及时就医、积极治疗。其次，需要进行社会倡导，使政府官员、企事业单位和私营部门的管理者、社区基层干部等认识到让流动人口在城市享受基本公共卫生服务的重要性和必要性，创造良好的社会健康环境。

流动人口的生殖健康问题长期受到关注，但聚焦男性的研究成果相对较少。本书收入了2004年的一项调查结果，介绍了在北京从事建筑业和工商服务业的男性流动青年使用避孕套的情况，并分析了主要影响因素。这项调查发现，流动男青年，尤其是未婚男青年有相当一部分人都曾经使用过避孕套，而且很多人都意识到避孕套预防性传播疾病的功能，流动男青年的工作和生活环境、相关知识和自我保护意识都显著影响避孕套的使用。研究结果显示，流动人口中存在较大的潜在服务需求；而在影响行为方面，知识和态度比经济收入有更重要的作用。

对人口流动与健康和流动人口健康问题的研究，涉及健康和流动的各个方面，深入研究需要有多学科的协作，而对政府项目和政策的评价，则涉及与政府相关部门的合作。课题组在这方面只是进行了初步的尝试，相关研究还有待深入和加强。

（三）流动与教育

在讨论流动与教育之间的关系时，研究者往往将受教育程度看作是流动的条件，即假定迁移之前已经完成了教育，并认为教育对迁移有促进作用。如对迁移选择性的分析认为，受教育程度较高的人更容易被迁入地城市所接受；在中国从农村向城市的劳动力流动中，有研究发现教育与流动可能性呈现倒 U 形关系，即受教育程度较低和较高者向外流动的可能性相对较小。本项目的研究重点是探讨流动与人力资本积累和提升之间的关系，尤其是讨论相关政策和措施该如何更有效地发挥迁移流动的积极效应，如通过培训增强流动者的能力。

该部分的研究内容既包括人口流动与教育之间的关系，如人口流动与教育回报的研究综述和流动人口受教育程度研究，也包括对流动人口的教育现状与贫困之间的关系、流动状态对流动者子女义务教育的影响，以及流动者接受培训的现状与他们的需求分析。

人口流动与教育回报关系的研究向来是人力资本和劳动经济学研究的重点，这一领域的研究成果为了解人力资本投资方式与投资效率、劳动力市场特征、社会经济发展状况等问题提供了重要的视窗。目前，关于我国人口流动和教育回报状况的研究关注的重点大致包括农村地区流出人口相对于非流动居民人力资本回报的改善程度、流动者与城镇居民人力资本回报的差异，以及影响人口流动与教育回报关系的制度和非制度因素。这些研究为相关领域的文献积累提供了可能，并极大加深了决策部门及社会各界对各时期流动人口在劳动力市场上教育回报状况的理解。

不过，与人口流动现象的复杂性及其影响因素的多元性有关，现有研究中仍存在值得进一步分析与深入探讨的问题，如：（1）经济型人口流动现象具有重要的选择性特征，进入流动群体的往往是年轻、健康和受教育程度较高的人。因而，考察人口流动对人力资本发展及其回报状况的影响必须找到合适的分析方法。（2）人口流动对个人人力资本发展的影响既包括人口流动现象的间接效应（或外部性），也包括个人流动机会、流动经历的直接效应；同时，宏观人口流动现象与个人流动决策对人力资本回报的影响互不独立；现有关于中国人口流动与教育回报的研究往往仅侧重于一个层次，不利于全面深入地理解人口流动与教育回报的关系。（3）流动现象本身具有多样性和动态变化特征，而我国城乡居民的教育结构也正在发生重要的变化，因此，结合人口流动与人力资本回报关系的不同影响因素，考察这些人口流动的动态演变特征对于预测和评估未来各地区社会经济以及劳动力市场发展的趋向具有重要意义。（4）受户籍管理制度和城乡二元社会经济体系的影响，我国现阶段的人口流动现象具有重要的外部性，人口流动对教育回报状况的影响在很大程度上影响着留守者（包括流动者子女及流出地青年）的人力资本积累与回报，从而对当前和未来一段时期我国人力资源的发展状况具有重要的效应。因而，系统深入地考察人口流动与教育回报的关系及其动态变化特征，仍然是当前及未来社会科学研究的重要课题。

本部分的第二篇文章利用第五次全国人口普查资料，详细分析了迁移人口的受教育程度及其与未迁移人口的差距，反映了流动与教育之间关系的一个方面。通过分析，我们可以得出以下几点结论。

（1）与未迁移人口相比，迁移人口的受教育水平明显较高。从分年龄的情况来看，几乎各年龄组迁移人口的受教育水平都要高于相应年龄组未迁移人口的受教育水平。从迁移率的角度分析，受教育水平越高，迁移率越高。总体上，受教育水平较高的人更容易发生迁移。

（2）目前中国的人口迁移基本上是一个城市化的过程，在此过程中，受教育水平对迁移有着明显的影响，不同流向受教育水平存在明显的差异。城市中多数受教育水平较高的迁移人口选择的目的地是城市，农村中多数受教育水平较高的迁移者做出了同样的选择，人们在受教育水平以及由此衍生的知识和技能的大背景中选择自己的流向。总体看来，比较几个流向的迁移人口的受教育水平，以"城-城"流向为最高，其次为"城-乡"流向，再次为"乡-城"流向，最后为"乡-乡"流向。

（3）从事较高层次职业人员的受教育水平高于其他层次略低职业人员的受教育水平。反过来，所受教育水平较高的人员往往也有较大的比例从事层次高的职业。迁移人口的受教育水平与其职业之间存在较为密切的关系。

"流动人口的教育现状与贫困"综合论述了流动人口子女教育和以农民工培训为主的成人教育中存在的问题及影响因素，并分析讨论了这种现状对贫困的影响。流动人口子女的教育在输入地受到制度排斥，被迫推向市场；而在输出地，则表现为现有农村教育的缺失。我国对农民工的培训开展得较晚，还存在着培训力度不够、培训需求错位等问题。平等受教育机会的缺失不仅阻碍了农民工及其子女人力资本的提升，还影响到他们的就业、收入以及贫困的代际传承和对未来生活的期盼，甚至影响到社会的和谐稳定。

"流动人口子女的义务教育问题"来自 2004 年在北京进行的一项调查，之所以在成果中包括这篇报告，是因为当时了解到的几乎所有问题目前依然存在（除了政府的政策已有多次变化），尤其是对流动人口子女入学决策过程的归纳对当前的流动家庭来说，没有根本性的改变。当年报告中所提及的流动人口子女入学所存在的种种障碍依旧，与几年前相比，流入地政府虽已履行了更多的责任，但仍远远不够。不少城市仍然有大量流动人口子女（尤其是农民工子女）徘徊在正规义务教育大门之外，或者被迫选择留守在家接受教育（这一点也可以从 2010 年分年龄流动人口构成反映出来）。对这种长期无法有效解决的问题，还需要反复强调。

对流动者的在岗培训或其他形式的培训，是增强个人发展能力的一种方式。"我国流动妇女的培训现状及培训需求分析"主要根据 2005 年在北京和成都对青壮年流动妇女的问卷调查，对流动妇女的培训现状及需求进行了研究，并从她们的自身需求和现有培训机制出发，以期探索出适合流动妇女培训的有效模式。研究发现，不到 1/3 的流动妇女在外出之前或外出期间接受过各种形式的培训，但是流动妇女的培训需求与接受过的培训内容存在明显的错位，该调查还发现流动妇女对法律知识和非农技能培训的需求最为强烈。对影响因素进行分析后发现，反映流动妇女个人特征的年龄、文化程度和经济收入的变量对其培训行为和培训需求具有显著的影响。年龄较轻、文化程度较高、经济收入较好的流动妇女更可能参加过培训，且有更强烈的培训需求。在企事业打工的流动妇女相比于从事其他工作的流动妇女，参加过培训的比例更高，培训需求也更高。工作时间太长、没有空闲时间是多数流动妇女不想参加培训的主要考虑因素。

　　本项目除了在宏观上研究当前人口流动状况及对国家相关政策的综述外，主要关注点仍是流动人口、他们的健康和教育以及流动与健康、教育的关系。当相对自由的迁移流动为城乡居民，尤其是为农村青年提供更多发展机会、提高个体和家庭收入的同时，我们更希望看到迁移流动有利于人力资本的提升，具体而言，是改善这个大规模群体的健康状况、增加受教育机会。此外，本项目的多数实证研究在介绍现状时，都不同程度地揭示了流动人口在健康和教育方面存在的问题，有些是新形势下出现的新问题，而有些则是延续了数年甚至数十年的老问题。这些问题不能得到解决，将会严重影响中国从人口大国向人力资源大国的转变，影响中国未来的社会经济发展，影响中国良性城市化的进程。

研究背景

中国流动人口的现状与特点

一 研究背景

中国拥有全世界和历史上规模最大的流动人口，且这个群体的规模从 2000 年的 1 亿多人增长到 2010 年的 2.2 亿多人，几乎占总人口的 1/6。受人口流动的影响，"六普"更新了中国人口分布的版图。人口比重在全国排位上升的地区除广东外都是低生育地区，这种人口再分布的主要动力应当是经济发展对外来劳动力的吸引。广东超过山东与河南跃居人口第一大省，显然与珠三角聚集了全国各地的劳动力有密切关系；人口比重排位上升的其次是上海、浙江和北京。这些地区正在抓住人口机会窗口的最后几年，充分利用着从全国各地流入的劳动力。而四川、湖北、安徽、河南这些人口流出大省，2010 年人口比重排位与 2000 年相比则显著下降①。

近年来，由于 20 世纪 80 ~ 90 年代出生的青年人进入了劳动年龄，更多农村青年加入了打工者的行列。不少调查研究发现，他们与上一代农民工具有不同的特征和行为，如 2010 年国家统计局的新生代农民工专项调查发现，1980 年之后出生的外出农民工已经占全部外出农民

---

① 国务院第六次全国人口普查办公室、国家统计局人口和就业统计司编《2010 年第六次全国人口普查主要数据》，中国统计出版社，2011。

工总数的 58.4%，成为外出农民工的主体；他们与上一代农民工相比，文化素质整体较高，大部分人不再"亦工亦农"，而是纯粹从事二、三产业，主要集中在制造业等①。此外，不同地区和城乡经济发展、就业形势的变化以及作为主要流入地的大中型城市就业环境和公共服务的变化，都有可能改变流动人口的迁移、就业和居留模式。本文将主要根据第六次全国人口普查结果汇总数据（以下简称"六普"）②和其他相关信息，描述流动人口的年龄结构、受教育状况和就业特征。

二 流动人口概况

（一）人口规模

"六普"统计的户口登记地不在常住乡镇街道的人口总数为 26094 万人，在这些人当中，户口登记地在省内的属于市区内人户分离者有 3991 万人，由于这类人可能没有发生实质性的迁移流动，下文中没有将他们计入流动人口（以下分析均减去市区内人户分离者）。从而不包括市区内人户分离者的流动人口为 22103 万人，与 2000 年的约 1 亿人相比，增长了一倍多。

不少调查发现越来越多的流动人口在城市长期定居，所以这 10 年中其规模的扩大，有近期离开户籍地流动人口数量增加（主要是年轻人）的因素，也是以往历年流动人口在流入地长期定居积累的结果。根据"六普"结果，2010 年离开户口登记地半年至一年和一

---

① "新生代农民工研究"课题组：《新生代农民工的数量、结构和特点》，载蔡昉主编《中国人口与劳动问题报告 No.12："十二五"时期挑战：人口、就业和收入分配》，社会科学文献出版社，2011。

② 国家统计局，2010 年全国人口普查数据。

年至两年的流动人口分别占 20.8% 和 21.0%；而离开户口登记地 6 年以上的流动人口占总流动人口的 23.8%。居住在城市的流动人口中有 24.0% 离开户口登记地 6 年以上，几个主要人口流入地如上海、北京两个直辖市的相应比例更分别高达 32.2% 和 30.3%，天津和广东虽然离开户口登记地半年至两年的比例相对较高（分别为 44.9% 和 44.1%），但 6 年以上的比例也分别达到 20.9% 和 22.1%。这部分人其实已经成为较为稳定的当地居民而"定居"了，但在居民身份上仍然是"外地人"。

在"六普"统计的流动人口中，约 63.0% 来自农村；不过，省内流动者来自农村的比例略多于一半（54.0%），相对较低；而跨省流动者中有 81.6% 来自农村。省内流动人口中女性占 48.8%；跨省流动人口中的女性占 43.7%。

（二）年龄结构

流动人口高度集中在 20～24 岁（见图 1-1）。初步分析发现，这种现象主要受总人口年龄结构和外出年龄变化等因素影响。首先，2010 年的总人口年龄结构显示出 20～24 岁人口规模显著大于前后相邻的年龄组，其占总人口比例比相邻年龄组约高出 2 个百分点[1]，因而相应年龄的新增劳动力规模相对较大。其次，可能近年来有更多青年完成义务教育，甚至完成高中或职高学业后才外出打工，因而年轻组外出规模显著缩小；同时由于外出年龄推迟，在 20～24 岁形成堆积。下文显示流动人口中受过高中及以上教育比例显著上升，也可以从另一个侧面反映因在校时间延长而推迟外出离家工作的现象。

---

[1]　在 2000 年第五次人口普查结果中也显示，10～14 岁组比相邻两个年龄组的男女两性各多出 1000 多万人。

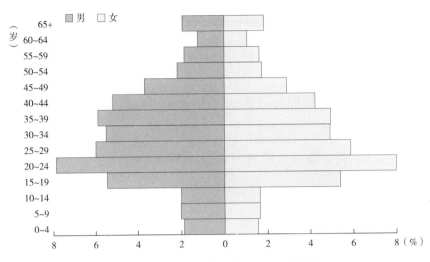

图 1 - 1 2010 年分性别流动人口年龄结构

数据来源：国家统计局，2010 年全国人口普查数据。

图 1 - 1 还显示，无论女性还是男性，都更集中在 20～24 岁年龄组。如果进一步观察流动人口的男女性别构成，则可以发现 2010 年 15～30 岁男女两性构成相对平衡（见图 1 - 2），女性流动人口在较低

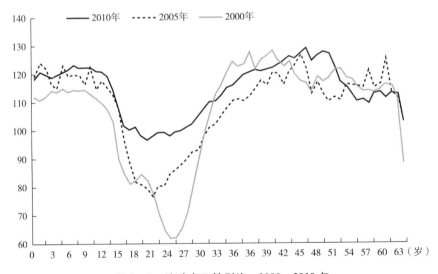

图 1 - 2 流动人口性别比，2000～2010 年

数据来源：国务院人口普查办公室、国家统计局人口和就业统计司，2002、2007 年；国家统计局，2010 年全国人口普查数据。

年龄段的迁移特征逐渐呈现出与男性相似的规律。这不同于 2005 年以前流动女性 15～24 岁年龄组的规模显著大于男性的情况，以往那种女性（主要是农村女性）早于男性外出打工的模式正在改变，流动人口在青年阶段的性别结构更趋于平衡。

观察跨省流动和省内流动的人口（见图 1－3），无疑有更多 20 多岁的年轻人加入省内流动的行列，这是否由于中央对中西部经济发展力度加大，或受到 2008 年金融危机后工厂企业向中西部移动的影响，还需要结合这些年轻人的就业状况进行更为深入的分析。

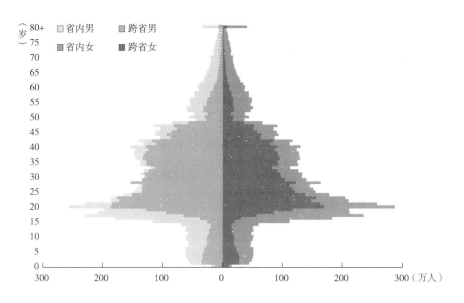

图 1－3　2010 年省内和跨省流动人口年龄别规模

数据来源：国家统计局，2010 年全国人口普查数据。

结合图 1－1 至图 1－3，还可观察到少年儿童的流动情况。图 1－1 明确显示出 0～14 岁低龄组的规模与 25～44 岁年龄组相差甚远，说明与流动人口共同在外的年幼子女仍然相对较少。从流动方式的"家庭化"而言，夫妻共同在外可能更为普遍，而子女并未大规模随迁。如 25～29 岁组和 30～34 岁组户口登记地在外乡镇街道的女性人口规模分别为 1535 万人和 1289 万人，而 5 ~ 9 岁组和 10 ~ 14 岁组的男女儿童合计分别为 959 万人和 952 万人。2010 年的新生代农民工专项调查也发现，在已婚的新生代农民工当中，59.4% 为夫妻一起外出；而在有子女的新生代农民工当中，62.9% 将子女留在老家[①]，意味着农村依然有大量留守儿童。图 1 - 2 显示流动儿童中男童多于女童，性别比在 120 上下波动，但不能由此判断有更多女童没有随父母外出，因为同年龄的总人口性别比在 118 ~ 119 之间波动。图 1 - 3 则显示，与跨省流动相比，有更多儿童跟随省内流动的父母，且随着入学后的年龄增长，省内流动和跨省流动儿童规模差距加大，初中阶段差距最大，这可能是因为省内流动更容易解决初中阶段异地入学的问题。

（三）受教育程度

流动人口的受教育程度以初中为主，不过高中和大专及以上的也占了不小比例，省内流动女性有 39.8% 受过高中及以上的教育（见表 1 - 1）。虽然女性的受教育程度略低于男性，但差距并不大，男性流动人口在受教育程度上的相对优势已逐渐消失。相对而言，跨省流动者有更高比例为初中程度，而高中以上的受教育程度者比例较低，这种趋势对男女来说都一样。结合下文的就业特征，可推断跨省迁移流动者多在制造业工作，而省内迁移流动者有相对较高比例从事技术工作，不同的劳动市场需求形成了这种差距。从就业机会而言，有较高受教育程度的人可能在本地可以有更多选择、可相对容易找到令人满意的工作，因而不必远距离跨省流动。

---

① "新生代农民工研究"课题组：《新生代农民工的数量、结构和特点》，载蔡昉主编《中国人口与劳动问题报告 No. 12："十二五"时期挑战：人口、就业和收入分配》，社会科学文献出版社，2011。

表 1-1　2010 年流动人口的受教育程度构成

单位：%

受教育程度	省　内		跨　省	
	男	女	男	女
小学及以下	17.3	22.0	16.6	21.8
初　　中	39.1	38.3	54.1	51.2
高　　中	26.2	23.5	17.7	15.6
大专及以上	17.4	16.3	11.7	11.5

数据来源：国家统计局，2010 年全国人口普查数据。

2010 年第三期中国妇女社会地位调查结果发现，从农村到城市的 30 岁以下流动女性中有 44.4% 具有高中及以上的受教育程度，这个比例远远高于 30 ~ 39 岁流动妇女的 21.0% 和 40 ~ 49 岁流动妇女的 15.1%。这个现象既反映了近年来农村女性受教育程度有显著提高，也说明不少受教育程度高的女性加入流动行列；此外，有调查发现，不少青年农民工的父辈就是在外打工的农民，他们在城镇长大，在城镇接受教育，因此无论从受教育程度还是受教育质量上都会高于在农村长大的农民工[①]。年轻一代受过较好教育的农民工在就业上也许会有不同于上一代农民工的表现。

（四）　流动原因

从流动原因看，流动人口中因经济原因流动仍占大多数，尽管与 2000 年以来的趋势大致相当，但无论是省内流动还是跨省流动，因经济原因流动比例在这十年间显著上升。分迁移类型看，跨省流动的流

---

① 2010 年中国五城市劳动力市场调查结果显示，在 16 ~ 30 岁农民工中，有 27.4% 接受过高中教育，有 32.8% 的人 16 岁以前居住在城市、县或镇。资料来源：蔡昉、王美艳：《中国劳动力市场的新因素》，载蔡昉主编《中国人口与劳动问题报告 No.12："十二五"时期挑战：人口、就业和收入分配》，社会科学文献出版社，2011。

动原因以经济原因为主，省内流动的则几乎是两类各半，且存在明显的男女差别（见表 1 - 2）。由于 2010 年的流动人口中有相当比例的城－城流动者，他们的流动原因和个体特征与乡－城流动者有较大区别。如果进一步细分，则发现农村妇女因经济原因流动占 46.5%，因非经济原因流动的占 53.5%，其中因婚姻嫁娶发生流动占农村流动女性人口总数的比例为 26.3%。

表 1 - 2　2010 年分性别流动人口的流动原因

单位：%

迁移原因	省　内		跨　省	
	男	女	男	女
经济原因	55.5	44.4	85.6	76.3
务工经商	22.8	25.9	67.0	69.7
工作调动	5.7	3.4	2.8	2.0
学习培训	14.5	15.2	4.3	4.6
非经济原因	44.5	55.6	14.4	23.7
婚姻嫁娶	2.1	9.9	0.7	5.0
随迁家属	14.0	19.2	7.7	11.4
拆迁搬家	14.1	12.8	0.8	1.0
投亲靠友	4.3	5.0	2.7	4.0
寄挂户口	1.1	0.9	0.1	0.1
其他	8.9	7.8	2.4	2.2

资料来源：国家统计局，2010 年全国人口普查数据。

如果按照年龄细分，有两组人特别值得关注，即 15～19 岁务工经商的流动者和因婚姻嫁娶而流动的妇女。图 1 - 4 显示了不同年龄不同原因流动的人占同龄流动人口的比例。女性在 18 岁以后因婚姻嫁娶而流动的比例逐渐上升，15～19 岁因婚姻嫁娶流动的妇女约 20 万人；男女两性在 20 岁以下因务工经商流动的比例相差较小，在 20 岁以后差距明显拉大。

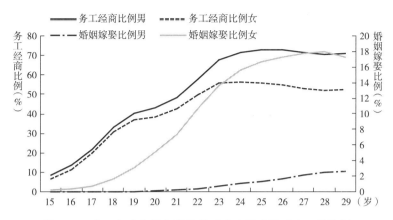

图 1－4　务工经商和婚姻嫁娶流动者占同龄流动人口的比例

数据来源：国家统计局，2010 年全国人口普查数据。

由于婚姻嫁娶的流动年龄别模式取决于初婚年龄的变化，其他非经济原因的流动亦无明确年龄别模式，因而本研究最为关注的是因务工经商发生流动的年龄别模式。图 1－5 为分性别流动原因为务工经商流动人口的迁移率，显示了与男女两性劳动参与率较为相同的模式和差距。在十几至二十几岁的迁移率上升时期，男女两性的上升速度一致，不过女性比男性提前两年达到峰值，即女性峰值在 24 岁，男性在 26 岁，随后都呈缓慢下降趋势。可见，无论男女，随着时间的推移，

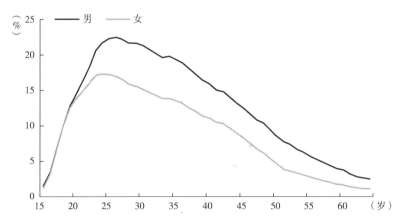

图 1－5　2010 年因务工经商流动的分年龄性别迁移率

数据来源：国家统计局，2010 年全国人口普查数据。

都有相当一部分人退出了流动者的行列，不过相对而言，女性仍比男性早两年退出。

由于男女返乡原因的不同，退出迁移的年龄也呈不同的模式。根据 2010 年第三期中国妇女社会地位调查结果[1]，流动妇女返乡的前三位首要原因是结婚、孩子上学需要照顾、生孩子和照料幼儿，分别占首要返乡原因的 20.6%、18.2% 和 11.8%。由于结婚或生育之后还有可能再次外出，而孩子上学和照料幼儿这些需求主要都发生在妇女的 25~40 岁阶段，并会持续数年，因此造成这个年龄段妇女比较集中地退出流动状态。相对而言，男性返乡的主要原因集中在没有赚到钱、不满意外面的工作、在家乡有更好的发展机会，分别占首要返乡原因的 18.9%、14.1% 和 11.9%，这些情况有可能在任何年龄发生，而在年龄较大时更有可能出现。例如有调查显示，受 2008 年金融危机对沿海劳动密集型加工制造业的冲击，那些年龄偏大、已有回乡打算的农民工平均提前 3 年返乡[2]。不过，对于因务工经商流动的人而言，无论男女，绝大部分在 60 岁以前都已经退出流动人口的行列了。

（五）就业特征

流动的主要原因是务工经商，且流动人口绝大部分在劳动年龄，因此流动人口的就业率相当高。从分性别职业特征看，跨省流动女性更多为生产运输设备操作人员，显示生产制造业对省外劳动力的吸引力；省内流动女性则有更高比例为专业技术人员或商业服务业人员，后者可能是由于各地商业服务业对本地劳动力有更大的吸纳能力，前者则与省内流动人口受教育程度比例较高相呼应，显示一部分受教育

---

[1] 中国第三期妇女社会地位调查数据汇总。

[2] 贺雪峰等：《农民工返乡研究——以 2008 年金融危机对农民工返乡的影响为例》，山东人民出版社，2010。

程度较高的女性在省内流动的情况（见图1-6）。至于哪些人在从事哪些职业，从事这些职业时间的长短，则需要有更多个体层次的数据才能深入分析。

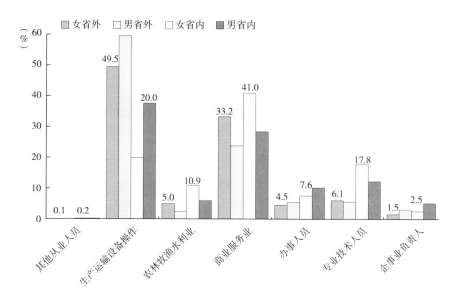

图1-6 2010年省内外流动人口的分性别就业特征

数据来源：国家统计局，2010年全国人口普查数据。

三 流动中的变化与比较

进入21世纪后，中国在经济发展和社会政策改革等各方面都发生了更多变化，例如取消一系列农民工收费、针对农民进城务工提出"公平对待、合理引导、完善管理、搞好服务"的方针、废除流动人口就业证制度、规范流动人口融合政策、流动人口公共服务均等化等，这些政策和措施都程度不同地促进了农民工进城务工的良性发展、改善了流动人口的工作和生活状况[1]。与此同时，1980年以后出生的新

---

① 参见本书第三章《影响我国人口迁移流动的政策回顾：1949~2010年》。

生代农民工加入了流动人口的行列，这些在改革开放中成长起来的新一代青年，也是计划生育后出生的新一代（即独生子女占了一定比例）在逐渐改变着流动人口的构成和特征，也可能会改变人口流动的模式和未来趋势。回顾和分析 2000~2010 年的人口流动特征，不难看出正在发生的变化。

从跨省流动的年龄模式方面观察到明显的变化。跨省流动人口的主要组成是以务工经商为主的乡城迁移者，也是大多数有关流动人口研究的主要关注对象。尽管相隔 5 年，2005 年和 2010 年的跨省迁移模式有了明显的不同，从迁移率反映出的变化在 15~24 岁最为显著，男女两性在迁移率上升阶段的差距显著缩小，除了峰值不同之外，已经几乎没有差别（见图 1-7）。差距缩小的直接原因是女性推迟了外出时间，而男性在外出时间上略有前移。如果说，人口流动和人力资本提升应当是相互促进的话，我们在女青年流动模式变化中看到了这种促进的倾向，但是男青年的流动模式变化却暗含着相反的作用。

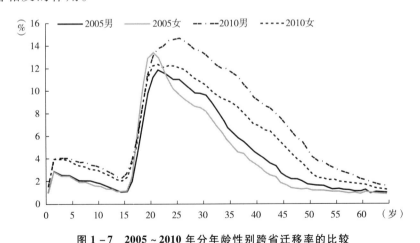

图 1-7　2005~2010 年分年龄性别跨省迁移率的比较

数据来源：国务院全国 1% 人口抽样调查领导小组办公室、国家统计局人口和就业统计司，2007；国家统计局，2010 年全国人口普查数据。

　　初步分析认为，引起这两种变化可能有几个因素。对女性而言，多种因素促进了她们在校时间的延长：（1）高中和职高毕业有可能找到收入较好、工作条件较好或更有发展空间的工作，因而促进了更多女青年上了高中或完成职高以后再外出工作；（2）生育率下降后出生的这代人普遍具有家里兄弟姐妹相对较少的特征①，因而家庭资源更为充足，过去农村那种在家庭资源匮乏时挤压女孩受教育机会的现象不再普遍，这一代人的父母与老一辈相比，也具有更高的受教育程度和更好的经济状况，因此家庭有条件为女儿的教育投入更多资源，使她们得以完成愿意完成的学业；（3）欠发达地区和农村地区的义务教育及高中的发展和职业高中的发展，缩小了义务教育阶段以及职高教育的性别差距，尤其更多的农村女性得以完成更高学业②；（4）虽然还有少数妇女在 20 岁以前因结婚而流动，但随着初婚年龄的推迟，多数因婚姻嫁娶发生流动的妇女也推迟了她们的流动时间。

　　但对男性而言，随着近年来非熟练劳动者工资的快速上涨，教育的相对回报率下降，他们看到不必等待大学毕业就可以有较高收入的就业机会，加之大学生“就业难”问题长期没有得到有效解决，有些地区出现“读书无用”的苗头，一些初中生中断了学业或不再升学，提前加入了流动的行列。2006 年以前观察到的女初中生更有可能存在辍学问题③，但随后在某些地区已经发生了变化。一项

---

① 据 2010 年中国五城市劳动力市场调查结果发现，在 16～30 岁农民工中，有 13.1％ 为独生子女。资料来源：蔡昉、王美艳：《中国劳动力市场的新因素》，载蔡昉主编《中国人口与劳动问题报告 No.12：“十二五”时期挑战：人口、就业和收入分配》，社会科学文献出版社，2011。

② 第六次人口普查中有关教育的数据也显示，在青年人口中，女性受教育年限有超过男性的趋势。

③ 牛建林：《农村地区外出务工潮对义务教育阶段辍学的影响》，《中国人口科学》2012 年第 4 期。

2009～2010 年在山西和陕西欠发达地区的调查研究发现，农村男生更有可能因为学习成绩差和家庭条件差而辍学①。由此可见，在经济发展不同阶段和劳动市场变化时，教育也应当有相应的调整和措施，降低在校学习的机会成本，以保证劳动年龄人口的人力资本持续和普遍得到提升。

比较 2005 年和 2010 年的迁移率年龄别模式差距，还可以看到2010 年在较高年龄组的男女两性都有更高比例维持在流动状态，显示了相当一部分迁移者在流入地长期居留的趋势。这一特征已在本文有关流动人口规模中讨论过，且这种现象与其他相关研究和调查结果一致，如有研究发现女性流动人口的平均流动时间超过 4 年，成为"不流动的流动人口"②；而这种现象不仅在女性流动人口中存在，也是近年来人口流动中的普遍现象③。与此同时，女性流动人口仍相对于男性较早结束流动返乡，因而形成了图 1 - 4 至图 1 - 7 中男女两性在 20 岁之后的迁移率上显示出的差距。这与前文所提到的男女返乡原因不同有关，女性返乡主要为了结婚生育和照顾学龄儿童，因而形成了20～40 岁阶段男女迁移率差距较大的状况。

从图 1 - 7 中还可看到年龄别迁移率在低龄和高龄的变化。与2005 年相比，有更多儿童随父母跨省流动，这个变化从一个侧面说明家庭迁移流动的风险降低、条件有所改善，也反映了各地近年来在解决流动儿童入学问题方面的努力。而在 50 岁以上的年龄段，大部分流动人口仍然没有留在流入地，反映了在城市工作、回农村养老的模式

---

① Hongmei Yi, Linxiu Zhang, Renfu Luo, et al, "Dropping Out: Why are Students Leaving Junior High in China's Poor Rural Areas?" *International Journal of Educational Development*, 2011, doi: 10. 1016/j. ijedudev. 2011. 09. 02.

② 段成荣、张斐、卢雪和：《中国女性流动人口状况研究》，《妇女研究论丛》2009 年第 4 期。

③ 杜鹏、张航空：《中国流动人口梯次流动的实证研究》，《人口学刊》2011 年第 4 期。

依旧。

对女性来说，在不同流动原因中研究者最为关注的是两个主要原因，即务工经商和婚姻嫁娶，前者代表了流动女性对经济活动的主动参与，后者仍为传统的嫁夫随夫行为。改革开放以来，以婚姻嫁娶为主的女性流动逐渐让位于务工经商的流动，近年来的变化幅度尤其显著。表1-3列出了这两种主要迁移原因的女性流动人口比例，其中因务工经商流动的妇女比例在10年间上升了约10个百分点，因婚姻嫁娶流动的比例则大幅度下降。

表1-3　2000~2010年女性流动人口的主要流动原因

单位：%

迁移原因	省　　内			跨　　省		
	2000年	2005年	2010年	2000年	2005年	2010年
务工经商	14.5	22.8	25.9	59.9	67.0	69.7
婚姻嫁娶	24.0	16.7	9.9	10.4	7.2	5.0

资料来源：国务院全国1%人口抽样调查领导小组办公室、国家统计局人口和就业统计司，2007年；国家统计局，2010年全国人口普查数据。

此外，在受教育程度方面，随着老一代农民工的退出和年轻一代的加入，与2005年相比，流动人口受过高中以上教育的比例显著增加。而在就业构成上也发生相应的变化，如省内流动女性中有更高比例的专业技术人员。不过，更为深入和准确的比较需要有更多微观层次的数据支持，例如由于2010年的省内流动人口中有相当大比例的城-城流动者，需要将他们的情况与乡城流动者区别分析和讨论；而仅从汇总的平均指标推断某些特殊群体会有发生层次谬误的风险，因此影响了对这些变化的深入分析以及更有意义的讨论。

四　小结与讨论

通过分析"六普"汇总资料并与此前人口普查或人口抽样调查结

果的比较，可以看到人口流动的模式既有所变化，又在很大程度上保持了以往的特点。

（1）流动人口规模进一步扩大，新加入人口流动的青年和在流入地"定居"的中年都导致了流动人口规模的增大。

（2）流动人口主要集中在 20～24 岁。流动人口中 15～24 岁年龄组的女性规模显著大于男性的情况发生了变化，流动人口在青年阶段的性别结构更趋于平衡。

（3）流动人口受教育程度的性别差距缩小，更多受过高中及以上教育的女性加入了流动的行列；省内流动女性的受教育程度显著高于跨省流动女性。

（4）因务工经商流动的妇女比例在 10 年间上升了约 10 个百分点，说明更多妇女因经济原因发生流动。而男性流动原因比例则没有显著变化。

（5）从务工经商原因流动的年龄模式看，女性与男性几乎同时加入流动者的行列，所不同的是女性比男性早两年退出这个行列。造成男女两性退出年龄差距的主要原因是：女性在 25～45 岁年龄段主要为了结婚、生育、照顾孩子等家庭原因返乡，而男性返乡则主要是由于收入和就业等经济原因。

（6）与此前的年龄别流动模式相比，在十几岁的年轻人中，男女两性都有所改变，女青年显然推迟了外出时间，而男青年的外出时间则提前了，以往农村女性早于男性外出打工的模式正在改变。

（7）虽然与 2005 年相比，流动儿童有所增加，但多数流动父母仍未带子女同行，"留守儿童"现象没有根本性的改变。

人口流动的变化趋势以及流动人口一些特征的变化，与 21 世纪中国人口结构的变化和社会经济发展密切相关，例如个别年龄段人口规模的波动、义务教育的普及和大学扩招、青年受教育程度的提高、中西部城市化和工业化的发展、经济发达地区持续多年的用工需求以及对劳动力技能要求的提升、越来越多的"农民工"在城镇流入地的长期定居等，这些因素都促成了"六普"数据所反映出的变化，这些变化的具体原因及后果，还需要更长时间来观察和更深入分析。而子女随同父母流动仍然存在诸多障碍，这不仅关系儿童的健康成长，也关乎亿万流动家庭福利和流动母亲的发展问题。

　　本文仅是根据"六普"汇总数据的初步分析。由于流动人口的多样性和中国不同区域间的巨大差距，需要利用微观数据对研究对象的不同特征进行多变量深入分析，而仅根据全国汇总数据难以探究更深层次的问题、开展更具有针对性的研究，对很多现象也难以做出结论性的判断。

中国人口迁移流动调查综述

　　20世纪80年代以来，随着改革开放政策的推行和东南沿海地区的快速发展，大量农村人口涌入城市，人口规模日益扩大，迁移流动性不断加强，迁移的流向和机制亦不断发生变化。当前，中国正经历着最频繁的人口迁移和流动。根据第六次人口普查数据公报，大陆31个省、自治区、直辖市的人口中，居住地与户口登记地所在的乡镇街道不一致且离开户口登记地半年以上的人口为261386075人，不包括市辖区内人户分离的人口为221426652人。中国的人口迁移和劳动力流动问题已成为中国城市化加速发展与经济社会转型这一重要阶段的一个重大现实问题，因此，人口迁移和流动越来越受到社会各界的广泛关注，有关人口迁移和流动的调查研究也备受重视。概括起来，目前中国开展过的人口迁移流动调查主要分为三大类：一是全国人口普查和国家统计局开展的1%人口抽样调查；二是相关机构开展的人口迁移流动的专项调查或区域性调查；三是一些典型的全国性调查，其中收集了人口迁移流动的重要信息。本文将对中国已开展过的人口迁移流动调查进行简要概述，为准确理解中国人口迁移和流动的内在机制与发展趋势，以及为与人口迁移流动相关的城市规划、社会经济发展、社会融合等问题研究提供参考。

一　全国人口普查和人口抽样调查

全国人口普查和人口抽样调查是中国人口迁移研究的重要数据来源。时至今日，我国已经开展过 6 次全国人口普查和 3 次 1% 人口抽样调查，在前三次人口普查中，问卷里未设计有关人口迁移的项目。自1987 年第一次全国 1% 人口抽样调查起，我国统计部门开始在全国性人口调查中收集有关人口迁移的信息。同时，随着经济社会的不断发展和人口迁移流动规模的日益扩大，有关人口迁移和流动的内容在人口普查和人口抽样调查中越来越丰富（见表 2 – 1）。1987 年全国 1% 人口抽样调查中设置了 3 个人口迁移项目："在本地居住时间"（指迁入本地不满五年的居住时间）、"最后一次从何地迁来（本地）"和"迁移原因"。1990 年第四次人口普查中，收集了 5 岁及以上被调查者的"1985 年 7 月 1 日常住地状况"和迁移人口"迁来本地的原因"（国家统计局人口统计司，1990）。此次普查将 1985 年 7 月 1 日常住地划分为"本县/市"和"本省其他县/市"两种，可以分析我国 1985年年中到 1990 年年中的人口迁移和流动情况，特别是省际人口迁移和省内跨县的人口迁移情况，但无法分析县内跨乡镇人口迁移和流动的信息。1995 年全国 1% 人口抽样调查中也设置了 3 个人口迁移项目："何时来本县、市、区居住"，"从何地来本县、市、区居住"，"1990年 10 月 1 日常住地"；但取消了 1987 年调查和 1990 年普查中使用的"迁移原因"项目。1996 年后，中国城市化发展步入了中期阶段，城乡人口迁移和流动随之加速，因此，2000 年第五次全国人口普查中，对人口迁移流动的资料收集做了较大改进，收集信息增加到 9 项。首先，在以户为单位的信息中，收集了"本户户籍人口中外出不满半年人数（H4）"、"本户户籍人口中外出半年以上人数（H5）"、"暂住本乡镇街道，离开户口登记地不满半年人数（H6）"等。其次，首次使用长表与短表相结合的方式，在长表中收集了"出生地"、"何时来本乡镇街道居住"、"从何地来本乡镇街道居住"、"迁出地类型"、"迁移原因"和"5 年前常住地"等信息。2005 年全国 1% 人口抽样调查中对问题设计又有所改进，在户单位中收集了"本户户籍中 2005 年10 月 31 日晚未居住在本户的人数"，在个人填报表中收集了"离开户口登记地时间"、"离开户口登记地的原因"、"1 年前常住地"、"5 年前常住地"等 4 项信息。2010 年第六次全国人口普查中对人口迁移和流动信息的收集与 2005 年抽样调查相比略有改动，保留了"本户户籍中 2010 年 10 月 31 日晚未居住在本户的人数"、"离开户口登记地时间"、"离开户口登记地的原因"、"5 年前常住地"4 项信息，增加了"出生地"信息，删除了"1 年前常住地"信息。

表 2 - 1　我国各次人口普查和抽样调查的主要内容

调查名称	调查时间	调查项目
1987 年 1% 人口抽样调查	1987 年 7 月 1 日	在本地居住时间、最后一次从何地迁来（本地）、迁移原因
1990 年全国第四次人口普查	1990 年 7 月 1 日	1985 年 7 月 1 日常住地状况、迁移人口的迁移原因
1995 年 1% 人口抽样调查	1995 年 10 月 1 日	何时来本县（市区）居住、从何地来本县（市区）居住、1990 年 10 月 1 日常住地
2000 年全国第五次人口普查	2000 年 11 月 1 日	本户户籍人口中外出人数、本户外来人口人数、出生地、迁移原因、何时及从何地来本乡镇街道居住、迁出地类型、1995 年 11 月 1 日常住地
2005 年 1% 人口抽样调查	2005 年 11 月 1 日	2005 年 10 月 31 日常住地、离开户口登记地时间、离开户口登记地原因、1 年前常住地、5 年前常住地
2010 年全国第六次人口普查	2010 年 11 月 1 日	2010 年 10 月 31 日常住地、离开户口登记地时间、离开户口登记地原因、出生地、5 年前常住地

利用人口普查和人口抽样调查所收集的信息，不仅可以对 20 世纪 80 年代中期以来的中国人口迁移和流动的基本情况进行描述，还可以

对人口迁移流动的规模、流向、原因、变动趋势等进行纵向分析。历次人口普查和抽样调查数据表明，中国流动人口的数量和占全国人口的比例一直持续上升。1990 年第四次人口普查时，全国离开户籍地 1 年以上的流动人口为 2135 万，仅占全国总人口的 1.88%；1995 年全国 1% 人口抽样调查的推算结果显示，全国离开户籍地半年以上的流动人口为 7073 万人，占全国总人口的比例上升到 5.86%；2000 年第五次人口普查时，全国离开户籍地半年以上的流动人口数量超过 1 亿，达 10229 万人，占全国总人口的 7.9%；2005 年全国 1% 人口抽样调查数据推算，全国离开户籍地半年以上的流动人口为 14735 万人，比例为 11.28%；2010 年第六次人口普查时，全国离开户籍地半年以上的流动人口已高达 22142.7 万人，与 10 年前相比，流动人口数量增加 11913.7 万人，增长 116.5%（见表 2 - 2）。

表 2 - 2   中国历次人口普查和人口抽样调查的流动人口数量和比例

单位：万人，%

年　份	1990	1995	2000	2005	2010
数　量	2135	7073	10229	14735	22142.7
比　例	1.88	5.86	7.90	11.28	16.16

资料来源：根据国家统计局发布的历次人口普查和人口抽样调查主要数据公报计算得出。

二　中国人口迁移流动的专项调查

20 世纪 80 年代中期，中国政府部门和研究机构就开展了人口迁移流动的专项调查。迄今为止，各类与人口迁移流动相关的调查达数百次。这些不同内容、不同形式、不同调查对象的调查规模大小不一，既有全国性的调查，也有区域性的调查，还有特定人群的调查。下文将重点梳理学者使用较多的几次全国性的人口迁移流动调查项目。

（1）中国 74 城镇人口迁移调查。由中国社会科学院人口所联合

16 家人口研究单位于 1986 年 7～12 月组织实施，是我国首次专门针对人口迁移开展的全国性调查，是国家"七五"社科重点项目，并受到联合国人口基金的部分资助。此次调查在河北、内蒙古、辽宁、黑龙江、上海、浙江、江西、山东、河南、湖北、湖南、广东、四川、贵州、陕西和宁夏 16 个省/自治区/直辖市内选定了特大城市 15 座、大城市 6 座、中等城市 12 座、小城市 10 座和 31 个镇展开，共计调查 23895 个家庭户，1643 个集体户，调查人口 100267 人。抽样方法采取分层、概率比率、随机和等距原则，总抽样比为市镇总户数的 2‰，同时，为使小城市和城镇样本量不至于过少而影响数据分析，采取了依城镇户数递减而使调查样本比例递增的原则，将城镇按户数多少分为六级确定抽样比例范围。问卷设计以户名为调查单位，调查内容分为五个方面：①城镇人口迁移和流动的数量；②城镇人口迁移和流动的方向；③城镇中迁移人口和流动人口的构成；④城镇人口迁移和流动的原因；⑤城镇人口迁移和流动的影响。这套数据为研究中华人民共和国成立初期至 80 年代中期我国城镇人口迁移状况提供了丰富的资料，基于调查结果出版了《中国 1986 年 74 城镇人口迁移抽样调查资料》和数篇学术期刊论文，并为后续的相关研究提供了重要的理论基础（马侠、王维志，1988）。

（2）中国农村劳动力流动调查。由中国社会科学院农村发展研究所与中国农业银行信息部联合进行，利用中国农业银行的农户抽样调查系统，于 1993 年 12 月至 1994 年 1 月对全国 26 个省/直辖市/自治区（不包括黑龙江、上海、广东、西藏、台湾）的 442 个县进行了调查，有效农户共 12673 户。此次调查的对象是在各个省抽取不同经济发展水平的县级单位，然后在各县选取 30 个左右收入水平不一的农户。调查内容包括农户的基本人口学信息、收入水平、家庭中外出打工者的文化程度、流动范围、流动频度（滞留时间）以及打工人员的行业分布、收支状况和对农户收入的贡献等。这套数据可以清晰呈现中国农村劳动力流动的区域差异特征和流动模式、流动范围等信息（李潘、韩晓耘，1994）。

（3）农村劳动力跨区域流动情况调查。由中共中央政策研究室、农业部农村固定观察点办公室组织，调查首次实施于1994年5月。该项调查在河南、河北、安徽、四川、江西、湖南、湖北、山西、江苏、广西、贵州等11个省区的75个固定观察点村庄开展（中共中央政策研究室农村组，1994；农业部课题组，1995）。调查主要内容包括：家庭的人口与劳动力情况、本户劳动力到本乡镇以外从事生产经营或打工的情况、劳动力外出的原因、外出的途径和渠道、外出收入、外出期间的心理体验与意外遭遇、外出对农业生产的影响、农村家庭的雇工情况等15个大类。这项调查数据对于分析我国近年来农村劳动力流动的状况、趋势、原因、渠道和社会影响等具有重要价值，此后每年调查一次，调查范围已扩展到全国31个省市区（段成荣等，2002）。

（4）农民工统计监测调查。由国家统计局2008年年底建立的调查制度，每年对全国31个省市区6.8万个农村住户和7100多个行政村的农民工进行监测，调查内容包括农民工数量、流向、结构、就业、收支、居住、社会保障等情况。基于调查数据撰写的研究报告发表于历年的《中国农村住户调查年鉴》综述部分，这套多年的数据资料能清晰反映出中国农民工各项指标变化的历史轨迹，是国家制定相应政策文件的重要参考资料。

（5）流动人口动态监测调查。由国家人口计生委组织实施，于2009年7月首次启动。2009年调查采用重点抽样和多阶段与规模成比例抽样（PPS）相结合的方法，对农业流动人口和非农流动人口进行入户调查；调查对象为16～59岁、在流入地居住一个月及以上的流动人口；调查区域涵盖了东、中、西三大地理区域以及环渤海、长三角、珠三角、西部、中部五大经济带，涉及北京、上海、深圳、太原和成都五个城市中的2330万流动人口，实际调查了56个县市区、173个乡镇街道、423个村居委会、21771个流动人口家庭、47461名流动人口。调查内容包括流动人口的基本人口学信息、家庭结构、在流入地的就业和收支情况、在流入地的社会融入和定居意愿、计划生育服务和生殖健康相关信息以及医疗保障、子女教育、居住条件等状况（国家人口计生委流动人口服务管理司，2010）。此项调查于2010、2011和2012年继续开展，基于原有的抽样方法逐步扩大调查区域和样本量，2012年已扩展到全国31个省（区、市）和新疆兵团，调查对象达159027人；调查采用个人问卷和社区问卷两种方式来收集相关信息。该调查数据能及时、持续、动态地了解流动人口的生存发展状况、社会融合情况、基本公共服务需求和流动行为、流动特征等的变动趋势，已连续3年出版了《中国流动人口发展报告》。

（6）中国流动儿童状况抽样调查。由国务院妇女儿童工作委员会办公室和中国儿童中心共同立项，国家财政部和联合国儿童基金会资助，国家统计局城市调查大队执行的专项调查。调查于2002年启动，2003年完成。调查采取分层抽样方法，根据地理位置（东、中、西部）和大中小城市规模分组，同时考虑城市的经济发展水平和收入水平等因素，最后确定北京、武汉、成都、深圳、吉林、咸阳、绍兴、株洲和伊宁9个调查城市；在所调查的城市内，采取规模成比例抽样方法抽取调查户。调查对象是户口登记地为县城以下的农村或乡镇，在调查市区居住半年以上，并随带有18周岁以下儿童的流动人口家庭。调查共涉及9个城市的36个市区、125个街道的6343个家庭户，12116名流动儿童监护人和7817名6~18岁的流动儿童。调查内容包括流动儿童的教育、健康、权利保护和社会融入等内容（邹泓等，2004；陈晓蓓，2003）。基于调查数据，最终形成了"流动儿童健康及卫生保健状况"、"流动儿童教育问题"、"流动儿童权利受保护状况"和"流动儿童相关政策"等四个专题研究报告，描绘出一幅流动儿童生活的全景图，也在全国范围内掀起了流动儿童的研究浪潮。

除全国性的调查外，一些机构还开展了区域性的人口迁移流动调查。比如，上海市公安局和统计局分别于1984年、1985年、1986年、1988年、1993年和1997年联合组织实施了六次上海市流动人口抽样调查；2003年两部门又联合人口计生委开展了上海市外来流动人口抽样调查。尽管历次流动人口调查的口径与方法不尽相同，但这些调查数据基本上反映了上海流动人口的整体情况。学者们利用调查数据，先后出版了《90年代上海流动人口》和《上海流动人口的现状与展望：上海市第六次流动人口抽样调查》等著作，并发表了多篇学术论文（王桂新、戴贤晖，2005；任远，2006）。北京市也分别于1985年、1994年、1997年（外来人口普查）、2002年和2006年开展了五次流动人口调查，其中1997年的外来人口普查和2006年1‰流动人口抽样调查两套数据的开发较为深入，公开发表了多篇学术论文和著作（北京市外来人口普查办公室，2000；翟振武等，2007；姜向群等，2008；宋健等，2008）。20世纪90年代末期，在福特基金会的资助下，国务院发展研究中心、国务院中国农村劳动力发展研究所、劳动与社会保障部就业培训司、中国人口与发展研究中心、国务院贫困地区经济发展领导小组西南扶贫组、北京大学社会学系和中国经济研究中心、中国社科院社会学所、清华大学当代中国研究中心，以及上海、南京、四川、贵州等地的多家学术研究机构，汇集了经济学、社会学、人口学、医学、教育学、民族学、女性学等多学科的研究人员，从社会管理、农村劳动力流动、农民培训、就业市场、婚姻生育、劳务输出、社会融入、社会网络、公共卫生、流动儿童教育、社会性别等多维视角在全国多个省市区开展了一系列的流动人口调查，基于调查数据，学者们撰写了大量研究报告、学术文章和专著（赵树凯，1998；宋洪远，2000；潘绥铭，2000；"农村外出务工女性"课题组，2000；周海旺，2001；张寒梅，2001；郭虹，2002；郑真真、解振明，2004），这些研究为2000年后中国对流动人口政策的逐步完善产生了较大的影响。中国社会科学院人口与劳动经济研究所分别于2003年在北京、石家庄、沈阳、无锡、东莞5个城市的25个社区和2005年在昆明市的10个乡镇街道的大部分社区进行了"城市流动人口"的问卷调查，该项研究从社区的视角出发，通过流动人口和本地居民的比较分析来透视城市流动人口的就业、居住、社会保障和社会融入等问题（张展新、侯亚非，2009）。北京大学中国社会与发展研究中心于2005年在西部的乌鲁木齐、拉萨、兰州、银川、西宁和格尔木6个重要城市组织了流动人口的问卷调查，调查内容主要关注流动人口的社会融合情况（马戎、马雪峰，2007）。为了完整地再现流动人口的流动过程，更好地实现对流动人口和非流动人口人群及其家庭之间的对比，中国人民大学人口与发展研究中心于2009年采用流入地与流出地配对跟踪调查的设计思路，选取北京朝阳区 – 河南滑县、广东东莞 – 湖南嘉禾、浙江诸暨 – 贵州遵义同时在流入地和流出地开展了流动人口调查，为中国流动人口的梯次流动实证研究提供了基础数据（杜鹏、张航空，2011）。此外，武汉、重庆、西安、深圳、沈阳、广州等大城市自20世纪80年代以来都先后举行过流动人口调查和农村劳动力外出调查。这些调查对开展区域性的人口迁移流动研究提供了丰富的资料。

三 人口迁移流动的相关调查

人口迁移流动研究的数据来源广泛，除了全国人口普查、人口抽样调查和专项调查外，国内开展的一些以其他主题为主的较大规模人口调查中，也包含了部分人口迁移流动信息，成为人口迁移流动研究宝贵的补充材料。

（1）全国生育节育抽样调查。由国家计生委于1988年组织进行的，该调查覆盖了全国30个省市区（含海南省，不含台湾省），调查总样本规模为215.2万人（王谦，1993）。该调查收集了"出生地"、"迁移到样本点的原因"、"最后一次来样本点的时间"和跨省迁移人口的"最后一次省际移动原因、时间和移出地"等丰富的人口迁移信息。1992年，国家计生委又进行了类似的调查，样本的规模是38万人，周皓（2001）利用这一数据从迁出地、家庭户的角度考察了家庭户的各种特征对人口迁出的影响作用。

（2）中国社会状况综合调查。由中国社会科学院社会学研究所负责实施，分别于2006年、2008年和2011年开展了3次。该项调查采用了科学的抽样方法，以2000年全国第五次人口普查的区市县统计资料为基础进行抽样框设计，采取分层多阶段抽样方法在全国28个省市区（除宁夏、青海、西藏外）抽取样本。2006年在130个县（市、区）、260个乡（镇、街道）、520个村/居委会访问住户7100户，有效样本7061个；2008年在134个县（市、区）、251个乡（镇、街道）和523个村（居委会）访问住户7001户，有效样本7139个；2011年在100个县（市、区）和5大城市、480个村（居委会）进行调查，有效样本6468个。三次调查中为保证流动人口样本量符合统计推论的科学要求，都对样本进行了追加调查。该项调查的主要内容涉及家庭状况、教育、就业、医疗、社会保障、社会态度等诸多方面，调查对象为18~69岁的城乡居民。一些学者应用这套数据深入分析了流动人口的就业、社会保障、收入和消费、社会态度等问题（李培林、李炜，2007；田丰，2010）。

（3）第三期中国妇女地位调查。由全国妇联和国家统计局于 2010 年共同组织实施。调查采用按地区发展水平分层的三阶段不等概率（PPS）抽样方法选取样本，在全国 31 个省市区内选择了 460 个县区、2300 个村/居委会，共计调查了 18 岁及以上个人有效问卷 105573 份，10～17 岁儿童群体有效问卷 20405 份（全国妇联、国家统计局，2011）。同时，为深入分析人口迁移流动对妇女群体社会地位的影响，本次调查中专门设计了"受流动影响人口"[①] 附卷，主要调查迁移流动史、流动原因、流动经历、流动对个人/家庭的影响以及流动人口对未来的期望等内容。需要说明的是，为弥补抽样调查中流动人口容易被遗漏的问题，在流动人口比例较高的北京、天津、内蒙古、上海、江苏、浙江、福建、山东、河南、湖北、湖南、广东、重庆、四川、云南、贵州、陕西、新疆等 18 个省区市，对 18～69 岁受流动影响的人口又进行了补充抽样，入户调查和补充调查共回收受流动影响群体有效问卷 9422 份。此外，这套数据中首次将受流动影响人口分为三个群体（即正在外出流动群体、曾经外出已返乡的流动群体和留守群体）进行调查，为人口迁移流动的比较分析研究提供了基础。

四　结论与讨论

综观上述国内开展过的人口迁移和流动调查，主要具有如下共性特征：（1）调查对象多数是发生乡城流动的人口，而并不涵盖迁移发生在乡村与乡村、城市与城市之间的人口。（2）搜集的信息可分为迁移者迁移前在原居住地的信息和迁移后在目的地的信息，调查内容主要围绕迁移流动的规模、流向、外出经历（如就业、居住、社会保

---

① 受流动影响的人口是指本人或配偶曾经或目前正在户籍所在区县以外的城镇务工经商、外出半年以上的农村户籍人口。

障、经济状况、社会融合等)、外出原因及迁移流动对个人/家庭/社会的影响等展开。

二十多年来,我国在人口迁移和流动的调查方面逐步走向成熟,抽样方法和调查指标不断改进,调查内容日益丰富。已积累的数据资料既有全国性的也有区域性的;既有普查数据,也有抽样调查数据;既有一次性调查数据,也有连续多年的跟踪调查数据,为中国人口迁移流动研究提供了良好的条件。然而,在看到可喜成绩的同时,还要看到这方面的不足之处。第一,我国对人口迁移流动的研究还不够深入、系统,大多数研究以一次调查数据的描述性分析为主,对长期数据的动态分析和因果分析较少;更注重研究人口迁移流动对流入地的影响,而对流出地影响的研究还不多见。调查内容主要关注迁移经历、社会融合等信息,而缺少对流动人口的健康状况调查。第二,调查指标体系多样化。比如对流动人口的概念界定就有多种方式,对迁移史的调查项目差异也较大,极易出现信息收集不全的情况,同时造成多套数据之间缺乏可比性,限制研究的深度和广度。第三,缺失多学科的合作研究。目前,我国对人口的迁移流动的研究主要集中在社会科学领域,事实上,流动人口的迁移方式、居住方式、生活方式对流入地和流出地的经济社会发展、公共服务提供、基础设施建设、交通状况等都会产生重大影响,这些研究具有很强的实践意义,需要多学科的介入与合作。第四,数据未能充分共享。很多由特定部门组织的调查针对性强,是研究人口迁移流动的重要原始资料,但这些数据往往只在调查组织者手中,没有公开使用,尚未发挥其应有的作用。

参考文献

北京市外来人口普查办公室编《1997 年北京市外来人口普查论文集》,北京出版社,2000。

陈晓蓓：《同在蓝天下 共沐阳光雨露》，《中国教育报》2003 年 12 月 18 日。

杜鹏、张航空：《中国流动人口梯次流动的实证研究》，《人口学刊》2011 年第 4 期。

段成荣、梁宏、伍小兰：《近二十年来我国人口迁移和流动调查综论》，《市场与人口分析》2002 年第 1 期。

郭虹主编《城市里的坐贾行商——成都市外来经商者的实证研究》，四川人民出版社，2002。

国家人口计生委流动人口服务管理司：《中国流动人口生存发展状况报告——基于重点地区流动人口监测试点调查》，《人口研究》2010 年第 1 期。

国家统计局人口统计司：《第四次全国人口普查办法》，《中国统计》1990 年第 1 期。

姜向群、郝帅：《北京市流动人口社会保障状况及其影响因素分析》，《北京社会科学》2008 年第 3 期。

李瑶、韩晓耘：《外出打工人员的年龄结构和文化构成——中国农村劳动力流动问题研究之一》，《中国农村经济》1994 年第 8 期。

李培林、李炜：《农民工在中国转型中的经济地位和社会态度》，《社会学研究》2007 年第 3 期。

刘晓云、詹绍康等：《浦东新区女性流动人口卫生行为与卫生知识研究》，《上海预防医学》2001 年第 12 期。

马戎、马雪峰：《西部六城市流动人口调查综合报告》，《西北民族研究》2007 年第 3 期。

马侠、王维志：《中国 1986 年 74 城镇人口迁移抽样调查资料》，《中国人口科学》1988 年第 2 期。

农业部 "'民工潮'的跟踪调查与研究" 课题组：《经济发展中的农村劳动力流动——对当前农村劳动力外出情况的调查与思考》，《中国农村经济》1995 年第 1 期。

潘绥铭：《生存与体验——对一个地下"红灯区"的追踪考察》，中国社会科学出版社，2000。

全国妇联、国家统计局：《第三期中国妇女社会地位调查主要数据报告》，2011 年 10 月。

任远：《"逐步沉淀"与"居留决定居留"——上海市外来人口居留模式分析》，《中国人口科学》2006年第3期。

宋洪远等：《改革以来中国农业和农村经济政策的演变》，中国经济出版社，2000。

宋健、何蕾：《中国城市流动人口管理的困境与探索——基于北京市管理实践的讨论》，《人口研究》2008年第5期。

田丰：《城市工人与农民工的收入差距研究》，《社会学研究》2010年第2期。

王桂新、戴贤晖：《外来人口与上海市的发展：影响、趋势与对策》，《中国人口科学》2005年增刊。

王谦：《全国生育节育抽样调查报告集（迁移卷）》，中国人口出版社，1993。

王午鼎主编《90年代上海流动人口》，华东师范大学出版社，1995。

翟振武、段成荣、毕秋灵：《北京市流动人口的最新状况与分析》，《人口研究》2007年第2期。

张寒梅：《城市拾荒人》，贵州人民出版社，2001。

张声华主编《上海流动人口的现状与展望：上海市第六次流动人口抽样调查》，华东师范大学出版社，1998。

张展新、侯亚非：《城市社区中的流动人口——北京等6城市调查》，社会科学文献出版社，2009。

赵树凯：《中国农村劳动力流动与城市就业》，《当代亚太》1998年第7期。

郑真真、解振明主编《人口流动与农村妇女发展》，社会科学文献出版社，2004。

中共中央政策研究室农村组：《关于农村劳动力跨区域流动问题的初步研究》，《中国农村经济》1994年第3期。

中国社会科学院社会学研究所"农村外出务工女性"课题组：《农民流动与性别》，中原农民出版社，2000。

周海旺：《上海市外来媳妇及其子女的户口政策研究》，《中国人口科学》2001年第3期。

周皓：《从迁出地、家庭户的角度看迁出人口——对1992年38万人调查数据的深入分析》，《中国人口科学》2001年第3期。

邹泓、屈智勇、张秋凌：《我国九城市流动儿童生存和受保护状况调查》，《青年研究》2004年第1期。

影响我国人口迁移流动的政策回顾：1949～2010 年

一个国家或地区的人口迁移流动政策对其城市化进程和整个社会经济的发展有着重要影响，而这种影响在中国尤为突出。本文主要梳理了新中国成立后对人口迁移流动有一定作用力的相关政策，并对各项政策形成的历史背景和内容进行解读，为中国人口迁移流动研究提供政策理论框架。影响中国国内人口迁移流动的政策，是随着社会经济发展的不断变化而形成的。按照时间序列和政策取向，可将这些政策划分为如下四个阶段。

一 严格限制农村人口向城市迁移流动的政策（1949～1978 年）

新中国成立初期，我国对人口迁移不予限制，政府允许居民在城乡之间和区域之间自由迁移，且迁移自由有明确的保障。1949 年 9 月 29 日中国人民政治协商会议第一届全体会议通过的《中国人民政治协商会议共同纲领》第 5 条就把自由迁徙作为公民的 11 项自由权之一。1950 年 11 月第一次全国治安工作会议指出："户口工作的任务是保证居民居住迁徙之自由，安心从事生产建设。"

1953 年以后，我国进入了第一个五年计划时期，国家制定了"集中力量发展工业"的方针，城市地区开始进行大规模工业建设，对劳动力的需求急剧增加，致使愈来愈多的农村劳动力涌入城市，从而加重了城市负担，给城市交通、住房、劳动就业、生活供应等各个方面都带来日益严重的压力，影响了国家建设计划的顺利实施。加之农村劳动力大量外流，也给农业生产造成一定损失。为此，前政务院于1953 年 4 月 17 日发出《关于劝止农民盲目流入城市的指示》，这是以政府名义下达的第一个阻止农民进城的指示（中央人民政府法制委员会，1982）。指示要求对已进城的农民实行计划管理，除施工单位需要者外，由劳动、民政部门会同工会和其他有关机关动员返乡，对无路费者予以补助，生活确有困难者予以救济。"盲流"一词由此出现。同年 4 月 20 日，《人民日报》又发表了《盲目流入城市的农民应该回到乡村去》的社论。1954 年 3 月 12 日，当时的内务部、劳动部也发出《关于继续贯彻〈劝止农民盲目流入城市〉的指示》，要求广大农村做好劝阻农民外流的宣传工作，积极领导农民从事农业生产，制止城市厂矿企业私自到农村招工，并对已经流入城市的农民动员返乡。

从 20 世纪 50 年代中期开始，政府加大了对农民迁移自由限制的力度。1956 年 12 月 30 日，国务院发布《关于防止农村人口盲目外流的指示》，这一指示明确指出政府将要对在城市中没有亲友而进城的农民进行遣返（中央人民政府法制委员会，1957）。然而，该指示的做法对阻止农民进城收效甚微。河北、河南、安徽、江苏、山东、广西等省、自治区农民仍似潮水般地涌入城市。在这种情况下，1957 年3 月 2 日，国务院发布《关于防止农村人口盲目外流的补充指示》，决定在外流人口必经的沿途交通中心和车站，对进城农民进行劝阻。1957 年 12 月 18 日，中共中央和国务院又联合发文《关于制止农村人口盲目外流的指示》，并采取了一系列强有力的措施，如：在农村要求乡人民委员会和农业社对外流的人员要竭力劝阻，不得随便签发外出证明；在某些铁路沿线或交通要道，以民政部门为主设立劝阻机构，并做好遣送返乡的工作；在城市进行严格的户口管理，大城市设置收容所，集中收容，送回原籍，严禁流浪乞讨；企业单位严格禁止从农村招工（包括临时工），等等。这一文件标志着政府实施的堵截农民进城的措施开始升级，根据这个指示，一体化的城乡隔离体制初具雏形。1953～1957 年，从农村移入城镇的居民有 800 万人（张庆五，1988）。如上所述，我国人口迁移政策的形成，是以控制农村人口盲目流入城市为开端的。

1958 年 1 月 9 日，全国人民代表大会常务委员会第九次会议通过了《中华人民共和国户口登记条例》，对人口迁移做了限制性规定："公民由农村迁往城市，必须持有城市劳动部门的录用证明、学校的录取证明，或城市户口登记机关准予迁入的证明，向常住地户口登记机关申请办理迁出手续"。这一条例从立法程序上正式建立了中国的城乡隔离制度，标志着人口在农村与城市之间不能再自由迁移。

第一个五年计划结束后，中国又提出了鼓足干劲、力争上游、多快好省地建设社会主义的"大跃进"总路线，实施优先发展重工业的方针，强调以钢为纲，全民大办工业，致使农村劳动力爆发性地涌进城镇，城市化也进入了一个盲目冒进的阶段。由于城镇迅猛发展和人口盲目膨胀，再加上"重生产、轻生活"，"重工业发展、轻基础设施建设和环境治理"等错误决策的影响，导致城市供水、供电严重不足，交通、通信十分困难，许多市政设施超负荷运转，制约了国民经济正常发展。为此，1959 年 1 月 5 日中共中央发出《关于立即停止招收新职工和固定临时工的通知》，2 月 4 日又发布《关于制止农村劳动力流动的指示》，要求各企业、事业、机关一律不得再招用流入城市的农民，已经使用的应立即进行一次清理，已有固定工作确实不能离开的，必须补订包括企业、人民公社和劳动者本人三方面同意的劳动合同。其余的应在做好政治思想工作以后，一律遣送回乡（陈荣光，2007）。

为克服"大跃进"盲目冒进造成的严重困难，1961～1963 年我国采取了大规模压缩城镇人口、加强户口管理、提高设置市镇标准、撤销部分市镇建制等应急措施。1961 年下半年，中共中央、国务院先后发出了《关于减少城镇人口和压缩城镇粮食销量的九条办法》和《关于精减职工工作若干问题的通知》，要求 3 年内减少城镇人口 2000 万以上。1962 年 10 月发布了《关于当前城市工作若干问题的指示》，强调从严掌握设市标准和郊区范围，严格控制城市人口增长。1962 年 12 月 8 日，公安部发出《关于加强户口管理工作的意见》指出："对农村迁往城市的，必须严格控制；城市迁往农村的应一律准予落户，不要控制；城市之间必要的正常迁移应当准许，但中、小城市迁往大城市的，特别是迁往北京、上海、天津、武汉、广州等五大城市的，要适当控制。"1963 年 12 月又下达了《关于调整设置市镇建制、缩小城市郊区的指示》，要求撤销不够设市条件的市，缩小市的郊区，提高设镇标准等。根据上述指示和要求，到 1963 年底，全国共下放城镇职工 1887 万人，减少城市人口 3000 万人，形成中国人口迁移史上的第一次大退潮。1964 年 8 月 14 日，国务院批转了公安部《关于户口迁移政策规定》，对迁入城市的人口进一步实行了严格控制。

1966～1978 年，中国经历了"三线建设"和"文化大革命"运动，在全国形成了大规模的人口迁移。"三线建设"是在国家的统一调配下，大批工厂、科研机构和高等院校从沿海迁往内地，仅 1966～1971 年迁入青海省的职工及其家属即达 10 万余人，迁入贵州省的达 8 万余人，迁入四川省的职工多达 40 万人。"文化大革命"则是全国范围内人口迁移的一场政治风暴，通过遣返"五类分子"、下放城镇人口、干部下放劳动、兴办"五七干校"等，致使大量人口从城镇流向农村。据不完全统计，"文化大革命"期间动员到农村插队落户的知识青年约 2000 万人，连同下放的城镇干部、职工及其家属，共下放城镇居民约 3000 万人。这是中国人口迁移史上的第二次大退潮（孔凡文、许世卫，2006）。

整体而言，改革开放前中国运用特有的行政手段，严格限制农村人口向城市迁移，虽有效地避免了人口盲目涌入城市可能引起的社会病症，但同时阻碍了城市化的发展进程，对整个国家的社会经济发展产生了一系列不利影响。

二　相对宽松的人口流动政策（20 世纪 80 年代）

改革开放之初，"文化大革命"时期被"遣返"、"下放"或"上山下乡"的人员纷纷返城，三线建设时期内迁的工厂、科研机构、高等院校等也迁回到原迁出地或其他生产布局条件较好的地区，人口迁移方向出现了大逆转。

随着改革开放的深入发展，我国的社会经济发生了巨大变化，人口流动成为时代的主要特征。1982 年 1 月，中共中央一号文件《全国农村工作会议纪要》肯定了"包产到户、包干到户"制，极大地调动了农民的积极性，开辟了农村经济体制改革的新局面。1983 年 1 月，中共中央一号文件《当前农村经济政策的若干问题》提出要在全国农村推行家庭联产承包责任制改革，这一改革使得大量农民从土地上解放出来，成为剩余劳动力。同时，乡镇工商业蓬勃发展，越来越多的城郊农民转向城镇务工经商，导致集镇农民的出现。为解决集镇农民的落户问题，1984 年 10 月国务院发布了《关于农民进入集镇落户问题的通知》，开始允许那些有经营能力、有固定住所或在乡镇企事业单位长期务工、经商和办服务业的农民及家属在城镇落户。对于这些人，公安部门将其统计为非农业人口，但口粮自理，不享受计划供应的商品粮。这一通知标志着农民涌向城镇的大门逐渐开启。事实上，城镇户口政策的执行具有更大的弹性。例如，浙江海宁市允许农民花 8000～10000 元"购买"城镇户口，允许购买了城镇房屋的农民迁入城镇（张乐天，1997）。

随后，1985 年的中共中央一号文件《关于进一步活跃农村经济的十项政策》指出：在各级政府统一管理下，允许农民进城开店设坊，兴办服务业，提供各种劳务。[①] 与之配套的是，公安部在这一年制定了一项针对进城农民的管理办法《关于城镇暂住人口管理的暂行规定》，规定"对暂住时间拟超过 3 个月的 16 周岁以上的人，须申领《暂住证》，对外来开店、办厂、从事建筑安装、联营运输、服务行业的暂住时间较长的人，采取雇用单位和常住户口所在地主管部门管理相结合的办法，按照户口登记机关的规定登记造册，由所在地公安派出所登记为寄住户口，发给《寄住证》。暂住人口需租赁房屋的，必须凭原单位或常住户口所在地乡镇人民政府的证明，由房主带领房客到当地公安派出所申报登记。如果违反暂住人口管理规定的，公安机关可按照《中华人民共和国治安管理处罚条例》进行处罚"（国家工商行政管理局个体经济司，1987）。1987 年，中共中央政治局会议通过的《把农村改革引向深入》决议，又明确提出允许农村剩余劳动力向劳动力紧张地区流动。这一时期"进厂又进城、离土又离乡"的农民工大量出现，每年以数十万、上百万的规模向城市流动。然而，暂住证管理制度的实行在一定程度上给人口的流动设置了门槛，且这一制度延续至今。

三　流动人口的管制政策（1989～1999 年）

随着大量农村人口进入城镇，城市的基础设施建设、公路铁路运

---

① 中国网，http://www.ce.cn/cysc/ztpd/08/ncgg/ngr/200809/24/t20080924_16903087.shtml。

输等面临着巨大压力。1989 年 3 月，国务院办公厅下发了《关于严格控制民工外出的紧急通知》，要求各地政府采取有效措施严格控制当地民工外出，从此揭开了我国流动人口管制政策的序幕。同年 4 月公安部、民政部又联合下发《关于进一步做好控制民工盲目外流的通知》，要求相关省份继续做好本省外流民工的劝阻工作。1990 年 4 月，在《关于做好劳动就业工作的通知》中，中央政府提出了要运用法律、行政、经济的手段对进城务工的农村劳动力实行有效控制和严格管理，并建立临时务工许可证和就业登记制度。1991 年 2 月，国务院办公厅进一步发布了《关于劝阻民工盲目去广东的通知》。可见，这三年出台的各项管理政策的主要目的在于控制农村人口的盲目流动（尹德挺、黄匡时，2008）。

1992 年后，我国逐步建立社会主义市场经济体制，政府对人口自由流动的认识开始转变，对流动人口的管理政策也由"控制盲目流动"调整为"鼓励、引导和实行宏观调控下的有序流动"。1994 年 11 月，劳动部发布了《农村劳动力跨省流动就业管理暂行规定》，通过实行流动就业证制度、本地就业优先原则和严格控制招工方式等手段开始对跨省人口流动进行控制。1995 年 9 月中央社会治安综合治理委员会颁布了《关于加强流动人口管理工作的意见》，明确将是否具有暂住证和就业证作为收容遣送的重要依据，并将流动人口收费合法化、明确化。1997 年 4 月，中央社会治安综合治理委员会还成立了流动人口治安管理工作领导小组，统筹指导、协调全国流动人口治安管理工作。从 1994 年开始，一些沿海地区的城市政府还相继出台对农民工实行所谓总量控制、行业和工种限制的地方政策。对农民工的管理由城市的流动人口管理办公室负责，主要是办证、查证伴随着高额收费，对"三证"不全的进行清理，甚至收容遣送。事实上，所谓的"有序的人口流动政策"却是对流动人口进行了严格的管制。但是，这种严格管制的流动人口政策，并没能有效阻止流动人口数量的增长，反而引发了许多新的社会、经济问题，使流动人口长期游离于主流社会之外。

在这一阶段后期，我国稳固的户籍制度继 1984 年进行首次较大改革之后，于 1997 年又开始了新一轮的改革。1997 年 6 月，国务院批转了《小城镇户籍管理制度改革试点方案》，并在有关省市进行了为期两年的试点；上海、广州、厦门等一些大城市也自行出台了类似"蓝印户口"、"居住证"制度等一些新政策，初步打开了农村人口入迁城市居住的大门。一些经济比较发达、改革力度较大的省区更是根据自身实际，对户籍制度进行了大胆改革。如浙江省在全国率先开展户籍制度改革，近年来在拆除户籍藩篱、打破城乡壁垒方面屡有"大手笔"，据有关部门 2001 年底统计，此前三年多，浙江省城镇净迁入人口达 190 余万人，其中仅 2001 年就达 66 万人（沈锡权、顾大炜，2001）。

1998 年，我国户籍制度的"母系继承制"被突破。1998 年 7 月 22 日，国务院正式批转公安部《关于解决当前户口管理工作中几个突出问题的意见》，"意见"中涉及有可能改变农民身份的规定包括：第一，今后新生儿可以随父母任何一方登记申报户口。第二，对已在配偶所在城市居住一定年限的公民，将根据自愿的原则准予在该城市落户。第三，男性超过 60 岁，女性超过 55 岁，身边无子女需投靠子女的公民，可以在子女所在城市落户。第四，在城市投资、兴办实业、购买商品房的公民及随其共同居住的直系亲属，在城市有合法固定的住所、合法稳定的职业或收入来源，并已居住一定年限，可准许其在该城市落户。

四　以服务为主体的社会融合政策（2000~2010 年）

2000 年人口普查时，我国非户籍迁移人口达 1.44 亿，占总人口的 11.62%，这表明非户籍迁移人口已经成为一个不可忽视的庞大社会群体，政府和社会各界也意识到这绝不是单纯的经济现象，而是经济发展和社会体制因素叠加的结果，流动人口已经成为城市的"事实居民"（冯晓英，2005）。进入 21 世纪以来，我国的人口流动政策发生了根本性变化，由限制变为鼓励，政策着眼点是保障合法权益，为流动人口创造良好环境，公共政策进入统筹城乡发展、以人为本、公平对待的轨道。

（一）清理和废止对流动人口的歧视性政策

自 2001 年开始，中央政府逐步清理和废止对流动人口带有歧视性的法规、规章和政策措施，为流动人口的社会融合扫清障碍。具体表现为以下几个方面。

1. 取消针对外来务工人员的行政事业性收费

2001 年 11 月，国家计委、财政部在《关于全面清理整顿外出或外来务工人员收费的通知》中规定，除证书工本费外，暂住费、暂住人口管理费、计划生育管理费、城市增容费、劳动力调节费、外地务工经商人员管理服务费、外地建筑（施工）企业管理费等行政事业性收费一律取消，并且证书工本费收费标准为每证最高不得超过 5 元。

2. 纠正简单粗暴清退农民工的做法

2002 年 1 月，中共中央、国务院在《关于做好 2002 年农业和农村工作的意见》中首次提出了针对农民进城务工的"公平对待、合理引导、完善管理、搞好服务"十六字方针，并提出要"纠正简单粗暴清退农民工的做法"，"健全进城务工农民的劳动合同管理，维护他们的合法权益。"

3. 取消对流动人口的就业歧视和就业证制度

2003 年 1 月，国务院办公厅发出《关于做好农民进城务工就业管理和服务工作的通知》，要求取消对企业使用农民工的行政审批，取消对农民进城务工就业的职业工种限制，不得干涉企业自主合法使用农民工，各行业和工种尤其是特殊行业和工种要求的技术资格、健康等条件，对农民工和城镇居民应一视同仁。2005 年 2 月，劳动和社会保障部发出《关于废止〈农村劳动力跨省流动就业管理暂行规定〉及有关配套文件的通知》，决定废止原劳动部颁布的《农村劳动力跨省流动就业管理暂行规定》、《关于严禁滥发流动就业证卡的紧急通知》、《关于"外出人员就业登记卡"发放和管理有关问题的通知》，并停止执行劳动和社会保障部办公厅《关于印发做好农村富余劳动力流动就业工作意见的通知》中关于外出人员就业登记卡和就业证的相关规定。这标志着我国流动人口就业证制度的正式废除。

4. 取消流动儿童借读费、赞助费

2003 年 9 月，国务院办公厅发布《关于进一步做好进城务工就业农民子女义务教育工作意见的通知》，提出"以流入地政府为主，以全日制公办中小学为主"的原则解决流动儿童接受义务教育问题，要求对流动儿童少年九年制义务教育普及程度要达到当地水平；农民工子女入公办学校与当地学生一视同仁，不得收取借读费、赞助费。2004 年 3 月，财政部决定，今后在城市中小学就学的农民工子女，负担的学校收费项目和标准将与当地学生一视同仁，不再收取借读费、择校费或要求农民工捐资助学及摊派其他费用。

5. 废除收容遣送制度

2003 年 6 月，国务院颁布了《城市生活无着的流浪乞讨人员救助

管理办法》，规定不得将遣送对象范围扩大到农民工，更不得对农民工强制遣送和随意拘留审查；同时对 1982 年 5 月国务院发布的《城市流浪乞讨人员收容遣送办法》给予废止。

（二）针对流动人口的综合服务政策

2003 年 10 月召开的中共十六届三中全会提出了以人为本的理念，对城市农民工政策做出重大调整。政策措施不断拓展为劳动就业、计划生育、社会保障、教育培训、权益保障、户籍改革等多元领域。

1. 建立健全流动人口的社会保障制度

2003 年 4 月，国务院以 375 号令颁布了《工伤保险条例》，明确要求从 2004 年 1 月 1 日起将农民工纳入工伤保险范围，帮助他们解决务工就业期间的医疗等特殊困难。2004 年 11 月，温家宝总理主持召开国务院常务会议，会议要求"以农民工集中、工伤和职业病风险程度比较高的建筑、矿山等行业作为重点，大力推进农民工工伤保险"。2006 年 2 月，中共中央、国务院发布了《关于推进社会主义新农村建设的若干意见》，要求"逐步建立务工农民社会保障制度，依法将务工农民全部纳入工伤保险范围，探索适合务工农民特点的大病医疗保障和养老保险办法"。同年 3 月，国务院颁发的《关于解决农民工问题的若干意见》明确提出要逐步解决农民工的养老保障问题，有条件的地方，可直接将稳定就业的农民工纳入城镇职工基本医疗和养老保险。2009 年 12 月，国务院下发的《城镇企业职工基本养老保险关系转移接续暂行办法的通知》指出该办法适用于农民工，并对其缴费和转移接续问题做出具体规定，使农民工在流动就业中的社会保障权益不受损害。

2. 为农民工提供职业技能培训，增强他们的就业能力

2003 年 9 月，农业部等六部委共同制定了《2003 - 2010 年全国农民工培训规划》，要求各级财政在财政支出中安排专项经费扶持农民工培训工作，计划在 2003～2010 年共培训农民工 3.1 亿人次。同时农业部等部门启动了农村劳动力转移培训"阳光工程"，并建立了城乡统一、平等竞争的劳动力市场，为城乡劳动者提供平等的就业机会和服务。

3. 改善农民工的居住环境

2010 年 1 月，中共中央、国务院发布了《关于加大统筹城乡发展力度 进一步夯实农业农村发展基础的若干意见》，首次提出鼓励有条件的城市将有稳定职业并在城市居住一定年限的农民工纳入城镇住房保障体系。这意味着经济适用房、廉租房等将成为农民工的安家之所。

4. 切实解决农民工工资拖欠问题

2003 年 11 月国务院办公厅发出《关于切实解决建设领域拖欠工程款问题的通知》，提出自 2004 年起，用 3 年时间基本解决建设领域拖欠工程款以及拖欠农民工工资问题。为了加强对清理拖欠工程款和农民工工资工作的领导与协调，国务院还建立了部门工作联席会议制度。此后，建设部多次下发文件督促解决这一问题，且取得一定成效。2006 年 3 月，国务院颁发的《关于解决农民工问题的若干意见》要求建立农民工工资支付保障制度、工资支付监控制度和工资保证金制度，从根本上解决拖欠、克扣农民工工资问题，并要求合理确定和提高农民工工资水平，农民工和其他职工要实行同工同酬。

5. 保障农民工的民主政治权利和劳动权益

2006 年 3 月，国务院颁发的《关于解决农民工问题的若干意见》首次提出保障农民工依法享有的民主政治权利和合法权益，要求招用农民工的单位，职工代表大会要有农民工代表，保障农民工参与企业民主管理和工会的权利；有关部门和单位在评定技术职称、晋升职务、评选劳动模范和先进工作者等方面，要将农民工与城镇职工同等看待。2007 年，全国人大通过《就业促进法》、《劳动合同法》和《劳动争议调解仲裁法》，维护农民工的合法权益。

6. 逐步扩大户籍制度改革的范围

2000 年 6 月，中共中央、国务院发布了《关于促进小城镇健康发展的若干意见》，允许我国中小城镇对有合法固定住所、稳定职业或生活来源的农民给予城镇户口，并在子女入学、参军、就业等方面给予与城镇居民同等待遇，不得实行歧视性政策，不得对在小城镇落户的农民收取城镇增容费或其他费用。2004 年 2 月，中共中央、国务院发布了《关于促进农民增加收入若干政策意见》，首次提出"推进大中城市户籍制度改革，放宽农民进城就业和定居的条件"。2010 年 1 月，中共中央国务院发布的《关于加大统筹城乡发展力度 进一步夯实农业农村发展基础的若干意见》再次提出要加快落实放宽中小城市、小城镇特别是县城和中心镇落户条件的政策，促进符合条件的农业转移人口在城镇落户，并享有与当地城镇居民同等的权益。这意味着农民工在"农转非"和就业、社保、子女就学等方面将更快实现他们的愿望。

7. 加强服务理念，将农民工纳入城市公共服务体系

2007 年 12 月中央综合治理委员会出台了《关于进一步加强流动人

口服务和管理工作的意见》,这是规范我国流动人口政策的重要文件。
其提出了"公平对待、搞好服务、合理引导、完善管理"的工作方针,
强调服务和管理并重;要求构建以社区为依托的流动人口服务和管理平
台;首次提出流动人口信息化建设目标;要求流入地、流出地的党委和
政府在制定公共政策、建设公共设施等方面,统筹考虑长期在本地就业
和居住的流动人口对公共服务的需要,逐步建立和完善覆盖流动人口的
公共服务体系;明确要求逐步实行居住证制度,探索居住证制度改革。
2009 年 4 月,国务院第 60 次常务会议通过《流动人口计划生育工作条
例》,明确规定流动人口的计划生育工作以现居住地人民政府为主,流
动人口在现居住地可享受相关计划生育服务和奖励、优待。同时,废止
了 1998 年 9 月 22 日原国家计划生育委员会发布的《流动人口计划生育
工作管理办法》。2009 年 7 月,卫生部、财政部和国家人口计生委联合
出台了《关于促进基本公共卫生服务逐步均等化的意见》(简称《意
见》),明确规定了 9 大类 21 项基本公共服务项目。卫生部在总结各地
实施基本公共卫生服务项目经验的基础上,又于同年 10 月制定了《国
家基本公共卫生服务规范(2009 年版)》(简称《规范》)。尽管《意
见》和《规范》中并未提及解决流动人口公共卫生问题的一整套可操作
方案,但所有项目的服务对象都是以辖区内常住居民来规定的,意味着
流动人口同样具有在居住地享受基本公共卫生服务的权利。

上述各项综合服务的流动人口政策,在一定程度上缓解了各类社
会问题的恶化,也形成了多部门统筹协调、相互配合的工作方式(见
表 3 - 1)。

表 3 - 1 2000 年以后影响我国人口流动的标志性政策

时 间	名 称	政策要点
2001 年 11 月	《关于全面清理整顿外出或外来务工人员收费的通知》	要求面向农民工的七项收费在 2002 年 2 月底前必须取消

时　间	名　称	政策要点
2002 年 1 月	《关于做好 2002 年农业和农村工作的意见》	第一次提出了针对农民进城务工的"十六字"方针，即"公平对待、合理引导、完善管理、搞好服务"
2003 年 1 月	《关于做好农民进城务工就业管理和服务工作的通知》	第一次专门就促进农民进城务工下发的综合性文件
2004 年 1 月	《关于促进农民增加收入若干政策的意见》	对农民工的认识发生了根本改变，农民工的身份有了客观界定
2005 年 2 月	《关于废止〈农村劳动力跨省流动就业管理暂行规定〉及有关配套文件的通知》	标志着我国流动人口就业证制度的正式废除
2006 年 3 月	《关于解决农民工问题的若干意见》	这是中央政府关于农民工的第一份全面系统的政策文件，共分十个部分
2007 年 12 月	《关于进一步加强流动人口服务和管理工作的意见》	这是规范我国流动人口融合政策的重要文件，提出"公平对待、搞好服务、合理引导、完善管理"的工作方针

（三）针对农业和农村的惠民政策

自 2004 年起，中央已连续出台七个指导"三农"工作的一号文件，这七个文件都贯穿了统筹城乡发展和工业反哺农业、城市支持农村的理念和方针。同时，各项惠农政策的陆续出台，使中国农村发生了翻天覆地的变化，"皇粮国税"免了，农业补贴年年增加，农业连年增产，农民连年增收，农村形势持续向好，且逐步解决了广大农民的基本生活、医疗和养老等问题，使他们享受到了农村经济社会发展的成果（见表 3－2）。

1. 农村税费改革

为进一步减轻农民负担，规范农村收费行为，从 2000 年起，农村税费改革正式进入由中央统一部署和指导的改革框架之中。2000 年 3

月，中共中央、国务院下发《关于进行农村税费改革试点工作的通知》，决定在安徽全省进行农村税费改革试点，改革内容主要为：取消乡统筹费、农村教育集资等专门面向农民征收的行政事业性收费和政府性基金、集资；取消屠宰税；取消统一规定的劳动积累工和义务工；调整农业税和农业特产税政策；改革村提留征收使用办法。这项改革意图是从分配上理顺国家、集体和农民三者间的关系。2002 年 3 月，农村税费改革试点工作扩大到河北、内蒙古、黑龙江、吉林、青海等十六个省（市、自治区）。2003 年 3 月，国务院下发《关于全面推进农村税费改革试点工作的意见》，标志着农村税费改革在全国范围内推开。2004 年 7 月，国务院在《关于做好 2004 年深化农村税费改革试点工作的通知》中指出将进行农业税减免试点工作，这是对农村税费改革的进一步深化。

2. 农村义务教育经费保障机制改革

为普及和巩固九年义务教育，2005 年 12 月，国务院下发了《关于深化农村义务教育经费保障机制改革的通知》，提出逐步将农村义务教育全面纳入公共财政保障范围，建立中央和地方分项目、按比例分担的农村义务教育经费保障机制；中央重点支持中西部地区，适当兼顾东部部分困难地区；全部免除农村义务教育阶段学生学杂费，对贫困家庭学生免费提供教科书并补助寄宿生生活费。到 2010 年，农村义务教育阶段中小学公用经费基准定额全部落实到位。同时，2006 年新《中华人民共和国义务教育法》做出了义务教育均衡发展和政府编制预算"向农村地区学校和薄弱学校倾斜"的规定，形成了在法律层面上的农村教育公共政策。

3. 建立新型农村合作医疗制度

2002 年 10 月，中共中央、国务院发布了《关于进一步加强农村卫生工作的决定》，开始在全国部署建立新型农村合作医疗制度。2003 年 1 月，国务院办公厅转发卫生部等部门《关于建立新型农村合作医疗制度意见》的通知，并在全国 620 个县开展试点工作，标志着新型农村合作医疗体制建设的正式启动。新型农村合作医疗制度是一种农民自愿参加，个人、集体和政府多方筹资，以大病统筹为主的农民医疗互助共济制度。计划到 2010 年，实现在全国建立基本覆盖农村居民的新型农村合作医疗制度的目标。

4. 建立农村社会养老保险制度

为解决农民老有所养的问题，2009 年 9 月国务院下发了《关于开展新型农村社会养老保险试点的指导意见》，本着"保基本、广覆盖、有弹性、可持续"的原则，决定从 2009 年起在全国 10% 的县（市、区、旗）开展试点工作，逐步引导农民普遍参保，2020 年之前基本实现对农村适龄居民的全覆盖。

5. 建立农村最低生活保障制度

1995 年国家民政部为了帮助农村的贫困户解决衣食之忧，开始在部分地区开展建立农村最低生活保障制度的试点工作。2007 年 7 月，国务院下发了《关于在全国建立农村最低生活保障制度的通知》，明确规定农村最低生活保障对象是家庭年人均纯收入低于当地最低生活保障标准的农村居民，主要是因病残、年老体弱、丧失劳动能力以及生存条件恶劣等原因造成生活常年困难的农村居民。资金的筹集以地方人民政府为主，实行属地管理，中央财政对财政困难地区给予适当补助。

6. 建立农村医疗救助制度

2003 年 11 月 18 日，民政部、卫生部和财政部联合下发了《关于实施农村医疗救助的意见》，确定在我国农村建立和实施医疗救助制度。救助对象包括：农村五保户、农村贫困户家庭成员和地方政府规定的其他符合条件的农村贫困农民。

表 3-2　2000 年以后针对农业和农村的标志性政策

时　　间	名　　称	政策要点
2003 年 1 月	《关于建立新型农村合作医疗制度意见》	标志着新型农村合作医疗体制建设的正式启动
2003 年 3 月	《关于全面推进农村税费改革试点工作的意见》	标志着农村税费改革在全国范围内推开
2005 年 12 月	《关于深化农村义务教育经费保障机制改革的通知》	决定免除农村义务教育阶段学生学杂费
2007 年 7 月	《关于在全国建立农村最低生活保障制度的通知》	帮助农村贫困户解决基本生活之忧
2009 年 9 月	《关于开展新型农村社会养老保险试点的指导意见》	标志着新型农村社会养老保险的建立，使农民"老有所养"

参考文献

陈荣光：《五十年代农民盲目流京情况及整治工作》，人民网强国社区，2007 年 3 月 16 日，http://bbs1.people.com.cn/postDetail.do? id=1780251。

冯晓英：《城市人口规模调控政策的回顾与反思——以北京市为例》，《人口研究》2005 年第 5 期。

国家工商行政管理局个体经济司：《个体工产业政策法规汇编（二）》，经济科学出版社，1987。

孔凡文、许世卫：《中国城镇化发展速度与质量问题研究》，东北大学出版社，2006。

沈锡权、顾大炜：《拆除户籍藩篱 浙江领跑户籍制度改革》，搜狐网，2001 年 12 月 29 日，http://news.sohu.com/17/09/news147540917.shtml。

尹德挺、黄匡时：《改革开放 30 年我国流动人口政策变迁与展望》，《新疆社会科学》2008 年第 5 期。

张庆五：《略谈我国的户口迁移政策》，《中国人口科学》1988 年第 2 期。

张乐天：《公社制度终结后的浙北农村政治与经济——浙北农村调查引发的思考》，《战略与管理》1997 年第 1 期。

中央人民政府法制委员会编《中央人民政府法令汇编》，法律出版社，1957。

中央人民政府法制委员会编《中央人民政府法令汇编》，法律出版社，1982。

附表 1　改革开放后影响我国人口迁移流动的政策文件

时　间	编　号	名　称	政策要点
1982 年 1 月	中发〔1982〕1 号	《全国农村工作会议纪要》	肯定了"包产到户、包干到户"制，极大地调动了农民的积极性，开辟了农村经济体制改革的新局面
1983 年 1 月	中发〔1983〕1 号	《当前农村经济政策的若干问题》	提出要在全国农村推行家庭联产承包责任制改革，这一改革使得大量农民从土地上解放出来
1984 年 10 月	国发〔1984〕141 号	《关于农民进入集镇落户问题的通知》	凡申请到集镇务工、经商、办服务业的农民和家属，在集镇有固定住所，有经营能力，或在乡镇企事业单位长期务工的，公安部门应准予落常住户口，及时办理入户手续，发给《自理口粮户口簿》，统计为非农业人口。粮食部门要做好加价粮油的供应工作，可发给《加价粮油供应证》
1985 年 1 月	中发〔1985〕1 号	《关于进一步活跃农村经济的十项政策》	允许农民进城开店设坊，兴办服务业，提供各种劳务
1985 年 7 月	公发〔1985〕47 号	《关于城镇暂住人口管理的暂行规定》	对暂住时间拟超过 3 个月的 16 周岁以上的人，须申领《暂住证》，对外来开店、办厂、从事建筑安装、联营运输、服务行业的暂住时间较长的人，采取雇用单位和常住户口所在地主管部门管理相结合的办法，按照户口登记机关的规定登记造册，由所在地公安派出所登记为寄住户口，发给《寄住证》

续表

时　间	编　号	名　称	政策要点
1987 年 1 月	中发〔1987〕5 号	《把农村改革引向深入》	允许农村剩余劳动力向劳动力紧张地区流动
1988 年 7 月	劳力字〔1988〕2 号	《关于加强贫困地区劳动力资源开发工作的通知》	将大力组织劳务输出，作为贫困地区劳动力资源开发的重点。按照"东西联合，城乡结合，定点挂钩，长期协作"的原则，组织劳动力跨地区流动
1989 年 3 月	国务院办公厅	《关于严格控制民工外出的紧急通知》	要求各地政府采取有效措施严格控制当地民工外出
1989 年 4 月	(89) 民电 124 号	《关于进一步做好控制民工盲目外流的通知》	要求四川、江苏、山东、浙江、河南五省政府，继续做好本省外流民工的劝阻工作
1990 年 4 月	国发〔1990〕28 号	《关于做好劳动就业工作的通知》	对农村富余劳动力，要引导他们"离土不离乡"，发展林牧副渔业，办好乡镇企业，开展服务业，搞好农村建设，就地消化和转移，防止出现大量农村劳动力盲目进城找活干的局面。对农村劳动力进城务工，要运用法律、行政、经济手段实行有效控制，严格管理。确定一个时期内城市使用农村劳动力的规划，由劳动部门本着从严的精神负责统一审批，并建立临时务工许可证和就业登记制度，加强对单位用工的监督检查。对现有计划外用工，要按照国家政策做好清退工作，重点清退来自农村的计划外用工，要严格控制"农转非"过快增长
1991 年 2 月	国务院办公厅	《关于劝阻民工盲目去广东的通知》	各级人民政府要从严或暂停办理民工外出务工手续。回乡过节民工，如没有签定续聘合同，要劝阻他们不要再盲目进粤寻找工作。返回工作岗位履约的民工，不要盲目带人到广东

续表

时　间	编　号	名　称	政策要点
1993 年 11 月	劳部发〔1993〕290 号	《关于印发〈再就业工程〉和〈农村劳动力跨地区流动有序化——"城乡协调就业计划"第一期工程〉的通知》	建立针对农村劳动力流动就业的用工管理、监察、权益保障、管理服务基本制度，发展各种服务组织，完善信息网络和监测手段，强化区域协作和部门配合
1994 年 11 月	劳部发〔1994〕458 号	《农村劳动力跨省流动就业管理暂行规定》	被用人单位跨省招收的农村劳动者，外出之前，须持身份证和其他必要的证明，在本地户口所在地的劳动就业服务机构进行登记并领取外出人员就业登记卡；到达用人单位后，须凭出省就业登记卡领取当地劳动部门颁发的外来人员就业证；证、卡合一生效，简称"流动就业证"，作为流动就业的有效证件
1995 年 9 月	厅字〔1995〕42 号（中央社会治安综合治理委员会）	《关于加强流动人口管理工作的意见》	明确将是否具有暂住证和就业证作为收容遣送的重要依据，并将流动人口收费合法化、明确化
1997 年 5 月	国发〔1997〕20 号	《小城镇户籍管理制度改革试点方案》	首次在全国开展户籍改革试点工作，允许已经在小城镇就业、居住并符合一定条件的农村人口在小城镇办理城镇常住户口
1998 年 7 月	国发〔1998〕24 号	《关于解决当前户口管理工作中几个突出问题的意见》	允许今后新生儿可以随父母任何一方登记申报户口；对已在配偶所在城市居住一定年限的公民，将根据自愿的原则准予在该城市落户；男性超过 60 岁，女性超过 55 岁，身边无子女需投靠子女的公民，可以在子女所在城市落户；在城市投资、兴办实业、购买商品房的公民及随其共同居住的直系亲属，在城市有合法固定的住所、合法稳定的职业或收入来源，并已居住一定年限，可准许其在该城市落户
2000 年 1 月	劳社厅发〔2000〕3 号	《关于印发做好农村富余劳动力流动就业工作意见的通知》	要求建立流动就业信息预测预报制度；促进输出产业化；发展和促进跨地区的劳务协作；开展流动就业专项检查，保障流动就业者合法权益

时　间	编　号	名　称	政策要点
2000 年 3 月	中发〔2000〕7 号	《关于进行农村税费改革试点工作的通知》	决定在安徽全省进行农村税费改革试点，改革内容由原先的"费改税"、"并税"等被提升为调整国家、集体、农民三者间利益的综合性改革。改革的主要内容是：取消乡统筹费、农村教育集资等专门面向农民征收的行政事业性收费和政府性基金、集资；取消屠宰税；取消统一规定的劳动积累工和义务工；调整农业税和农业特产税政策；改革村提留征收使用办法
2000 年 6 月	中发〔2000〕11 号	《关于促进小城镇健康发展的若干意见》	允许中小城镇对有合法固定住所、稳定职业或生活来源的农民给予城镇户口，并在子女入学、参军、就业等方面给予与城镇居民同等待遇，不得实行歧视性政策，不得对在小城镇落户的农民收取城镇增容费或其他费用
2000 年 7 月	劳社部发〔2000〕15 号	《关于进一步开展农村劳动力开发就业试点工作的通知》	改革城乡分割体制，取消对农民进城就业的不合理限制
2001 年 11 月	计价格〔2001〕220 号	《关于全面清理整顿外出或外来务工人员收费的通知》	规定除证书工本费外，暂住费、暂住人口管理费、计划生育管理费、城市增容费、劳动力调节费、外地务工经商人员管理服务费、外地建筑（施工）企业管理费等行政事业性收费一律取消，并且证书工本费收费标准为每证最高不得超过 5 元；坚决纠正各种对进城务工人员的强行服务、强制收费行为
2002 年 1 月	中发〔2002〕2 号	《关于做好 2002 年农业和农村工作的意见》	首次提出了针对农民进城务工的"公平对待、合理引导、完善管理、搞好服务"十六字方针，并提出要"纠正简单粗暴清退农民工的做法"，"健全进城务工农民的劳动合同管理，维护他们的合法权益"
2002 年 10 月	中发〔2002〕13 号	《关于进一步加强农村卫生工作的决定》	开始部署在全国建立新型农村合作医疗制度

续表

时　间	编　号	名　称	政策要点
2003 年 1 月	国办发〔2003〕1 号	《关于做好农民进城务工就业管理和服务工作的通知》	提出取消对农民进城务工就业的不合理限制、切实解决拖欠和克扣农民工工资问题、改善农民工的生产生活条件、做好农民工培训工作、多渠道安排农民工子女就学、加强对农民工的管理等要求
2003 年 1 月	国办发〔2003〕3 号	《关于建立新型农村合作医疗制度意见》	标志着新型农村合作医疗制度开始实施，先在全国 620 个县开展试点工作。确立了到 2010 年，实现在全国建立基本覆盖农村居民的新型农村合作医疗制度的目标
2003 年 3 月	国发〔2003〕12 号	《关于全面推进农村税费改革试点工作的意见》	标志着农村税费改革在全国范围内推开
2003 年 4 月	国务院令第 375 号	《工伤保险条例》	该条例首次将农民工纳入保险范围
2003 年 6 月	国务院	《城市生活无着的流浪乞讨人员救助管理办法》	规定不得将遣送对象范围扩大到农民工，更不得对农民工强制遣送和随意拘留审查。同时废止了《城市流浪乞讨人员收容遣送办法》
2003 年 9 月	国办发〔2003〕78 号	《关于进一步做好进城务工就业农民子女义务教育工作意见的通知》	提出"以流入地政府为主，以全日制公办中小学为主"的原则解决流动儿童接受义务教育问题，要求对流动儿童少年九年制义务教育普及程度要达到当地水平；农民工子女入公办学校与当地学生一视同仁，不得收取借读费、赞助费
2003 年 9 月	国办发〔2003〕79 号	《2003～2010 年全国农民工培训规划》	明确中央和地方各级财政在财政支出中安排专项经费扶持农民工培训工作。用于补贴农民工培训的经费要专款专用，提高使用效益
2003 年 9 月	国发〔2003〕19 号	《关于进一步加强农村教育工作的决定》	确立了"在国务院领导下，由地方政府负责，分级管理，以县为主"的农村义务教育管理体制；提出重点开展农村成人教育，开展农村实用技术培训，每年培训农民超过 1 亿人次

续表

时　间	编　号	名　称	政策要点
2003 年 11 月	国办发〔2003〕94 号	《关于切实解决建设领域拖欠工程款问题的通知》	提出自 2004 年起，用 3 年时间基本解决建设领域拖欠工程款以及拖欠农民工工资问题
2003 年 11 月	民发〔2003〕8 号	《关于实施农村医疗救助的意见》	救助对象包括：农村五保户、农村贫困户家庭成员和地方政府规定的其他符合条件的农村贫困农民
2003 年 12 月	财预〔2003〕561 号	《关于将农民工管理等有关经费纳入财政预算支出范围有关问题的通知》	要求地方各级财政部门要将涉及农民工的治安管理、计划生育、劳动就业、子女教育等有关经费，纳入正常的财政预算支出范围
2004 年 2 月	中发〔2004〕1 号	《关于促进农民增加收入若干政策的意见》	首次提出"推进大中城市户籍制度改革，放宽农民进城就业和定居的条件"。要求城市政府要把对进城农民的职业培训、子女教育、劳动保障及其他服务和管理经费，纳入正常的财政预算
2004 年 3 月	财综〔2004〕17 号	《关于规范收费管理促进农民增加收入的通知》	今后在城市中小学就学的农民工子女，负担的学校收费项目和标准将与当地学生一视同仁，不再收取借读费、择校费或要求农民工捐资助学及摊派其他费用。将进城就业农民的治安管理经费纳入正常财政预算支出范围，严禁向进城就业农民或农民工所在单位收取治安联防费。开展农民工培训和技能鉴定，不得强制培训、强行收费
2004 年 7 月	国发〔2004〕21 号	《关于做好 2004 年深化农村税费改革试点工作的通知》	提出在黑龙江、吉林两省进行免征农业税改革试点工作
2005 年 2 月	中发〔2005〕1 号	《关于进一步加强农村工作提高农业综合生产能力若干政策的意见》	明确提出鼓励农民进城打工

时 间	编 号	名 称	政策要点
2005 年 2 月	劳社部函〔2005〕18 号	《关于废止〈农村劳动力跨省流动就业管理暂行规定〉及有关配套文件的通知》	决定废止原劳动部颁布的《农村劳动力跨省流动就业管理暂行规定》、《关于严禁滥发流动就业证卡的紧急通知》、《关于"外出人员就业登记卡"发放和管理有关问题的通知》，并停止执行劳动和社会保障部办公厅《关于印发做好农村富余劳动力流动就业工作意见的通知》中关于外出人员就业登记卡和就业证的相关规定。这标志着我国流动人口就业证制度的正式废除
2005 年 11 月	国发〔2005〕36 号	《关于进一步加强就业再就业工作的通知》	公共就业服务机构对进城求职的农村劳动者要提供免费的职业介绍服务和一次性职业培训补贴
2005 年 12 月	国发〔2005〕43 号	《关于深化农村义务教育经费保障机制改革的通知》	提出将农村义务教育全面纳入公共财政保障范围，建立中央和地方分项目、按比例分担的农村义务教育经费保障机制；全面免除农村义务教育阶段学生学杂费
2006 年 2 月	中发〔2006〕1 号	《关于推进社会主义新农村建设的若干意见》	—
2006 年 3 月	国发〔2006〕5 号	《关于解决农民工问题的若干意见》	内容涉及农民工工资、就业、技能培训、劳动保护、社会保障、公共管理和服务、户籍管理制度改革、土地承包权益等各个方面的政策措施。是第一个对进城农民工经济、社会、政治权益保障提出的最完整、内容最翔实的一份政策文件
2006 年 6 月	主席令第 52 号	《中华人民共和国义务教育法》	做出了义务教育均衡发展和政府编制预算"向农村地区学校和薄弱学校倾斜"的规定，形成了在法律层面上的农村教育公共政策
2007 年 1 月	中发〔2007〕1 号	《关于积极发展现代农业扎实推进社会主义新农村建设的若干意见》	—

续表

时　间	编　号	名　称	政策要点
2007 年 7 月	国发〔2007〕19 号	《关于在全国建立农村最低生活保障制度的通知》	规定保障对象是家庭年人均纯收入低于当地最低生活保障标准的农村居民，主要是因病残、年老体弱、丧失劳动能力以及生存条件恶劣等原因造成生活常年困难的农村居民。资金的筹集以地方人民政府为主，实行属地管理，中央财政对财政困难地区给予适当补助
2007 年 8 月	主席令第 65 号	《中华人民共和国劳动合同法》	规定建立劳动关系应当订立书面劳动合同，合同要有工作时间和休息休假、劳动报酬、社会保险等关系劳动者权利的条款；执法、监察部门必须履行职责，如果不履行职责，要承担相应的法律责任。本法自 2008 年 1 月 1 日起施行
2007 年 8 月	主席令第 70 号	《中华人民共和国就业促进法》	实行城乡统筹的就业政策，建立健全城乡劳动者平等就业的制度。农村劳动者进城就业享有与城镇劳动者平等的劳动权利，不得对农村劳动者进城就业设置歧视性限制。本法自 2008 年 1 月 1 日起施行
2007 年 12 月	主席令第 80 号	《中华人民共和国劳动争议调解仲裁法》	用人单位承担更多举证责任。与争议事项有关的证据属于用人单位掌握管理的，用人单位应当提供，用人单位不提供的，应当承担不利后果。追索劳动报酬、工伤医疗费及因执行国家的劳动标准在工作时间、休息休假、社会保险等方面发生的争议，仲裁裁决为终局裁决。劳动争议仲裁不收费。本法自 2008 年 5 月 1 日起施行
2007 年 12 月	厅字〔2007〕11 号（中央社会治安综合治理委员会）	《关于进一步加强流动人口服务和管理工作的意见》	提出"公平对待、搞好服务、合理引导、完善管理"的工作方针，强调服务和管理并重；要求构建以社区为依托的流动人口服务和管理平台；首次提出流动人口信息化的建设目标；要求流入地、流出地的党委和政府在制定公共政策、建设公共设施等方面，统筹考虑长期在本地就业和居住的流动人口对公共服务的需要，逐步建立和完善覆盖流动人口的公共服务体系；明确要求逐步实行居住证制度，探索居住证制度改革

时 间	编 号	名 称	政策要点
2008 年 1 月	中发〔2008〕1 号	《关于切实加强农业基础建设进一步促进农业发展农民增收的若干意见》	—
2008 年 12 月	国办发〔2008〕130 号	《关于切实做好当前农民工工作的通知》	重点强调对返乡农民工的公共服务和社会保障工作，要求地方政府在用地、收费、信息、纳税服务等方面给予他们返乡创业的更大支持，妥善安排子女入学和疫苗接种问题，鼓励他们参加新型农村合作医疗，保障他们的土地承包权益等
2009 年 2 月	中发〔2009〕1 号	《关于 2009 年促进农业稳定发展农民持续增收的若干意见》	—
2009 年 7 月	卫妇社发〔2009〕70 号	《关于促进基本公共卫生服务逐步均等化的意见》	提出了 9 项基本公共卫生服务项目，规定到 2011 年，国家基本公共卫生服务项目得到普及，城乡和地区间公共卫生服务差距明显缩小
2009 年 9 月	国发〔2009〕32 号	《关于开展新型农村社会养老保险试点的指导意见》	按照加快建立覆盖城乡居民的社会保障体系的要求，逐步解决农村居民老有所养问题。新农保试点的基本原则是"保基本、广覆盖、有弹性、可持续"。2009 年试点覆盖面为全国 10% 的县（市、区、旗），以后逐步扩大试点，在全国普遍实施，2020 年之前基本实现对农村适龄居民的全覆盖
2009 年 10 月	国务院令第 555 号	《流动人口计划生育工作条例》	规定流动人口的计划生育工作以现居住地人民政府为主，流动人口在现居住地可享受相关计划生育服务和奖励、优待
2009 年 10 月	—	《国家基本公共卫生服务规范（2009 年版）》	10 个项目的服务对象都是以辖区内常住居民来规定的

续表

时　间	编　号	名　称	政策要点
2009 年 12 月	国办发〔2009〕66 号	《城镇企业职工基本养老保险关系转移接续暂行办法的通知》	明确提出本办法适用于参加城镇企业职工基本养老保险的所有人员，包括农民工。并对农民工的缴费和转移接续问题做了具体规定
2010 年 1 月	中发〔2010〕1 号	《关于加大统筹城乡发展力度进一步夯实农业农村发展基础的若干意见》	明确提出加快落实放宽中小城市、小城镇特别是县城和中心镇落户条件的政策，促进符合条件的农业转移人口在城镇落户，并享有与当地城镇居民同等的权益。这意味着农民工在"农转非"和就业、社保、子女就学等方面将更快实现他们的愿望。同时，鼓励有条件的城市将有稳定职业并在城市居住一定年限的农民工纳入城镇住房保障体系。这意味着经济适用房、廉租房等将成为农民工的安家之所

资料来源：中央政府门户网站，http：//www.gov.cn。

第二部分

迁移流动与健康

第四章 劳动力流动与流动人口
健康问题

　　据估计，1995~2000年，中国流动人口数量已超过1亿；2005年1%人口抽样调查的结果显示，全国流动人口为14735万人。流动人口中的大多数是从农村到城镇的打工者，他们为流入地的经济社会发展做出了巨大的贡献。然而，由于社会保障和公共政策的不健全、长期城乡二元分割的格局以及流入地应对的滞后，城镇中农民工在社会和经济生活中往往处于"边缘地带"，他们在享受社会福利和公共服务以及保障自身权益方面处于明显的劣势。当前对农民工问题的研究和讨论涉及方方面面，他们的健康问题则是其中的主要问题。由于各种法规和制度已经不适应目前劳动力大规模流动的形势，使流动人口在为各地经济发展做出贡献的同时，也付出了较高的健康成本或面临较高的健康风险。当面对突发性传染病和高危传染病时，流动人口的生活条件、医疗保险、公共卫生服务以及社会福利等问题就显得更为突出。在当前社会充分享受流动劳动力为之做出重要贡献的快速经济增长时，也不可忽视这个人群的健康问题，他们的健康问题不仅影响到占非农就业半数以上的劳动力健康素质问题，还影响到流动人口的家庭成员以及流入地和流出地居民的健康，乃至影响到整个社会。

虽然中国的劳动力流动始于二十多年前，但有关流动人口健康的问题没有得到公众和决策层的足够重视。直到 2003 年 SARS 突发后，广大公众才意识到人口流动与流行病的关系、农民工的恶劣生活条件与健康风险，流动人口的健康问题才逐渐得到广泛的关注。即使如此，有关流动人口健康问题的系统性研究依然非常有限。根据最近的一则报道，2005 年底湖北省开展了一次为农民工免费体检的活动，结果发现 40% 左右的农民工带病上岗（周甲禄等，2006），说明农民工中的健康问题已经十分突出。

本文将分析流动人口的主要健康问题，探讨与之相关的政府角色与公众政策，以及雇主、卫生部门、社区和流动人口自身在改善流动人口健康问题中的作用，并提出相应对策。

本文将概要描述有关流动人口健康状况的几个重要方面，如艾滋病/性病和传染病问题，生殖健康问题以及劳动场所的安全与健康等，分析不同人群所面临的健康风险、存在问题及其影响因素。本文中所用的数据和信息主要来自已发表的文献、研究报告和相关的统计资料。

一　研究框架

影响人口健康问题的因素既有生理因素，也有心理、文化和社会经济因素，改善健康问题需要从各方面入手综合干预。在人生的不同阶段和不同人群中，各种因素的作用会有所不同，婴幼儿的健康影响因素不同于老年人的健康影响因素，而流动人口中大多数是青壮年，是各年龄段人口中死亡风险相对较小、健康存量较高的人群，他们的健康影响因素除了生理因素之外，心理和社会经济因素的作用更为重要。而在中国当前的特定环境下，公共政策和政府行为在流动人口的健康问题中具有主导作用。因此，本文的研究框架将集中在非生理因素方面，主要关注政策和社会经济因素。

虽然流动人口中劳动年龄人口占了大多数，但还包括一部分老人和儿童。这些随农民工流动的老人和儿童在流动期间存在特有的健康风险，虽然这些风险也需要进行调查研究，但他们并非本文所关注的人群。本文的研究对象主要是流动的劳动力或称农民工。

本文在讨论流动劳动力中不同人群的健康问题时，将考虑五个方面的影响，分别为政府和公共政策方面、雇主方面、卫生部门方面、社区方面以及流动人口个人方面。这些因素会直接或间接影响流动人口的健康问题，且彼此之间也相互关联。

（1）政府和公共政策方面：包括国家和地方政府的法律法规、公共政策，社会福利和社会保障体系，社区发展和住房政策等。

（2）雇主：包括国有、外资和私营的工商企业以及个体雇主。与雇主相关的健康问题包括劳动安全、宿舍居住条件、雇员的医疗保险、女职工的孕产保健等。

（3）卫生部门：包括国有和私营两个方面，与之相关的有国家的疾病控制和基础卫生网络的覆盖面，公共卫生和医疗服务的覆盖面与服务方式，医疗卫生服务的可获得性和服务费用等问题。

（4）社区：社区在流动人口的生活中起到了重要的作用，其中包括流动人口集中居住地区的环境与生活条件、流动人口在社区中的融入以及社区的相应措施、社区公共服务的提供等。

（5）个人因素：流动人口的个人因素对他们自身的健康有直接或间接的影响，在研究流动人口健康问题时应注意这个人群的共同性和不同特点，不同的年龄、性别、婚姻状况、受教育程度、职业、收入、生活环境等会对流动人口的健康产生不同的影响，流动人口的社会支持网络在他们的生活中有不可忽视的作用。而流动者本人的健康意识和知识、健康观念和行为则直接影响到他们的健康状况。

二 流动人口的健康风险

（一）流动人口的基本特征

流动人口既有共同的特点，内部也存在较大差别，不同性别、年龄和职业的不同群体所面对的健康问题各有不同。根据 2000 年第五次人口普查资料估计，与本地劳动力相比，城市中的农村迁移劳动力年龄结构较轻，就业相对集中于制造业、建筑业、批发和零售贸易及餐饮业、社会服务业（见图 4 - 1）；一些流入地的女性流动劳动力多于男性；与本地劳动力相比，有更多的流动劳动力从事非正规就业。这些特点意味着他们可能存在与本地劳动力不同的健康问题和健康风险。流动人口中不同的就业状况和婚姻状况决定了他们在城市中不同的居住安排和生活环境，从而决定了流动人口内部的健康风险差异。

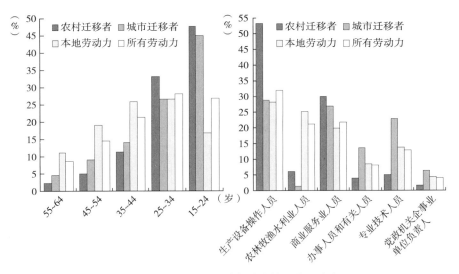

图 4 - 1　城市劳动力的年龄结构和就业分布

资料来源：王德文、吴要武、蔡昉：《迁移、失业与城市劳动力市场分割——为什么农村迁移者的失业率很低？》，《世界经济文汇》2004 年第 1 期，第 37 ~ 52 页。

流动劳动力的年龄结构相对年轻，他们需要面对这个年龄人群所特有的健康问题，例如性病/艾滋病及其他传染病问题、生殖健康问题、工作场所的职业安全和健康问题、心理健康问题。有关流动劳动力及其相关的心理健康方面的研究成果十分缺乏，因此本文只讨论前三个问题。

（二）性病/艾滋病及其他传染病问题

联合国驻华机构对中国实现千年发展目标的评估报告中，对遏制艾滋病蔓延显示出特别的担忧，尤其指出针对某些不易覆盖的人群（包括流动人口）的工作还需要在政策法规方面有进一步的改进（联合国驻华机构，2004）。在流动人口中预防性传播疾病及其他传染病的问题也同样重要。

艾滋病主要在青壮年人群中蔓延，中国已发现的艾滋病病毒携带者中劳动年龄人口占90%以上，其年龄结构与流动劳动力的年龄结构十分相似（见图4-2）。流动人口中报告的艾滋病/性病的病例呈上升趋势，正在逐渐成为影响流动人口的主要传染病之一。除了血液传播外，静脉注射吸毒也是中国艾滋病传播的主要途径，此外是没有采取保护措施的性行为。而吸毒和不安全的性行为与个人的生活方式紧密相关。青壮年流动劳动力的个人交往圈更大，生活环境与在家乡时不

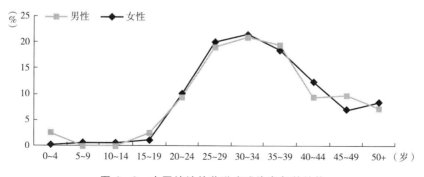

图4-2　中国统计的艾滋病感染者年龄结构

资料来源：UNAIDS. Epidemiological fact sheets by country. 2003。

同，同时他们又缺乏处理各种事务的经验，对可能存在的健康风险缺乏认识，相应的知识也比较欠缺，在对疾病的防范意识和预防能力方面都处于劣势，因此感染艾滋病的风险更大。例如，吉林省有相当一部分艾滋病病例发生在延边地区，其中有些感染病例是有吸毒经历的归国劳务人员（崔淑等，2002）；根据广东和四川地区的报告，多数艾滋病感染者是农民和无业人员，其中有些人曾进行过跨省的迁移（李桂娇等，2002；梁莉等，2003）。

感染艾滋病的风险与流动劳动力所从事的职业相关。在性服务行业中预防艾滋病已经成为国内外艾滋病预防工作的重点。由于该行业的非法性，难以通过正常渠道向从事这种行业的妇女提供必要的医疗保健服务，而不少性工作者是未婚的农村青年流动女性，她们往往受教育程度较低，在自我保护方面处于弱势地位，因此感染性病/艾滋病的概率更高（吴尊友、张家鹏，1997）。例如，萧山市1998年的传染病报告表明，与外来女性的性接触是当地男性性病发生的主因（汪永良等，2000）。孙宏等（2002）在黑龙江的几个边境城市调查了393名在服务行业工作的外来女工，其中59.8%的人有多个性伴侣，她们中只有34.4%的人坚持使用安全套。迁移的自由打破了传统的限制，正在逐步改变青年人的行为，尤其是他们的性行为。这是当前艾滋病防治的主要障碍。

政府和社会已经着手应对流动人口中存在的这个问题，如在宣传教育中加强对流动人口的工作力度。目前由地方政府或非政府组织在一些地区以国际合作项目方式开展的"安全套百分百"活动，是在歌厅发廊等服务业从业人员中预防性病/艾滋病的尝试。在工作场所进行艾滋病防治方面的教育，吸引年轻人参加预防艾滋病的参与式培训，可以显著增进未婚青年对艾滋病的了解，有效提高流动青年工人的预防知识（中国青春健康项目，2005）。然而，目前这种培训的覆盖面非常有限，依然局限在项目运作的范围内。而且相关的信息和调查研究有限，我们对流动人口当中的性病/艾滋病传播问题以及相关对策的有效性还缺乏深入了解。

据估计，中国艾滋病的传播风险已从少数高危人群延伸到一般人群，因此在青壮年当中预防艾滋病显得更为重要。在国家发布的艾滋病当年报告病例中，女性比例在逐年上升。流动人口的配偶或性伴侣也需要关注，因为通常他们对健康危害的了解较少，更有可能被感染。例如一些调查发现农村妇女被她们外出回家的丈夫传染了性病。

除了性病/艾滋病之外，其他传染病在流动人口当中的传播也应当引起重视。生活方式、居住条件和卫生行为与传染病的发病率密切相关。很多流动人口在城市边缘聚集，这些地区的居住条件往往比较差，居住环境恶劣、拥挤，但是来自农村的流动人口到城市后还延续了在农村的一些生活习惯。恶劣的居住条件和不健康的生活习惯和行为都会危害流动人口的健康，加速某些传染病的传播。例如，在2003年春SARS流行时，北京发现的几名SARS患者是来自同一建筑工地的工人，这些工人居住条件非常恶劣，几十个人住在一个通风不良的大房间，北京市政府因此勒令建筑公司改善工人的居住条件。据统计，当时北京有184名SARS患者分别来自104个建筑工地。在2003年5月下旬，传染病的流行情况得到控制时，新增病例中的绝大部分是外来打工者（胡一帆，2003）。

流动人口的居住和工作环境拥挤、饮食不卫生，排水排污设备简陋，没有清洁的饮用水，这些都为流行病的传播创造了条件。在南方的一些地区发现，疟疾、肝炎、伤寒和呼吸道传染病在流动人口中的发病率高于当地居民（谢淑云，2000）。一些原本已近绝迹的传染病再次出现，例如在广东的流动人口中发现麻疹患者，据估计可能是由没有接种疫苗的儿童传染给成年人的（李桂娇等，2000）。

（三）生殖健康问题

流动人口的年龄集中在生殖活动比较频繁的阶段，流动人口的生殖健康问题构成这个人群健康的重要部分。近年来，流动人口的生殖健康研究，尤其是妇幼健康方面的研究逐渐增多。根据现有调查研究结果来看，流动人口所面临的生殖健康问题和风险主要集中在以下几个方面。

（1）未婚青年避孕服务的未满足需求，包括相关信息的提供和咨询服务。研究发现婚前性行为在青年流动人口中并不罕见，但是由于缺乏针对流动人口和未婚青年的相关服务，而流动青年本人缺乏避孕知识，对现有的服务也缺乏认识和了解，获得信息的渠道有限，考虑经济或隐私问题在利用服务时有所顾虑，他们的需求往往得不到满足（楼超华等，2001；Zheng，2001）。知识、信息和服务的缺乏导致更多的不安全性行为和意外怀孕，从而增加了健康风险。

（2）人工流产和流产后照料。没有保护的性行为或者避孕失败常常会导致人工流产，这个问题在未婚的青年女工中尤其严重。城市和农村的居民做人工流产都可以享受计划生育免费服务和流产后的带薪休假，而外来女工通常享受不到这些相应的福利，往往在人工流产后不能休息、要照常上班。这些状况都会对妇女有较大的健康风险。又由于妇女（尤其是未婚妇女）羞于启齿，或不重视流产后的休息和恢复，人工流产和流产后保健很少被作为问题而提出，也就没有得到足够的重视。

（3）女职工的福利和权益。很多企业单位往往不能保障女工的孕期保健和生殖健康权益，例如多数企业没有孕产保险，一些企业甚至在合同中规定女工在职期间不许怀孕（姜秀花，2004；谭琳、宋月萍，2004）。很多企业和雇主都不提供带薪产假和保留产妇的岗位，也不提供任何孕期保健和生育保险。

（4）生殖道感染和其他妇科病的预防与治疗。在上海和北京的研究发现，女性流动人口的生殖道感染患病率更高，而她们做常规妇科检查的比例较低（陈月新、郑桂珍，2001；兰红霞等，2004）。

（5）儿童健康。调查研究发现，流动人口子女的计划免疫率低于当地儿童（徐文明等，2000；姜中馨、单芙香，2000），在一些流动人群如个体商贩中，儿童计划免疫率最低的仅有25%（郭万申等，2000），而当地常住居民的儿童计划免疫率通常接近100%。产生这种现象的主要原因是来自农村的父母对城市中的服务缺乏了解或没有得到相应的信息；另外，流动人口的住所频繁变动，也造成服务机构免疫登记困难。有些农村妇女为了外出打工，将需要哺乳的婴幼儿留给祖父母照管，由农村劣质奶粉问题引发的调查发现，这些"留守"的婴幼儿中存在营养不良等健康问题，从而为这些外出打工家庭的儿童的健康留下了隐患。

相关研究也发现，农村流动人口进入城市后，健康行为和生殖健康服务的使用方面受到城市居民的影响，在发生积极变化。例如，与农村的同龄人相比，流动妇女掌握更多的生殖健康知识，具有较强的保健意识，而且她们对孕期保健更为关注，在医院分娩的可能性更大（郑真真、解振明，2004；葛学凤等，2004）。但调查也发现，流入地的生殖健康/计划生育服务与流动人口的需求之间还存在明显差距，例如，在获取避孕药具和享受免费服务方面（刘鸿雁等，2004）。尽管近年来政府已经出台了一系列针对流动人口的生殖健康/计划生育服务的新政策，但现有的城市系统难以有效地涵盖已婚流动人口，更不用提未婚青年了（姜秀花，2004）。

在流动人口中，缺乏围产保健、不到医院分娩等原因所造成的妇女和婴儿健康问题甚至死亡事件不断见诸报端。把这些问题的原因完全归咎于流动妇女缺乏自我保健意识是不公平的，如果站在流动妇女的角度来思考，这种问题的存在与对相关服务缺乏了解、更与城市服务的不方便和价格昂贵使流动妇女难以接受有关，几乎所有在流动人口中开展的调查都发现，没有医疗保险而医疗卫生价格昂贵是流动人口不使用城市医疗保健服务的重要原因。近年一些城市地区的政府提出在一些指定医院"限价分娩"，以保证低收入人群能够享受基本的孕产保健，是有利于改善流动人口孕产健康的尝试。

绝大多数从业女劳动力都处于生育年龄，因此生殖健康对她们来说是非常重要的问题。我国 1988 年 9 月开始施行的《女职工劳动保护规定》，对女职工在孕产期和哺乳期提出了明确的劳动保护要求；1990 年 1 月劳动部颁发了《女职工禁忌劳动范围的规定》，列举了已婚待孕、怀孕、哺乳女职工的禁忌劳动范围；1993 年 11 月，卫生部、劳动部、人事部、全国总工会、全国妇联共同颁发了《女职工保健工作规定》，提出了女职工保健的组织措施和保健措施，尤其对孕前、孕期和产后保健做出了比较具体的要求。然而，直到现在，我们都还没有全面和清楚的了解这些规定的实施情况。根据目前一些调查和报告，很多外资企业和民营企业没有能够按照要求向女工提供劳动保护和相应的生殖健康福利。全国总工会的一项全国抽样调查显示，私营和个体企业执行国家规定的情况比较差（见表 4 - 1）。

表 4 - 1　1999 年企业执行女职工劳动保护情况

单位：%

企业类型	建立妇科病定期检查制度	建立卫生室/孕妇休息室	执行有关劳动强度规定	执行经期劳动安排规定	执行哺乳期劳动安排规定	执行 90 天产假规定
国有企业	82.4	32.3	79.8	87.4	94.9	97.9
集体企业	66.9	22.9	72.2	80.7	91.6	95.2
内资股份合作企业	77.8	3.8	60.0	77.8	89.3	96.6

企业类型	建立妇科病定期检查制度	建立卫生室/孕妇休息室	执行有关劳动强度规定	执行经期劳动安排规定	执行哺乳期劳动安排规定	执行90天产假规定
内资联营企业	66.7	66.7	100.0	100.0	100.0	100.0
内资有限责任企业	91.9	45.5	89.7	89.7	100.0	100.0
内资股份有限企业	77.8	40.9	92.0	92.3	96.7	100.0
内资私营企业	28.6	50.0	71.4	42.9	62.5	50.0
内资其他企业	33.3	33.3	100.0	100.0	100.0	66.7
港澳台商投资企业	87.5	42.9	100.0	100.0	100.0	87.5
外商投资企业	50.0	38.5	100.0	100.0	100.0	100.0
事业	80.7	33.2	63.4	68.2	93.2	98.6
机关	100.0	31.2	–	–	100.0	100.0

资料来源：《全国总工会1999年"女职工基本情况调查"统计抽样调查》，转引自国家统计局人口和社会科技统计司《中国社会中的女人和男人》，2004。

（四）工作场所的劳动安全和健康

许多流动人口从事的工作劳动强度大，工作条件恶劣，却极少能享受劳动保护。职业危害问题比较突出的企业没有在工作场所采取措施保护劳动者的安全，这直接威胁到劳动者的身体健康和人身安全，该问题在雇用流动人口较多的外资、乡镇和民营私营企业显得尤为突出。目前在这方面还缺乏比较系统的统计数字，只能从零星的报告中看到此问题的严重性。例如，2002年乡镇企业职工的职业病发病率是15.8%，大约有83%的乡镇企业在工作场所存在职业危害，60%的乡镇企业没有配备必要的防护用品（彭嘉陵，2004）。为员工提供医疗保险和工伤保险的企业非常有限。2000年的第二期中国妇女社会地位调查中仅有45.6%的被调查妇女有医疗保险，工伤保险的比例更低，只有29.7%（国家统计局，2005）。

国家安全生产监督管理局透露，2003年全国死于工伤的人员高达

13.6万人，其中大部分是农民工，特别是在矿山开采、建筑施工、危险化学品3个农民工集中的行业，农民工死亡人数占总死亡人数的80%以上（董伟，2004）。在劳动安全问题频出的同时，并非所有的打工者都能在工伤后获得医疗救治和经济补偿。工伤保险是工人伤后的主要依靠。根据工伤保险政策法规，用人单位应该为所有职工或者雇工缴纳工伤保险费，但事实并非如此。珠江三角洲工伤研究项目小组对2001～2003年广东医院在院工伤者的探访中发现，70%以上的企业没有为职工购买工伤保险（谢泽宪，2004）。因此，流动人口的伤病负担只能由自己承担。一般打工者在有大病或工伤事故后就不再工作而返回家乡，实际上是由个人承担所有的健康后果，给本来就资源有限的农村家庭带来了更大的负担。

在工厂恶劣的工作环境下，女工所面临的健康危害更为严重。例如，一项调查发现在珠江三角洲地区工作的女工对工作环境的不满主要集中在噪音、通风条件、粉尘等方面（"农村外出务工女性"课题组，2000）。目前女职工在外资企业和合资企业中的比例已经超过50%，随着这类企业在中国的不断增加，工作场所的劳动安全和健康问题将会影响到更多的女性员工。

与工作相关的另一个问题是心理健康问题，不少调查都提到农民工的精神负担和工作压力影响到他们的心理健康，由于缺乏这方面的专项研究，目前还无法判断问题的严重程度。

三　讨论

中国正处于经济快速发展期，而为发展做出重要贡献的农民工所面临的健康问题还未解决。流动人口的健康问题是人的基本权利和福利之一，是人权的一部分。健康问题直接关系流动人口的劳动参与能力和社会参与能力，对流动人口本人的健康及其家庭和子女都有重要影响，有的问题甚至可能影响其一生的生活质量。

由于流动人口的选择性，有能力外出打工的人多是较年轻且健康状况较好的，加之我国人口流动的季节性和临时性，构成了流动群体与当地常住居民存在多方面的差异。实际上，当前存在的各种健康问题都是与打工者的流动性相关的。无论是用工单位、公共服务和管理机构，还是打工者本人，潜意识中都有临时的思想，导致对现存问题缺乏认真态度，对解决问题缺乏动力。

当前流动人口中存在的健康问题暴露了在对待和使用农村转移劳动力方面的不可持续性。用工单位和流入地之所以长期无视流动人口的健康问题或少有作为，主要是因为这些健康问题不会影响劳动力的供给，这些伤病的农民工会被源源不断新流出的劳动力替代，相应的伤病负担实际上则是由农村来承受。这种做法一是损害了农民工的健康，有些甚至是终身的健康；二是将疾病负担转嫁给了农村，更增加了农村的负担或加剧了农村的贫困现象，进一步扩大了农村与城镇的差距；三是从长期和人口发展的角度看，这种对外来劳动力"掠夺式"的使用方式是不可持续的。目前这种状况是依靠充足的劳动力数量来维持的，而在人口视窗关闭（即人口红利消失）后将不再有如此充分的劳动力供给，因此会造成有限劳动年龄人口的身体素质下降和能胜任的劳动力资源短缺。此外，未来一段时期随着城市化速度的加快，流动人口的规模可能会保持持续增长的势头，未来一些城市将面临快速的人口老龄化，主要的劳动力来源要依靠外来人口。总之，无论从短期和中长期的发展观点看，还是从人口健康和经济发展的视角考虑，都不能再拖延解决流动人口的健康问题。

回顾本文第一部分提出的五个方面的因素，结合以上讨论的具体健康问题，各个部分都可以在改善流动人口的健康方面发挥独特的作用。

（1）政府和公共政策：目前中央和地方政府都先后出台了与流动人口相关的规定，在各方面包括健康方面开始采取积极措施解决问题。不过需要监督对这些相关规定的执行和措施的落实。非政府组织在监督方面可以发挥更多的作用。与此同时，还要看到许多政策和措施都需要完善，比如适合农民工的医疗保障体系目前尚未建立。

（2）雇主：在改善工作环境、加强安全保障、善待职工方面，雇主有不可推卸的责任。据了解，有些工厂企业在职工健康福利方面提供了一系列服务，例如有些工厂有比较完善的劳动保护制度，工厂有医务室和幼儿园，女工在怀孕后可以调换工作岗位，有的工厂还设有哺乳室。工厂企业提供较好的管理规范的住宿，会有利于工人的健康生活。

（3）卫生部门：城市的公共服务系统形成于计划经济时代，设定的服务人群是拥有城镇户口的居民，不适用于面向当前城市中大量外来流动人口提供服务，现有的医疗卫生政策和服务系统也不例外。因此，需要调整和改善公共卫生服务，使之适应流动人口的特点和需求，尤其应当重视基层卫生设施的作用，如社区医院和工厂企业的诊所等。同时还应加强面向流动人口的公共卫生和疾病预防的宣传教育与咨询。很多在流动人口聚集地区比较活跃的私营卫生服务个体或机构，由于其提供服务的灵活性和价格低廉受到流动人口的认可，但是有相当一部分服务个体尚未纳入规范管理的范围。

（4）社区：改善流动人口的居住生活环境有助于疾病的控制和预防。越来越多的农村剩余劳动力在城市中找到了适合自己的生存方式，并希望可以长期居留在城市。在流动人口聚居区开展环境治理工作，能够降低流动人口聚居区成为传染病源头的可能性。同时，将流动人口纳入社区的日常活动也有利于他们在流入地更加舒适、健康地工作和生活。

（5）个人：流动人口中每个人的保健和防病意识、权益保护意识以及相关知识的提高会直接影响这个人群的健康，而行为的改变则不仅取决于个人意识和知识的改变，也需要创造更好的外部条件促使他们真正采取行动。

为了改善流动人口的健康状况，一些政府或非政府组织在工厂或社区开展了健康促进项目，例如改善工作环境、清除危险物品、由当地的专业人员为女职工提供医疗卫生和计划生育服务，用服务车的形式提供孕期保健，在工作场所或流动人口聚居区开展健康咨询和宣传教育等服务。然而，这些活动的作用是有限的。首先，这类活动通常是由单一部门发起的，而实际上流动人口的健康问题并不是单纯的医疗卫生问题，需要由医疗卫生、计划生育和社会各部门的综合服务来解决，单单依靠一两个部门的活动或服务难以奏效。例如，性病/艾滋病的传播通常与社会性别和社会问题密切相关，不考虑艾滋病防治的社会因素必定会影响项目或措施的效果。其次，多数活动仅仅局限于提供服务和宣传教育，对提高流动人口的防病意识和自我保护技能方面关注不够。最后，多数活动是以项目的形式开展的，缺乏常规性和制度化。

改善流动人口的健康状况，解决他们有关健康的问题，需要多部门多方面的综合干预。不同因素在流动人口的不同人群中所起作用不同，有可能会降低或增加健康风险。改善某些因素可能会有效降低一类人群的健康风险，但未必适用于其他人群；多种因素的改善会比单一因素的改善更为有效；干预措施的准确性、可行性和及时性是制定项目的关键。有效合理的综合干预应当根据现有问题对准目标，优先考虑在特定背景下的特定人群中对绝大多数人有最大影响的措施，也就是说，瞄准目标制定具有针对性的干预对策。

参考文献

Zheng Zhenzhen, "Obstacles to Service Use among Unmarried Young Female Migratory Workers in Urban China," The 6th Asia – Pacific Social Science and Medicine Conference, Kunming, October 2002.

蔡衍珊、黄源华、杜福娴等：《1997～1999 年广州市外来人口传染病发病特点分析》，《广州医药》2000 年第 6 期。

陈月新、郑桂珍：《不同生活工作条件下女性流动人口生殖健康状况的调查和思考——上海浦东新区四街道调查》，《南方人口》2001 年第 3 期。

崔淑、卢春爱、崔英：《延边朝鲜族自治州吸毒人群艾滋病病毒感染情况监测分析》，《中国艾滋病性病》2002 年第 4 期。

董伟：《去年我国工伤死亡 13.6 万人农民工占 80% 以上》，《中国青年报》2004 年 6 月 19 日。

葛学凤、叶文振、夏怡然：《流动妇女孕期保健状况及其影响因素》，《人口研究》2004 第 4 期。

郭万申、冯子健、刁琳琪等：《河南省 2141 名流动儿童免疫状况调查》，《中华预防医学杂志》2000 年第 5 期。

国家统计局：《中国社会中的女人和男人：事实和数据（2004）》，中国统计出版社，2005。

胡一帆：《"城市对他们欠账太多"》，《财经》2003 年第 4 期。

姜秀花执笔《切实保护流动妇女的计划生育/生殖健康权益》，"中国现代化进程中的人口迁移流动与城市化学术研讨会"发言稿，2004 年 6 月。

姜中馨、单芙香：《深圳市罗湖区外来儿童计划免疫状况调查分析》，《中国公共卫生管理》2000 年第 2 期。

兰红霞、谢玉荣等：《北京市流动人口妇女病普查结果分析》，《中国全科医学》2004 年第 13 期。

李桂娇、梁建平、古有婵等：《1988～2001 年中山市流动人口传染病流行现况及防制对策分析》，《华南预防医学》2002 年第 5 期。

联合国驻华机构评估报告：《中国实施千年发展目标进展情况》，2003。

梁莉、吴先萍、许军红等：《四川省 2001 年传染病流行状况分析》，《预防医学情报杂志》2003 年第 2 期。

刘鸿雁、汝小美、丁峰：《流动人口的生殖健康服务》，《人口研究》2004 年第 5 期。

楼超华、赵双玲、高尔生：《城市外来青年女工的生殖健康状况与需求》，《人口研究》2001 年第 3 期。

彭嘉陵：《农民工职业安全健康状况堪忧》，《人民日报》2004 年 6 月 19 日。

孙宏、彭崇等：《黑龙江省中俄边境地区流动妇女艾滋病干预研究》，《中国艾滋病性病》2002 年第 6 期。

谭琳、宋月萍：《贸易自由化环境中的女性迁移流动及其对生殖健康的影响》，《人口研究》2004 年第 4 期。

汪永良、马德高、方坚：《萧山市流动人口带来的防疫问题及对策》，《中国农村卫生事业管理》2000 年第 3 期。

吴尊友、张家鹏等：《云南省德宏州酒吧、发廊服务小姐性服务情况调查》，《中国性病艾滋病防治》1997 年第 1 期。

谢淑云：《1997～1998 年浙江省流动人口传染病流行特征分析》，《浙江预防医学》2000 年第 6 期。

谢泽宪：《工伤事故六问》，上海社会科学院网，www. sass. org. cn，2004。

徐文明、洪青山、江爱民：《福建省流动儿童计划免疫管理对策》，《中国公共卫生管理》2000 年第 1 期。

郑真真、解振明：《人口流动与农村妇女发展》，社会科学文献出版社，2004。

郑真真等：《城市外来未婚青年女工的性行为、避孕知识和实践——来自 5 个城市的调查》，《中国人口科学》2001 年第 2 期。

中国青春健康项目：《深圳企业未婚青年员工生活技能培训效果评估》，中国计划生育协会/PATH，2005。

中国社会科学院社会学研究所"农村外出务工女性"课题组：《农民流动与性别》，中原农民出版社，2000。

周甲禄、皮曙初、程正军：《农民工健康状况调查：40% 左右的农民工带病上岗》，《半月谈》2006 年第 6 期。

现阶段我国流动妇女健康研究综述：1996～2009 年

　　改革开放以来，市场经济的发展与人口流迁制度的变革成就了大规模、持续的人口流动现象。女性流动人口作为后起之秀，在 20 世纪最后几年的时间内飞速增长；到 21 世纪初期，其规模、流迁距离与影响已经赶上，甚至在一定意义上超过男性流动人口（姜秀花，2004a；林丹华等，2006；王菲，2007）。第五次人口普查数据显示，2000 年我国女性流动人口约占流动人口总数的 49.6%；跨省流动人口中，女性约占 47.2%；与男性流动人口相类似，女性流动者的年龄结构以青壮年（15～35 岁）为主（国家统计局人口和社会科技统计司，2001）。与以往以婚迁为主的流动模式不同，现阶段的女性流动人口多数以从事经济活动为主要目的，她们广泛地活跃于社会经济生产的各个领域，成为 21 世纪社会经济与文化发展不可或缺的重要力量。

　　众多研究与实践表明，受户籍登记制度与城乡社会经济二元分割状况的影响，流动人口的社会保障、公共政策与管理服务发展严重滞后，这些因素在不同程度上加剧了流动人口在流入地的社会经济生活中被"边缘化"的现实（郑真真、连鹏灵，2006）。一方面，流动务工者游离于城市和农村之间，对流入地及流出地的社会福利、保障和公共服务的可及性较差；另一方面，由于缺乏人力资本积累，多数流动者工作环境差、劳动强度大且缺乏基本的就业保障与医疗保险。与男性相比，受生理特征以及社会文化所赋予的家庭责任等因素的影响，高强度、超长时间工作、低就业保障、低医疗服务可及性等因素对女性流动务工者的健康威胁（如经期、孕产期、流产后等）更大。而流动妇女的身心健康不仅关系着其个人的生活质量与经济生产力，而且极大地影响着其家庭乃至整个社会的健康发展（张建武等，2008）。因此，流动妇女的健康状况日益成为科学研究、社会服务与相关政策决策的重要内容。

20 世纪 90 年代中期以来，全国不少地区开展了一系列的关于流动妇女健康状况的专题调研。这些调研覆盖的范围既包括主要人口流入地（如北京、上海、深圳等），也包括人口输出大省（如安徽、河南、四川等）。调研的对象既包括外出务工的妇女，也包括已返乡妇女；既包括未婚流动妇女，也包括已婚流动妇女。考察的主要内容涉及了卫生保健知识、认识与行为、主客观健康状况（生殖健康、其他生理健康与心理健康）、保健服务利用状况、健康教育效果等方面。

随着数据资料的日益丰富，学术界不断涌现并积累了较为丰硕的研究成果。本文将主要针对 2009 年以前在学术期刊中公开发表的相关研究成果进行梳理与回顾，评价现有研究中的重要发现、主要结论以及研究不足，为系统理解流动妇女的健康状况及其影响机制、解决现存问题、改善流动妇女健康状况提供实证基础与决策依据。以下行文将以不同研究内容为主线，依次回顾：（1）流动妇女健康知识、认识与行为；（2）流动妇女的健康状况；（3）卫生保健服务利用状况；（4）流动妇女健康教育的干预效果。在此基础上，本文将对现有研究的主要结论与政策建议进行总结与讨论。

一 流动妇女健康知识、认识与行为

现有文献中关于流动妇女健康知识、认识与行为的研究较为丰富，其中，多数研究指出，流动妇女对卫生保健知识掌握较少、对保健的重要性认识不足，在追求经济目的过程中在不同程度上存在着（自觉或不自觉的）以健康为代价的做法。加之，流动妇女在融入流入地社会环境的过程中，存在着不同程度的社会、文化、心理等方面的障碍与落差，这也在相当程度上影响着流动妇女的健康行为与健康风险。

（一）流动妇女卫生保健知识匮乏，保健意识不强

1998 年上海嘉定区关于 15～49 岁流动妇女的分层整群抽样调查数据显示，约有 86.6% 的被调查妇女没接受过性教育，62.8% 的人不知道生殖道感染，41.2% 的人没听说过性病，57.5% 的人不知道性病传播渠道。受其保健知识局限性的影响，被调查的已婚流动妇女中有 76.2% 的人未做过婚前检查，使用 IUD 的妇女中（多数已放置一年以上）有超过 30% 的未做过检查，超过 80% 的流动妇女在流入地从未有过妇科检查，且半数以上不知道获取相关信息与指导的途径（张真，1999）。

1999 年武汉市 6 城区 36 个居委会的已婚流动妇女的分层整群随机调查数据也显示，流动妇女在性与生殖健康方面的知识匮乏，避孕方法选用缺乏主动性，自我保健意识薄弱。被调查流动妇女婚前新婚知识知晓率低于 5%，未做过婚前检查的高达 72.7%；而来流入地后结婚的妇女中，也有超过半数（56.8%）的人未做婚前检查，在流入地分娩的妇女中做过产前检查的仅占 37.3%。相关数据表明，多数流动妇女根本不知道能得到哪些服务，也不清楚自己需要哪些服务（张

建瑞等，2001；杨森焙等，2001）。

此外，2003 年广东省惠州、珠海与广州三市 15～35 岁流动妇女的分层整群抽样调查也显示，流动妇女缺乏性与生殖健康方面的知识，54% 的被调查妇女不知道紧急避孕，能说出 3 种以上避孕药具及使用方法的仅约 8%；多数被调查者对性传播疾病缺乏清楚、正确的了解（黄江涛等，2005a、2005b）。2004 年广州市白云区 35 岁以下自愿参加环孕检查的流动妇女的抽样调查数据同样表明，被调查妇女缺乏系统的生殖健康以及性传播疾病的知识，仅有较少的被调查妇女（21%）了解避孕方法（吴晓菁等，2005）。李润清等（2006）于 2005 年对深圳宝安与龙岗两区公园门口、工厂、市场等地流动孕产妇进行的便利抽样调查结果依然显示，流动妇女保健意识薄弱，而文化程度是影响其自我保健意识的关键因素。

2007 年江苏省南京市建邺区流动妇女健康调查数据显示，听说过紧急避孕的被调查对象大约仅占 34.6%，约有 21.3% 的被调查者从未听说过性病。而听说过性病、艾滋病等的被调查对象中，也有相当一部分人对性病的病种、传染渠道等缺乏清楚的了解。与此同时，超过 1/3（36.8%）的被调查对象不赞同向未婚青年提供避孕药具服务（杭春燕等，2007；钱年华等，2007）。2007 年江苏省盐城市亭湖区 15～49 岁流动妇女的目的性抽样调查结果显示，多数妇女缺乏性病、生殖系统疾病的系统知识；接近一成的（8.9%）被调查妇女自 2006 年以来未做过妇科检查（毛京沐等，2008）。这些妇女多数没有意识到定期进行乳房检查和宫颈刮片检查的重要性，缺乏主动、定期进行妇科检查的意愿。

（二）流动妇女生殖健康风险大

与流动妇女卫生保健知识匮乏、自我保护意识淡薄的现状不相对称，不少流动妇女性观念开放、性行为缺乏约束。因而，其非意愿妊娠风险明显增大，人工流产发生率高，生殖健康状况不容乐观。

1994 年青岛市已婚流动育龄妇女的随机抽样调查结果显示，接近 15% 的已婚流动妇女有婚前性行为，部分妇女婚前甚至有多个性伙伴。而婚前性活跃者中，不足 60% 的人采取了避孕措施；约有 9.6% 的妇女有婚前妊娠史（王朝晖等，1998）。此外，被调查妇女中有超过 1/3 的人对性病一无所知，38.3% 的人曾避孕失败，51.6% 的妇女婚后有过非意愿流产，而其中不少人（约 20%）做人工流产选择在私人诊所或其他非正规医疗场所（万加华等，1997）。

与之相类似，1999 年武汉市已婚流动妇女的分层整群随机抽样调查数据显示，接近 20% 的被调查妇女同意婚前性行为，超过 40% 的流动妇女做过人工流产，其中有相当比例（26.9%）是发生在产后一年内（张建端等，2001；杨森焙等，2001；苏长梅等，2001；王绍海等，2001）。

2003 年广东省惠州市惠城区、珠海市香洲区、广州市白云区 15 ~ 35 岁流动妇女的分层整群随机调查结果表明，流动妇女性观念开放，无防护性行为、不固定性伴侣、多个性伴侣等现象在不同程度上存在（黄江涛等，2005a、2005b）。被调查妇女中，自报有婚前性行为的接近 1/4（23.4%），其中经常使用避孕套的不足 1/2（46.9%）。有过性行为的被调查对象中，约 12.5% 的同时或曾经有过 2 个性伴侣，而约 16.6% 的同时或曾经有过 3 个及以上性伴侣。避孕知识的匮乏与性行为的相对放纵，不可避免地影响到这些妇女的生殖健康，不少被调查妇女经历过意外妊娠与人工流产（66.8%），有的甚至在较短的时间内经历过多次人工流产（黄江涛等，2005a、2005b；张金辉等，2005）。

谢立春等（2007）对深圳市宝安区沙井镇已婚流动妇女的等比例

分层整群随机抽样调查数据显示，72.2% 的被调查妇女接纳婚前性行为，超过 50% 的本人有过婚前性行为；74.2% 的被调查者首次性行为没有采取避孕措施；另外，约有 11.33% 的有多个性伙伴。在这些已婚妇女中，17.8% 的人做过人工流产，重复流产率高达 28.3%，最多人流次数达 8 次（谢立春等，2006）。吴琼等（2007）对 696 名到上海市某区疾控中心接受体检的 16～49 岁流动妇女的调查结果表明，近三个月有性行为的被调查妇女中，有 49.9% 的从不用避孕套，其中 52.6% 的近三个月有生殖道感染症状。

由于远离原有的生活环境和社会亲友网络，流动妇女一方面精神孤独，另一方面缺乏传统道德舆论的约束，其性观念开放，有不少流动者性行为放纵，有的甚至非法从事（或兼职于）性服务行业。这些现象在未婚流动妇女的调查数据中更为突出地体现出来（王丰等，2006；郑立新等，2000；郑真真，2005）。何荣跃等（2000）对贵州 28 位 16～29 岁未婚流动妇女的访谈结果表明，未婚流动妇女普遍缺乏生殖健康知识，婚前性行为较为普遍，人工流产手术后卫生保健状况差、休息严重不足。此外，2002～2003 年北京、深圳、南宁、郑州 4 市某医疗机构以人工流产结束妊娠的 24 岁以下未婚流动妇女调查结果同样表明，年轻流动妇女缺乏生殖健康知识，其性传播感染/生殖道感染（RTIs/STIs）风险较为突出（Zhang 等，2006；赵更力等，2005）。张建武等（2008）于 2006～2007 年对汕头市自愿来计生服务站接受环孕检查的流动女工的生殖健康抽样调查结果显示，流动妇女性开放认可程度不断增大，无防护性行为风险增加；因而，这些流动妇女的生殖健康风险不容忽视（王德文，2008；王丰等，2006；郑真真等，2004）。

王菲（2007）利用 2005 年安徽省怀宁县农村妇女抽样调查数据，对比分析了外出返乡妇女与未外出妇女的生殖健康知识与状况。该研究指出，尽管两组妇女生殖健康状况均有待提高，外出返乡的妇女的生殖健康意识比未外出妇女要高，妇科检查率、性病等防范意识比未外出妇女较强。据此，该研究推断，外出务工能够在某种程度上增强妇女自我保健能力与意识。与之相类似，2000年中国人口信息研究中心在安徽、四川进行的"流动人口研究"抽样调查数据同样表明，外出返乡妇女了解与获取卫生保健知识的渠道更多，其性病等知识明显较多；然而不可忽视的是，这些妇女意外怀孕与人工流产的风险也明显高出从未外出过的妇女（中国人口信息研究中心"流动人口研究"课题组，2001）

二 流动妇女健康现状

流动妇女远离家庭及亲友网络的支持，健康的体魄与精神面貌对于她们在异地生存与发展极为关键。然而，如前所述，多数流动妇女由于缺乏卫生保健知识、保健意识淡薄且性观念开放，其健康状况不容乐观。现有研究中关于流动妇女健康状况的主要研究发现集中在流动妇女身体健康，尤其是生殖健康方面，而对流动妇女心理健康的研究相对较少。

（一）流动妇女生殖健康状况较差，妇科疾病患病率高而就诊率低

1998年上海嘉定区育龄流动妇女调查与体检结果显示，约有31%的被调查妇女有妇科不适感，31.4%的被调查妇女体检查出妇科疾病（张真，1999）。吴琼等（2007）对上海市某区疾控中心体检的16～49岁外来妇女的抽样数据分析指出，约有43.7%的被调查妇女近3个月内出现过至少一种生殖道感染的常见症状，43.5%的被调查妇女有过应就诊而未就诊经历。

王燕等（1999）利用便利性抽样调查数据对比分析了北京市流动妇女与户籍妇女的生殖健康状况。该研究指出，流动妇女在北京居住期间，产前保健水平较低；此外，体检结果显示，被调查流动妇女的生殖道感染率高达 29.3%，明显高于被调查户籍妇女（21%）；其中，霉菌性阴道炎、支原体感染、沙眼衣原体感染、淋病等检出率明显高于其参照组户籍妇女（安琳等，1999）。这些数据反映了流动妇女自我保健意识差、保健能力低以及保健行为缺乏主动性等客观现状，类似的研究发现也在其他城市的户籍人口与流动人口的对比中得以印证（程光英等，2007；葛学凤等，2004）。

此外，1999 年武汉 6 城区的已婚流动妇女抽样调查显示，约有 12.2% 的被调查妇女患有慢性妇科疾病，8.9% 的妇女患有泌尿生殖器官疾病（杨森焙等，2001；王绍海等，2001）。张小松等（2005）在深圳、南宁、北京与郑州四市 24 岁以下未婚流动女性的抽样调查中发现，流动妇女生殖道感染率（RIT）为 56.1%、性传播疾病（STD）的患病率为 9.7%。王临虹等人（2004）的研究同样表明，流动妇女是 RTI 和 STD 的高危人群，其 RTI 和 STD 患病率高于常住户籍妇女。谢立春等（2007）对深圳宝安区沙井镇已婚流动妇女的抽样调查结果显示，26.3% 的被调查者报告有（有症状的）生殖道感染患病史（谢立春等，2006）。2007 年江苏省盐城市亭湖区流动育龄妇女的便利性抽样调查结果显示，23.8% 的被调查妇女在妇科检查中查出妇科疾病，其中 87.9% 的妇女未进行治疗（毛京沐等，2008）。

（二）流动孕产妇保健状况差，孕产期健康隐患严重、死亡率高

朱丽萍等（2006）通过对比上海市外来孕产妇与本地孕产妇的保

健状况指出，上海市 1996～2005 年户籍孕产妇平均死亡率约为 11.6/10 万，而外来孕产妇死亡率则约为 58/10 万，相当于本市户籍人口的 5 倍，外来孕产妇死亡已成为上海市孕产妇死亡率下降的"瓶颈"。

北京、上海、广州等城市的相关调查与统计数据同样表明，流动孕产妇死亡率远高于这些城市的户籍孕产妇，且死因以直接产科原因为主，多数死亡是"可以避免"或"创造条件可以避免的"（陈刚等，2006b；刘英涛等，2006；马孝兰，2002）。此外，2005 年江苏省常州市流动人口妇幼保健状况调查及相关统计数据表明，流动人口孕产妇死亡率高于户籍人口，这也在一定程度上导致了流动围产儿死亡率的居高不下（王秋伟等，2007）。

（三）流动妇女的其他健康状况同样不容乐观

2006 年厦门市 18～49 岁中、低收入的流动妇女的抽样调查结果表明，流动妇女在不同程度上受着胃肠溃疡、关节炎、慢性支气管炎、妇科疾病等的困扰，这些状况与流动妇女的年龄、教育程度、收入状况以及外出时间等因素显著相关。相对而言，被调查流动妇女的心理健康状况总体较好，不同妇女的具体心理健康状况与其劳动强度与收入状况紧密相关（张洁等，2007）。林丹华等（2006）利用 2002～2003 年北京市 18～30 岁农民工的抽样调查数据研究发现，女性农民工中存在较为普遍的抑郁现象（抑郁发生率约为 22.6%），其中，未婚者的抑郁发生率明显高于已婚者。相对而言，流动妇女生活与工作满意度对其心理健康的影响比客观生活与工作条件影响更大（方晓义等，2007）。调查数据同时表明，流动妇女的心理健康问题进一步影响着其健康行为（如抽烟与酗酒）以及健康结果（林丹华等，2006）。此外，有研究发现人工流产显著影响妇女的心理健康（郑真真，1996），各流入地流动妇女的高流产发生风险无疑构成影响流动妇女心理健康的又一重要因素。

概括而言，流动妇女的总体健康状况较差。与流入地妇女相比，流动妇女的生殖健康状况较差，孕产期死亡风险明显较高。此外，受工作环境、生活压力、社会环境、经济条件以及保健服务可及性等方面因素的影响，流动妇女身心健康的其他方面也不容乐观。

三　流动妇女卫生保健利用状况

现有文献考察了不同地域、不同特征的流动妇女的健康状况，这些研究一再指出，流动妇女整体健康状况较差。然而，受其健康知识匮乏与保健意识薄弱等因素的约束，流动妇女对卫生保健服务的利用水平并不高，这一方面表现在其身体不适或患病时的就医状况以及常规性妇科检查中，另一方面也突出地表现在其孕产期相关医疗服务的利用状况中。

首先，流动妇女在患病或身体不适时，应就医而未就医的比例较高；不少妇女缺乏常规性的妇科检查，而接受过妇科检查的流动妇女中，不少人对检查出的疾病不予治疗。

2003 年北京、上海、广州与杭州 4 市对有 6 岁以下子女或怀孕 6 个月以上的流动妇女的典型抽样调查结果表明，超过 90% 的被调查者近一年来有过疾病或不适，其中约有 48% 的人在"公立医疗机构"接受过治疗，另有约 3% 的人去"私人诊所"接受治疗；其余接近半数（49.1%）的妇女采取自我治疗或未进行任何治疗。被调查妇女中，在现流入地接受过妇科病普查的不及一半（约占 42%），比相应户籍人口低 30%～40%（陈刚等，2006a、2006b）。与之相类似，2000 年上海市徐汇区 13 家医院妇幼门诊访视的流动妇女的调查结果显示，被调查流动妇女 2 周内患内科疾病而不治疗的约占相应患病人数的 8%，2 周内患妇科疾病而不治疗的占妇科病患者的 12.6%；2 年内未做过妇科病普查的约占 59% （马孝兰，2002）。

2007 年江苏南京市建邺区流动妇女生殖健康抽样调查数据显示，调查时点前一年，已婚被调查对象中约有 72.7% 的人做过妇科检查；而在妇科检查中查出妇科疾病的妇女（约占 30.8%）中，只有 18.3% 的人进行过治疗（杭春燕等，2007）。刘刚等（2006）利用广州已婚流动育龄妇女体检及生殖健康调查数据研究指出，超过半数（约为 52.8%）的被调查妇女在最近一年至少有过一种生殖道感染自我报道症状，其中超过 1/3（35.2%）的人应就医而未就医。苏长梅等（2001）利用武汉市已婚流动育龄妇女调查数据指出，约有 35% 的妇女存在有病不看医生的现象。

其次，流动孕产妇孕产期保健服务利用水平低，围产期母婴健康风险较大。

2003 年北京等 4 市被调查的年轻（有 6 岁以下子女或怀孕 6 个月以上）育龄妇女中，孕产妇住院分娩率约为 82.7%，产后访视率在 30% 左右，明显低于相应城市的户籍人口（住院分娩率均在 98% 以上，产后访视率在 90% 左右）（刘英涛等，2006）。2006~2007 年上海市某二级综合医院分娩的流动产妇调查显示，研究对象产前检查覆盖率约为 96%，早孕初查率约 38%，5 次产检率约 36.6%（高轶等，2008）。

此外，2002 年北京等 9 市关于流动妇女儿童保健状况的调查与相关统计资料显示，流动妇女建卡率、产前检查率、住院分娩率与产后访视率不仅低于常住人口，而且低于全国平均水平。各城市被调查流动孕产妇产前检查 8 次以上的比例、产后访视率均不超过 40%，住院分娩率为 33.6%~85.1%（林良明等，2005）。流动孕产妇较低的孕产保健水平不仅导致其孕产期死亡风险的上升，而且间接地促成了围产儿死亡风险以及新生儿破伤风发生率的上升（李润清等，2006；林良明等，2005）。

　　针对现阶段流动妇女卫生保健服务利用状况，不少研究探讨了影响流动妇女卫生保健服务利用状况的原因。现有研究成果表明，制约流动妇女卫生保健服务利用水平的因素主要包括：（1）经济约束与支付意愿；（2）健康知识匮乏与卫生保健观念淡薄；（3）相关信息及服务的可及性差；（4）其他政策与环境因素。

　　首先，与流动妇女较低的收入水平相比，流入地城市医疗费用明显偏高，而且多数流动妇女缺乏医疗保障。

　　有限的经济资源无疑成为制约和影响流动妇女保健服务利用状况（生病时就医、孕产期检查、医院分娩等）的重要因素。加之，多数流动妇女外出打工的主要目的在于攒更多的钱带回老家以改变贫穷状况，这一竞争性目的进一步降低了她们对卫生保健服务的支付意愿；不少人患病应治疗而未治疗，甚至不惜以健康为代价换取工作机会（陈刚等，2006a；高轶等，2008；王秋伟等，2007）。

　　2003 年北京、上海、广州与杭州四市关于年轻流动妇女的调查结果（陈刚等，2006a、2006b；刘英涛等，2006）显示，流动妇女的医疗保障水平低，约有 95.8% 的妇女就医"完全自费"，而由所在单位"全额支付"医疗费用的仅约占 0.3%。调查时点前一年有病而未去医疗机构就医的被调查妇女约占 49.1%，其中有接近一半的妇女（47%）明确表示因"经济"原因未就医，另有约 11.8% 的妇女表示由于"工作忙、没时间"而未去就医。1999 年武汉市 6 城区已婚流动妇女的调查结果显示，99.5% 的被调查妇女医疗费用完全自费。有病而不去看医生的被调查妇女（约占 35%）中，17.2% 的是由于"经济困难"，另有 3.5% 由于"工作忙"（苏长梅等，2001）。2007 年江苏南京市建邺区流动妇女生殖健康调查中，过去一年检查出妇科疾病、应治疗而未治疗的被调查妇女中，约有 18.9% 的表示在城市看病太贵，以后回老家再看；另有约 13.5% 的表示没钱看病（杭春燕等，2007）。

此外，经济因素也突出影响流动孕产妇的孕产期保健、医院分娩、高危妊娠孕产妇选择剖宫产等决策。2003 年北京等 4 市被调查妇女中，表示不愿去医院分娩的流动孕产妇中，93.2% 的认为经济原因是影响其相关意愿的主要因素（陈刚等，2006a、2006b；刘英涛等，2006）。2006～2007 年上海市某二级综合医院分娩的流动产妇调查结果表明，尽管约有 14.5% 的流动妇女参加医疗保险，但绝大多数妇女（98.1%）的孕产期保健费用为完全自理。因此，面对相对较高的孕产保健服务费用，不少妇女尽量少做或不做产前检查；家庭收入、丈夫职业等经济指标显著地影响流动孕产妇产前保健服务利用状况（高轶等，2008）。庄婵娟等（2007）在上海某医院剖宫产流动妇女的调研分析指出，经济条件是影响流动妇女中高危妊娠孕产妇选择剖宫产的重要因素。

其次，与流入地妇女相比，流动妇女总体受教育程度偏低，卫生保健知识有限，保健意识不强。

1998 年上海嘉定区流动育龄妇女生殖健康调查中，有身体不适却未就诊的被调查妇女中约有 10.4% 表示"不好意思"，另有约 37.3% 的认为"没关系"，两者累积接近 50%（张真，1999）。2000 年上海市徐汇区被调查流动妇女中，约有 4% 的人认为怀孕后没有必要进行产前检查，3% 的认为没有必要去医院分娩，4.4% 的认为没有必要去医院做人流（马孝兰，2002）。

2003 年北京等 4 市调查的年轻流动育龄妇女中，不愿去医院分娩的孕产妇有 36.8% 的是由于认识不到分娩的危险性，认为"在哪里分娩都无所谓"（陈刚等，2006a）。2007 年江苏南京市建邺区流动妇女调查中，过去一年有妇科疾病、应治疗而未治疗的妇女中，有 67.6%

的人认为"不碍大事、挺挺就过去了"（杭春燕等，2007）。毛京沐等
（2008）利用 2007 年江苏省盐城市亭湖区流动育龄妇女调查数据分析
指出，在妇科检查中查出妇科疾病而未治疗的，约有 85.7% 的认为
"不碍大事、挺挺就过去了"。1999 年武汉市已婚流动妇女调查也显
示，有病而未治疗的妇女中，有超过 3/4（75.9%）的认为"小病无
所谓、不必去看"（苏长梅等，2001）。

　　再次，流动妇女对保健服务信息的可及性差、相关政策了解有限。

　　2000 年上海市徐汇区流动妇女调查结果显示，知晓怀孕 12 周内
应初查建立"孕产妇健康手册"的流动妇女约占 44%（马孝兰，
2002）。2003 年北京等 4 市被调查育龄流动妇女中知道"健康证"、
"流动人口就业证明"的不足 20%；而了解"流动人口综合保险"、
"企业职工生育保险"和"流动人口疾病管理"等政策的不及 10%
（陈刚等，2006a、2006b；刘英涛等，2006）。胡洋等（2006）在深圳
市宝安区女性流动人口的生殖健康调查数据显示，约有 86.2% 的被调
查流动妇女从未得到过所在社区或单位提供的免费避孕知识服务，其
中，未婚妇女得到相应服务的比例更低。

　　2003～2004 年在北京、上海、安徽、湖北、河南进行的关于流动
妇女生殖健康权益的调研结果显示，未婚流动妇女、未持绿本的流动
妇女、已实施绝育手术而不可能再生育的妇女、流动性较强的妇女享
受的生殖健康宣传教育与服务十分有限（姜秀花，2004a、2004b）。
这一现实反映了当前我国计划生育与生殖健康服务在覆盖范围与工作
指导思想方面的局限性。这一研究发现在其他地区（2005 年在北京与
厦门）的调查研究中也得以印证（姜秀花，2006）。

　　最后，现有的医疗服务体系、服务政策以及生育政策等因素也在
不同程度上影响着流动妇女对卫生保健服务的利用状况。

　　2003 年北京等 4 市被调查妇女中，调查时点前一年应就医而未就

医的约有 13.2% 的人表示因去医院"手续繁琐"而未就医。而不愿去医院分娩的孕产妇中，也有 9% 的表示"去医院分娩麻烦"；超过 20% 的表示没有准生证、证件不齐或不符合"生育政策"为其不去医院分娩的原因（陈刚等，2006a、2006b；刘英涛等，2006）。

四　流动妇女健康教育效果

众多研究表明，流动妇女卫生保健知识欠缺、保健意识淡薄，加之现有的城乡分割的卫生服务体系与以控制人口为主导的工作思想，使流动妇女的保健服务利用水平偏低，健康状况不容乐观。对此，不少研究指出，对流动妇女进行有针对性的健康教育与宣传工作尤为重要。近年来，相关文献中也积累了一系列关于健康干预可行性及其效果的评估性研究，概括而言，这些研究表明健康教育对提高流动妇女卫生保健知识水平、改善其健康行为与健康状况具有积极作用；具体干预效果又因干预方式及干预内容而不尽相同。

陈妍等（2009）对天津市红桥区随机抽取的 241 名流动育龄妇女进行免疫规划知识的宣传教育，其结果表明，干预后免疫规划、免疫接种收费政策的知晓率均有显著提高（前者由 54% 提高到 76%，后者由 57.7% 提高到 81.3%）。干预后主动接受自费疫苗接种的自愿率也有显著提高。

黄江涛等（2008）于 2004~2006 年在广东省惠州市惠城区、珠海市香洲区、广州市白云区随机抽取的年轻（15~35 岁）流动妇女进行了为期两年的生殖健康宣传与技术服务干预，并对其效果进行了评估。结果表明，干预后被调查妇女对避孕节育方法的正确知晓种类增多，避孕节育措施使用率上升近 30 个百分点（由 63.8% 上升到 92.9%），避孕失败率显著下降。该研究指出，干预活动对提高和改善流动妇女的生殖健康认知、态度及行为，改善其避孕效果具有显著

的作用。类似地，张斌等（2006）对上海市某街道婚迁的外来妇女生
殖健康教育的效果进行了评估研究，结果表明，生殖健康教育对提高
外来妇女的健康知识与保健服务利用水平具有重要意义。

练武等（2007）在武汉市 9 个城区随机抽取了 120 名流动妇女，
由相关专家对选中妇女进行生殖健康知识培训。在培训前与培训后一
周，运用同一问卷对这些妇女分别进行相关知识的调查，结果表明，
已婚流动妇女对多数生殖健康与性传播疾病知识的知晓率在培训干预
后有明显提高。这表明短期健康教育对于提高流动妇女基本生殖健康
知识有明显改善效果，然而对专业性较强的知识则效果并不明显。

裴泓波等（2006）通过高校学生对其家乡的返乡流动妇女进行艾
滋病知识的宣传教育。干预前后问卷调查结果表明，干预对象在干预
后对艾滋病知识、传播途径等正确认知率明显提高，干预接受率较高。
2004 年深圳市"预防与控制艾滋病母婴传播项目"在西丽医院产科初
次建卡孕妇中随机抽取了 85 名流动孕妇作为干预对象，通过进行艾滋
病相关知识的宣传教育发现，接受宣传教育的流动孕妇在干预后艾滋
病知识与认知应答正确率明显提高（李铁华等，2005）。此外，相关
数据显示，被调查妇女在干预前就有比较高的艾滋病预防知识知晓
率，李铁华等（2005）认为这一状况反映了深圳市的广大传媒对艾滋
病知识的宣传与普及效应。

五　结论与讨论

流动妇女的健康状况不仅关系着这些规模不断扩大的女性群体在
生命周期各个阶段的生产与生活，而且直接地影响着其家庭成员，尤
其是婴幼儿的健康风险（包括围生儿死亡风险、新生儿破伤风、低出
生体重、贫血、佝偻病等的发生风险）（张建武等，2008）。因此，流
动妇女的健康问题不仅越来越成为社会各界密切关注的重要社会问

题，而且其重要意义已体现在一系列的政策与发展规划之中。例如，2001 年国务院颁布《中国妇女发展纲要（2001 - 2010 年）》，其中明确提出"流动人口中的妇女享有与户籍所在地妇女同等的卫生保健服务"、"将流动人口孕产妇保健纳入流入地孕产妇保健范围"、"对城市流动人口中的孕产妇逐步实行保健管理"的目标。

现有研究已在不同规模、范围内对具有不同特征的流动妇女进行了调查研究，考察了流动妇女的健康知识、认识与行为、身心健康状况、卫生保健服务利用情况及其影响因素。概括起来，现有的研究结果表明：（1）流动妇女的健康知识不及流入地常住户籍妇女，但在一定程度上高于流出地（未外出的）常住妇女；（2）其自我保健意识比流入地常住妇女差，与流出地常住妇女不存在系统、一致的差异（王菲，2007；中国人口信息研究中心"流动人口研究"课题组，2001）；（3）与其他妇女（包括流出地与流入地的相应妇女）相比，流动妇女的观念（尤其是性观念）相对开放，性行为缺乏舆论与传统道德约束，性与生殖健康风险明显较大（郑立新等，2000）；（4）受个人保健知识与意识、经济条件、社会环境、工作环境、信息与服务可及性、制度与政策等方面因素的影响，流动妇女的卫生保健利用水平低，有病不医、以健康为代价换取工作机会、对自己的健康状况铤而走险的做法时有发生。因此，总体而言，流动妇女的健康状况不容乐观。

针对流动妇女的健康特征，现有研究探讨了一系列关于改善流动妇女健康状况的政策建议。这些建议主要包括：（1）加强宣传教育，强化流动妇女的保健知识与自我保健意识、改变其卫生保健观念与不健康的婚育观念（陈刚等，2006a；葛学凤等，2004；李润清等，2006；谢立春等，2006；杨森焙等，2001；郑立新等，2000）；（2）对流动妇女提供多层次、多类别、人性化的服务与支持，切实消除流动妇女在卫生保健服务利用方面的信息、社会、心理等障碍（葛学凤等，

2004；姜秀花，2004a；苏长梅等，2001；魏萍，2006；张斌等，2006）；（3）加强各相关部门之间的合作、户籍地与现居住地之间的协调，建立经济、高效、健全的服务与管理体系（胡洋等，2006）；（4）大力打击非法行医、非法接生以及违规收费等行为，进一步规范医疗服务体系（姜秀花，2006b）；（5）完善相关政策、法规，加强执法力度，保护流动妇女的劳动、健康等正当权益（何荣跃等，2000；魏萍，2006）。

如上所述，现有文献在流动妇女健康知识、认识与行为，身心健康状况以及卫生保健服务的利用现状等方面积累了较为丰富的研究成果，这些研究对于理解流动妇女的健康特征及其影响机制提供了重要的实证依据与决策指导。然而，合理有效地运用现有研究成果，必须正确认识现有研究中的不足、避免可能的研究误区。首先，现有研究的内容仍以生殖健康与孕产期保健为主，而其他健康状况（包括生理与心理以及社会适应性）的考察相对较少。考虑到流动妇女在社会网络、生活环境等方面经历的断裂与冲击，其心理健康与社会适应性对其健康生活与生产活动同样重要。加之，流动妇女的心理状况（如孤独、抑郁等）在相当程度上影响着其健康行为与健康风险，因此，结合不同方面的身心健康状况进行研究相当必要。其次，流动妇女的职业与生活环境等因素对其健康知识、行为及健康结果存在显著的影响（郑真真，2005）。然而，将相关因素（如流动妇女的职业、工作环境、生活环境等）与健康相结合而进行的系统研究目前还相当有限。这也要求我们在未来的研究中进一步探讨相关问题。再次，现有研究所考察的地域范围、目标群体以及抽样设计各不相同。因此，研究所揭示的流动妇女健康问题及其特征也不尽相同。这些数据虽然在一定程度上揭示各研究目标群体的健康特征，然而，直接对这些描述性样本统计结果进行比较极易造成具有误导性的推断，从而影响相关服务与政策的制定与实施。最后，现有的比较性研究成果为理解流动妇女相对其他女性群体的健康特征做出了重要贡献，但在比较研究结果中，因果推断仍需要建立在更为科学的研究设计基础上。

总之，现有关于流动妇女健康问题的研究为了解流动妇女的健康状况及相关影响因素积累了重要的知识，这将有助于制定与完善相关政策与管理服务，从而改善流动妇女的健康状况。针对上述研究中存在的不足与潜在的研究误区，未来研究有待进一步改进与完善，以期更好地为流动妇女群体理解健康知识、认识、行为及其状况的影响机制贡献新内容，从而为改善流动妇女健康状况提供有针对性的、切实可行的政策建议。

参考文献

Zhang, Xiaosong, Gengli Zhao, Linhong Wang, Jiuling Wu. 2006, "Analysis on the Reproductive Health Situation of Unmarried Floating Young Women in Cities," *Journal of Reproductive Medicine* 15 Suppl 1: 24 – 27.

陈刚、吕军、张德英等：《133 名流动人口妇幼卫生保健服务意向调查分析》，《中国全科医学》2006 年第 9 期。

陈刚、吕军、张德英等：《流动人口妇女儿童卫生保健服务现状及对策研究概述》，《中国全科医学》2006 年第 7 期。

陈妍、陈德荣、李一等：《天津市红桥区流动人口育龄妇女免疫规划知识调查与健康教育效果评价》，《中国健康教育》2009 年第 2 期。

程光英、傅苏林、邵子瑜等：《合肥市流动人口孕产妇保健及新生儿出生状况分析》，《中国全科医学》2007 年第 22 期。

方晓义、蔺秀云、林丹华等：《流动人口的生活工作条件及其满意度对心身健康的影响》，《中国临床心理学杂志》2007 年第 1 期。

高轶、乔春莉、胡花：《非户籍妇女孕产期保健直接医疗费用调查》，《中国初级卫生保健》2008 年第 8 期。

葛学凤、叶文振、夏怡然：《流动妇女孕期保健状况及其影响因素》，《人口研究》
2004 年第 4 期。

国家统计局人口和社会科技统计司：《中国人口统计年鉴》，中国统计出版
社，2001。

杭春燕、钱年华：《江苏首个"流动妇女"生殖健康调查报告提醒各地——她们
不该被健康遗忘》，《新华日报》2007 年 12 月 17 日。

何荣跃、杨元、谭莉：《流动人口中未婚女青年生殖健康调查研究》，《中国计划
生育学杂志》2000 年第 5 期。

胡洋、李孜、陈慧文：《深圳市宝安区女性流动人口生殖健康需求状况与服务可及
性分析》，《医学与社会》2006 年第 8 期。

黄江涛、王奇玲、余森泉：《年轻流动人口妇女生殖健康宣教干预效果分析》，
《广东医学》2008 年第 4 期。

黄江涛、余森泉、俞小英：《流动人口年轻女性生殖健康知识及需求调查》，《中
国妇幼保健》2005 年第 6 期。

黄江涛、余森泉、俞小英：《年轻女性流动人口生殖健康知识及需求调查》，《中
国公共卫生》2005 年第 2 期。

姜秀花：《流动妇女计划生育/生殖健康权益实现情况调查及倡导建议》，《中华女
子学院学报》2004 年第 6 期。

姜秀花：《流动妇女计划生育与生殖健康权益保障情况调查》，《南方人口》2004
年第 4 期。

姜秀花：《维护流动妇女计划生育/生殖健康权益：路有多远？——基于北京和厦
门的调查》，《浙江学刊》2006 年第 5 期。

李润清、刘植鸿、李少丽等：《流动育龄妇女母婴保健知识调查结果分析与健康促
进策略》，《中国妇幼保健》2006 第 21 期。

李铁华、赖春莲、杨明艳：《流动孕妇人群艾滋病健康教育及效果评价》，《中国
健康教育》2005 年第 5 期。

练武、张建端、张静等：《流动人口已婚女性生殖健康教育干预效果评价》，《医
学与社会》2007 年第 10 期。

林丹华、方晓义、蔺秀云：《女性流动人口的流动性、抑郁情绪与烟酒使用行为的

关系》，《中国临床心理学杂志》2006 年第 6 期。

林良明、顾雪、米杰等：《流动人口妇女儿童健康及卫生保健状况》，《中国生育健康杂志》2005 年第 1 期。

刘刚、吴赤蓬、王声湧：《流动人口妇女生殖道感染症状就医行为研究》，《现代预防医学》2006 年第 9 期。

刘英涛、陈刚、吕军等：《流动人口妇女孕产期保健服务利用状况分析》，《中国全科医学》2006 年第 7 期。

马孝兰：《部分流动人口妇女健康现状及相关知识调查》，《上海预防医学杂志》2002 年第 9 期。

毛京沭、尹勤、宗占红：《盐城市流动妇女生殖健康现状与服务调查》，《中国妇幼保健》2008 年第 35 期。

裴泓波、王燕玲、蔡辉民等：《流动务工妇女艾滋病访谈式教育干预效果评价》，《中国计划生育学杂志》2006 年第 4 期。

钱年华、朱安平：《流动妇女期待完善卫生保健救助制度》，《中国妇女报》2007 年 12 月 20 日。

苏长梅、石淑华、叶鸣等：《武汉市流动人口中已婚妇女生殖保健需求及服务对策的研究》，《中国计划生育学杂志》2001 年第 4 期。

谭琳、宋月萍：《贸易自由化环境中的女性迁移流动及其对生殖健康的影响》，《人口研究》2004 年第 4 期。

万加华、戚其玮、李曰坤等：《青岛市流动人口中已婚妇女生殖健康状况调查分析》，《中国人口科学》1997 年第 5 期。

王朝晖、修新红、万加华：《1555 例流动已婚妇女婚前生殖健康状况调查》，《青岛医药卫生》1998 年第 4 期。

王德文：《流动妇女生殖健康与基层人口计生综合改革》，《厦门大学学报（哲学社会科学版）》2008 年第 2 期。

王菲：《农村妇女生育与生殖健康状况的调查分析——外出务工返乡妇女与未外出务工妇女的比较研究》，《北京科技大学学报（社会科学版）》2007 年第 1 期。

王丰、詹绍康等：《上海女性流动人口的生殖健康状况、知识与接受服务的研究》，蔡昉、白南生主编：《中国转轨时期劳动力流动》，社会科学文献出版社，2006。

王临虹等：《中国生殖道感染（RIT）/性传播疾病（STD）流行现状与防治对策（上）》，《中国妇幼保健》2004 年第 8 期。

王秋伟、徐辉、姚眆等：《常州市流动人口妇女儿童卫生保健现状与思考》，《中国妇幼保健》2007 年第 28 期。

王绍海、石淑华、苏长梅等：《武汉市流动人口中已婚妇女性健康状况调查》，《中国计划生育学杂志》2001 年第 2 期。

王燕、安琳、张学斌等：《北京地区 604 名流动人口育龄妇女生殖健康状况的研究》，《生殖与避孕》1999 年第 2 期。

魏萍：《你在他乡还好吗？——流动妇女健康状况亟需关注》，《中国妇女报》2006 年 4 月 10 日。

吴琼、何纳、顾萍等：《上海市某区女性流动人口对性病艾滋病卫生服务利用的现状调查》，《中国健康教育》2007 年第 7 期。

吴晓菁、谈军：《白云区流动人口已婚育龄妇女生殖健康认知调查分析》，《齐齐哈尔医学院学报》2005 年第 4 期。

谢立春、曾序春、谷学英等：《深圳流动已婚育龄妇女生殖健康现状及需求研究》，《中国妇幼保健》2007 年第 10 期。

谢立春、钟于玲、曾序春等：《深圳市流动已婚育龄妇女生殖健康现况调查》，《中国计划生育学杂志》2006 年第 7 期。

杨森焙、贾桂珍、石淑华：《流动人口已婚妇女生殖健康现状调查》，《医学与社会》2001 年第 2 期。

张斌、吴品玉、王丽娟：《开展外来婚嫂生殖健康教育和保健服务的效果评价》，《健康教育与健康促进》2006 年第 1 期。

张建端、石淑华、刘筱娴等：《流动人口已婚妇女生殖健康认知状况的调查》，《中国公共卫生》2001 年第 11 期。

张建武、吴小裘、郑瑞红等：《汕头市龙湖区流动人口育龄妇女生殖健康现状调查和思考》，《现代医药卫生》2008 年第 6 期。

张洁、王德文、翁金珠：《流动妇女健康影响因素分析——福建省厦门市的实证研究报告》，《南京人口管理干部学院学报》2007 年第 3 期。

张金辉、陆杰华：《城市流动人口的生育健康状况调查》，《中国生育健康杂志》

2005 年第 2 期。

张小松等：《未婚人流女青年生殖健康知识、态度、行为和生殖健康保健需求研究》，《中国妇幼保健》2005 年第 7 期。

张真：《流动人口中育龄妇女生殖健康的现状与思考——上海市嘉定区流动人口生殖健康调查》，《人口学刊》1999 年第 4 期。

赵更力、张小松、王临虹等：《城市流动未婚人工流产女青年生殖健康状况分析》，《中华预防医学杂志》2005 年第 1 期。

郑立新、朱嘉铭、田佩玲等：《广州流动人口未婚青年女工生殖健康高危因素分析》，《南方人口》2000 年第 2 期。

郑真真、解振明：《人口流动与农村妇女发展》，社会科学文献出版社，2004。

郑真真、连鹏灵：《劳动力流动与流动人口健康问题》，《中国劳动经济学》2006 年第 1 期。

郑真真、周云、郑立新等：《城市外来未婚青年女工的性行为、避孕知识和实践——来自 5 个城市的调查》，《中国人口科学》2001 年第 2 期。

郑真真：《人工流产与妇女心理研究》，《中国人口科学》1996 年第 2 期。

郑真真：《人口流动与妇女健康》，《婚育杂志》2005 年第 5 期。

中国人口信息研究中心"流动人口研究"课题组：《人口流动对农村妇女计划生育与生殖健康的影响》，《人口与计划生育》2001 年第 5 期。

朱丽萍、贾万梁、华嘉增：《上海市外来孕产妇保健管理现况与政策研究》，《中国生育健康杂志》2006 年第 5 期。

庄婵娟、朱昊平、黄咏梅等：《1761 例外来流动孕产妇剖宫产指征分析与健康教育对策》，《健康教育与健康促进》2007 年第 3 期。

流动人口的居住工作环境与
健康：深圳调查

一 引言

20世纪80年代以来，中国市场经济的发展与人口流迁制度的改革促成了大规模持续的经济型人口流动，其中，最为瞩目的是大量农业转移劳动力的乡－城流动。经济型人口流动为流入地的城市建设做出了突出贡献，有力地推动了流入地乃至全国经济的快速发展。然而，与此同时，大规模的人口在城市快速集聚、工作和生活，客观上也为城市的基础设施、社会与自然环境以及人口健康问题提出了更为严峻的挑战。随着城市人口密度的上升，住房需求不断膨胀，为适应这一趋势，不少城市迅速涌现了不同类型、不同规格和质量的居住区。受收入水平、支付意愿以及工作和生活的不确定性等因素的影响，城市外来务工人员更多地聚集在居住环境较差的社区和建筑中。与此同时，由于受户籍制度、劳动力市场地区分割以及外来务工人员自身知识和技能等方面的限制，城市外来劳动力更多地集中在行业低端、报酬低、劳动强度大、工作环境差的岗位。

外来务工人员在推进事实城市化、促进经济增长的同时，承受了更多的环境风险。这一现状不仅会对外来务工人员本人及其家庭的健康与生活质量产生不利影响，还可能会因流动过程对健康的选择性①，影响流出地的社会经济，甚至影响城市乃至整个经济中劳动力供给的可持续性及城乡均衡发展的诸多方面。因此，系统考察外来务工人员所处的环境及其健康风险，不仅是我国城市化过程中环境与人口健康的重要议题，也是关系我国城乡经济均衡可持续发展的关键。

受外来务工人员的流动性、健康风险表现的时滞性以及流动对健康的选择性等因素的影响，目前有关城市外来务工人员所处环境与健康关系的研究仍非常有限。现有关于外来务工人员健康的研究，多数主要考察影响外来务工人员健康状况（尤其是生殖健康）的人口与社会经济因素，而相对缺乏对环境因素的关注。这些研究指出，外来务工人员的健康状况较差，其主要原因包括：（1）他们的教育程度较低，卫生保健知识相对匮乏，保健意识不强（黄江涛等，2002）；（2）经济状况较差，为了攒钱回家，有时不惜以牺牲个人健康为代价（葛学风等，2004）；（3）缺乏社会支持，原有的社会关系网络在流动过程中受到不同程度的中断，同时难以融入流入地社会（黄乾，2010等）；（4）缺乏原有社区文化或传统社会规范的约束，存在健康风险行为（刘传江，2010）；（5）在流入地享受的社会福利有限（国家人口计生委流动人口服务管理司，2010；Li, Stanton, Chen et al. , 2006；Li, Stanton, Fang et al. , 2006 等）。

尽管不少研究发现外来务工人员在城市的居住环境拥挤、脏、乱、差，甚至存在安全隐患（吴维平、王汉生，2002；方晓义等，2007等），但他们的工作环境也多为城市本地人不愿从事的脏、累、危险

---

① 经济型人口流动对健康的选择性往往是"两端选择"的，既包括对进入流动群体的选择，即不健康者往往不会进入流动群体；也包括对退出流动群体的选择，即流动者根据健康状况选择性地结束流动，如不少流动者在患大病后不得不结束流动经历、返乡治病。

等职业（蒋长流，2006；Meng & Zhang，2001；Shen & Huang，2003；Wang et al.，2002）。目前，关于外来务工人员所处环境的研究，主要局限于简单相关关系的描述以及典型职业病案例的分析。在简单相关关系以外探讨环境可能产生的健康后果的研究还非常少见。

为系统深入地了解当前我国城市外来务工人员所处的环境特征及其健康效应，中国社会科学院人口与劳动经济研究所与深圳市人口和计划生育科学研究所合作，于 2009～2010 年组织实施了"环境与健康：深圳外来务工人员调查研究"项目。本文利用该项目调查所收集的数据，全面介绍深圳外来务工人员所处的居住与工作环境特征及身心健康状况，并结合人口社会经济等特征，考察环境对外来务工人员健康的附加影响。

二　研究框架与研究设计

既有的理论与实证研究表明，个人健康的直接影响因素既包括个体的基因、人口与社会经济特征、健康知识、认识、行为与经历，也包括不同维度、不同层次的环境因素（如自然环境与人文社会环境、居住环境与工作环境等）。对城市外来务工人员而言，受户籍制度、劳动力市场分割及自身流动性等因素的影响，居住与工作环境是其区别于城市其他常住人口以及普通人群最明显的环境因素。因此，对外来务工人员健康的研究，需要重点关注居住环境与工作环境的特征，包括居住环境的住房特征、室内外空气质量，居住区的自然与人文环境，工作场所的温度、湿度等物理特征及其他极端工作条件的情况等。本文基于既有研究的主要发现与理论框架，试图在考虑外来务工人员的人口与社会经济特征、流迁经历及个人初始健康状况（如慢性病）等方面差异的基础上，检验居住和工作环境对外来务工人员身心健康的附加效应，并初步探讨外来务工人员的健康知识、行为及社会支持

对其环境 – 健康关系的可能影响。

本文使用的数据取自 "环境与健康：深圳外来务工人员调查研究" 项目于 2010 年 5 ~ 6 月在深圳市进行的问卷调查，该调查以户口不在深圳市、来深圳务工经商半年及以上、目前在业者为调查对象。调查采取多阶段分层目的性抽样设计。具体抽样步骤为：（1）在深圳市六个区中，选取人口规模最大、流动人口分布集中，但社会经济特征各异的三个区——福田、宝安和龙岗。（2）在选中的三个区中，根据社会经济特征选取一系列外来人口较多的街道；同时，为确保在样本中包括居住在集体宿舍的外来务工者，本次抽样根据各区外来务工人员的行业分布特征，分别选取了一系列外来务工人员比重较大的行业。这样，在三个样本区中一共抽取了 7 个街道、12 个工厂，涉及制造业、建筑业、交通运输业、批发零售业、住宿餐饮业、其他服务业等行业。（3）在选中的街道和工厂中，按照目的性抽样原则抽取一定比例的调查对象，以尽可能实现抽样对象在个人特征及所处环境等方面的多样性，并基本反映深圳市外来务工人员的性别、年龄、职业等总体分布特征。调查共抽取并成功调查了 1025 位外来务工人员。

本次调查涉及的内容包括：（1）社会人口统计信息；（2）身体与心理状况；（3）健康认识、知识与日常行为；（4）卫生保健；（5）社会网络和社会支持；（6）目前的居住环境；（7）外出务工的工作和生活情况。

三　样本基本情况

表 6 –1 所示为本次调查样本的主要人口与社会经济特征。由表 6 –1 可见，被调查的外来务工人员总体年龄结构较轻，男性比例略高于女性，他们的整体受教育程度较高，务工的行业以制造业为主，其

次为居民服务和其他服务业。这些外来务工人员主要是乡－城流动者，他们的来源地涉及全国大多数省份，其中，除省内迁移比例最高外，湖南省为最主要的来源地①。与这些外来务工人员的年龄特征相关，被调查者中目前未婚者接近四成；多数外来务工人员目前在深圳无家人同住，而有配偶或情侣同住的约占四成，目前与子女或其他家人同住的比例较低。这些外来务工人员的工作强度普遍较高，每周工作时间平均为 58.1 小时，与国家统计局流动人口监测的相关统计数据非常接近②。外来务工人员内部的收入虽差异较大，但多数被调查者 2009 年的个人收入在 3 万元以下（占 86%）。他们的平均外出务工年数为 7.6 年，来深圳务工的平均年数为 5.9 年。以上情况表明，本次调查的样本除抽样设计使用的分层变量外，其他主要人口与社会经济特征也与深圳市流动人口监测数据高度接近。因而，本次调查数据能够较有效地反映深圳市外来务工人员的基本特征与状况，对深圳市流动务工人群具有较好的代表性。

表 6 - 1 被调查者的主要人口与社会经济特征（N = 1025）

单位：岁，%

变 量	比 例	变 量	比 例
年龄		出生地类型	
< 20	8.6	城市/县城	12.0
20 ~ 29	47.7	乡镇	15.8
30 ~ 39	25.9	农村	72.3
40 +	17.8	婚姻状况	
性别		未婚	39.6
男	56.8	婚前同居	2.4

① 样本中，湖南省的外来务工者占 14.6%，该比例与国家人口计生委 2009 年流动人口监测数据结果相吻合（国家人口计生委流动人口服务管理司，2010）。

② 见 http：//www.stats.gov.cn/tjfx/fxbg/t20100319_ 402628281.htm。

变　量	比　例	变　量	比　例
女	43.2	已婚	54.5
受教育程度		丧偶/离婚/分居	3.5
小学及以下	5.6	与家人同住状况	
初中	41.1	与配偶（/情侣）同住	40.4
高中	26.6	与子女同住	16.5
中专	15.4	与父母/兄弟姐妹同住	8.5
大专及以上	11.3	未与家人同住	53.8
行业		2009 年个人收入	
制造业	40.4	1 万元以下	39.7
建筑业	8.0	1 万 ~ 3 万元	46.4
交通运输、仓储、邮政业	5.6	3 万 ~ 5 万元	10.0
批发零售业	6.4	5 万元以上	3.9
住宿餐饮业	9.6	平均每周工作小时数（SD）	58.1（14.2）
居民服务和其他服务业	25.0	平均外出年数（SD）	7.6（5.4）
其他	4.9	平均来深圳年数（SD）	5.9（4.9）

四　主要研究发现

（一）深圳市外来务工人员的居住环境和工作环境

表 6 - 2 所示为被调查外来务工人员在深圳市居住环境的主要特征。绝大多数外来务工人员目前居住在楼房（多数为当地的农民楼房），他们的住房来源以个人租赁或雇主提供的集体宿舍为主。总体而言，外来务工人员的居住条件比较简陋，其住所内宜居条件较差。例如，住房内有自用卫生间、洗澡设施或厨房的比例均不足六成，而住房内有自来水的比例也低于90％。认为目前住房内空气质量较好的被调查者仅占 17.6％，这从一个侧面反映了其居住空间的狭小和拥挤。大多数被调查者的居住区内有公交或地铁站、餐馆或酒吧。相对

而言，其他城市文娱休闲设施（如图书馆、电影院、健身房等）在外来务工人员聚集的居住区则比较少见。除了以上客观特征外，问卷调查中还收集了被调查者对居住环境的空气质量、噪音和安全感的主观评价。由于外来务工人员往往更容易居住在城中村、不规范建筑中，相当比例的被调查者对这些居住区的空气质量、噪音以及安全都有不同程度的负面评价。

表 6 - 2　深圳市外来务工人员的居住环境特征

单位：%

住房特征	所占比例	居住区环境特征	所占比例
住房类型		目前居住区内的主要设施	
楼房	86.2	图书馆	21.3
平房	7.1	电影院	14.3
建筑工棚	4.4	健身房	21.8
其他	2.4	街头免费健身器材	36.9
住房来源		公交/地铁站	76.6
租赁	45.9	餐馆/酒吧	66.2
雇主提供	43.2	室外空气质量	
自购	6.0	较好	16.9
父母	3.5	一般	70.2
其他	1.5	较差	12.9
目前住房内的主要设施		室外噪音	
自来水	89.0	较好	17.0
自用卫生间	57.0	一般	56.5
洗澡设施	56.6	较差	26.6
厨房	57.0	在居住区的安全感	
室内空气质量		总是有	36.9
较好	17.6	大部分时间有	39.5
一般	69.9	有时有	18.6
较差	12.5	从没有	5.0

图 6 - 1 与图 6 - 2 所示为被调查外来务工人员目前工作环境的

主要特征。与被调查者的行业与职业特征相联系，有 1/3 左右的被调查外来务工人员目前的工作岗位存在非常热、非常嘈杂、可能接触有害固体，或要求工作时间不断走动等情况。目前工作岗位非常拥挤、可能接触有害气体或液体、要求长时间坐着或站着的被调查者所占比例在 20% ~ 30%，此外，工作岗位存在非常潮湿、非常脏、危险、不能随意变换姿势，或需要过量负重等情况的被调查者也超过 10%。认为目前工作岗位"非常可能"受伤的被调查者占样本的 5.8%。

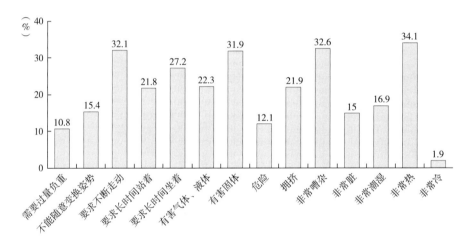

图 6 - 1　目前工作岗位的特征

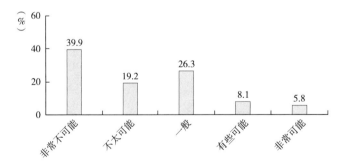

图 6 - 2　目前工作岗位受伤的可能性

注：其余 0.7% 的被访者未提供相应信息，即为缺失。

（二）　健康状况与保健行为

与流动的选择性有关，绝大多数外出打工者健康状况较好。然而，随着外出务工时间的延长，年复一年高强度的工作和长时间暴露在各种不利环境中，外来务工人员的身心健康状况难免受到不同程度的影响。如表 6-3 所示，在被调查的深圳市外来务工人员中，自评一般健康状况不好（"一般"或"差"）的占 38.2%；曾诊断出一种、两种或更多慢性病的人占 32.8%，其中最常见的慢性病分别为贫血和肠胃疾病①，这可能与其流动经历中工作生活环境、营养状况、饮食条件及卫生习惯有关。与慢性疾病状况相比，最近频繁经历的心理问题和身体不适与目前的生活、工作环境关系更为密切。在被调查外来务工人员中，上个月频繁经历的心理问题前三位包括：焦虑或烦躁、孤独和紧张。过去 12 个月频繁经历的身体不适前五位包括：失眠、肩/颈/腰部酸痛、眼睛酸胀、皮肤瘙痒和记忆力减退。

在被调查者中，过去 12 个月去医院看过病的约占 70.9%。由于外来务工人员对医疗保健服务的利用水平往往较低，因而其看病经历并不完全反映其患病情况。例如，本次调查样本中，在过去 12 个月有生病拖着不看经历的达到 85%。其中，除部分情况是由于"病情不重"（占样本的 55.7%）外，就医的经济成本与时间成本是制约外来务工人员生病时未及时求医看病的突出原因。被调查者中，有 36.4% 的人没有任何医疗保险；尽管多数外来务工人员来自农村，但由于制度规定和实施中各种各样的困难，近年来在农村迅速发展的新型农村合作医疗保险也未能真正覆盖到流动者。此外，外来务工人员中较为

---

① 被调查外来务工人员中，被诊断贫血、肠胃疾病的比例分别为 13.6% 和 10.3%，被诊断有其他慢性病的比例均不超过 3%。

多见的非正规就业进一步削弱了其卫生保健服务的获取。被调查者在目前这份工作中，接受过上岗体检的占 73.7%，接受过在岗体检的仅占 58.1%；这些体检是单位要求的，但相当一部分为自费（前者自费比例为 64%，后者为 48%）。

表 6 – 3 深圳市外来务工人员的健康状况与医疗保健服务利用状况

单位：%

健康状况	所占比例	医疗保健服务利用状况	所占比例
自评一般健康		过去 12 个月看过病	70.9
极好/很好/好	61.8	生病拖着不看的主要原因	
一般/差	38.2	不适用（有病就去看）	14.8
曾诊断的慢性病数量		病情不重	55.7
0	67.2	看病太贵/没钱	18.2
1	26.8	没有时间	13.1
2	5.0	自己有药或周围的人给了药	10.1
3 +	1.0	害怕影响工作	8.1
上个月频繁经历的主要心理问题		开始目前这份工作时接受过上岗体检	73.7
焦虑或烦躁	10.7	目前这份工作期间接受过在岗体检	58.1
孤独	7.9		
紧张	6.7	医疗保险	
过去 12 个月频繁经历的主要身体不适		基本医疗保险	32.2
失眠	11.1	综合医疗保险	17.4
肩、颈或腰部酸痛	10.5	住院医疗保险	8.3
眼睛酸胀	8.5	新型农村合作医疗保险	1.6
皮肤瘙痒	7.7	其他医疗保险	3.7
记忆力减退	7.6	无	36.4

（三）环境 – 健康关系

为考察外来务工人员的工作与生活环境对其健康的影响，本文首先使用最优尺度分析（Optimal Scaling）方法对一系列测度身体健康与心理健康的变量分别构建"身体健康"与"心理健康"因子。在此基础上，运用普通多元回归模型分析不同环境因素对这些健康因子的效应。具体而言，本文用于构建身体健康因子的18个变量分别对应于"过去12个月您经历以下身体不适的频率：a. 感冒、流感；b. 头痛、头晕；c. 咳嗽、咽喉疼痛；d. 眼睛酸胀；e. 耳鸣；f. 肌肉和关节发僵或僵硬；g. 肩、颈或腰部酸痛；h. 走路时感到双腿沉重；i. 静息时感到胸闷或气短；j. 心区不适；k. 食欲减退；l. 胃部不适；m. 低热或怕冷；n. 记忆力减退；o. 反应能力下降；p. 注意力不集中；q. 失眠；r. 皮肤瘙痒"。类似地，构建心理健康因子的7个变量分别对应于"过去的一个月中，您经历以下心理感受的频率：a. 紧张；b. 绝望；c. 孤独；d. 焦虑或烦躁；e. 沮丧，干什么都没劲；f. 做什么事情都费劲；g. 感到自己一无是处"。这些变量的初始编码均为：0"从来没有"、1"很少"、2"偶尔"、3"经常"。因而，身体健康与心理健康因子的取值越大，意味着相应的健康状况越差①。

尽管外来务工人员往往是一个选择性群体，他们通常较为年轻、健康状况较好、教育程度较高；然而，如本文前面的讨论所示，外来务工人员内部也存在重要的人口、社会经济特征的差异，而这些特征往往在不同程度上影响着个体的健康状况。因此，在分析环境因素对外来务工人员健康状况的影响时，需要控制个体社会经济等特征的差异，从而考察其净效应。本文通过建立一系列嵌套模型（见表6-4和表6-5中的模型1~3），依次考察社会经济等因素对健康的影响、环境因素的附加效应及知识行为与社会网络支持等因素对环境效应潜在的缓和作用。

---

① 最优尺度分析结果表明，"身体健康"和"心理健康"因子的内在一致性均非常好，二者对应的 α 分别为 0.926 和 0.897。

1. 环境 - 身体健康

表 6 - 4 为被调查外来务工人员身体健康状况的多元回归模型结果。模型的因变量为上述"身体健康"因子，主要反映过去一年来被调查者的一般身体健康状况，变量取值范围在 - 1.5 ~ 3.3，变量值越大，身体健康状况越差。3 个嵌套模型分别展示了：（1）外来务工人员的个体社会经济等特征对其身体健康状况的影响；（2）工作与居住环境的附加影响；（3）个人健康知识、行为与社会网络等因素的附加效应。由模型 1 的回归系数可见，控制其他因素后，外来务工人员的身体健康状况在各年龄组、各外出队列之间没有显著差异。这反映了流动对务工人员健康的两端选择性结果。外来务工人员的收入状况对其身体健康存在显著影响，然而这种影响更多地反映了与收入相关的劳动付出对健康的负面效应。例如，2009 年个人收入在 3 万 ~ 5 万元的流动者比个人收入在 1 万元以下的流动者身体健康更差。由此可见，对于外来务工人员这个特殊的群体而言，高收入往往更多地意味着高劳动付出和健康代价。与制造业外来务工人员相比，交通运输业、批发零售业、居民服务等行业务工的流动者健康状况明显较好；而建筑业务工者的健康状况则与制造业无明显差异。在控制其他因素的情况下，每周工作小时数对外来务工人员的身体健康状况仍存在显著的负面效应。

模型 2 为在控制上述主要人口与社会经济特征后，外来务工人员的居住和工作环境对其身体健康的影响。由模型 2 回归系数可见，外来务工人员工作环境中的极端工作条件数越多，其身体健康状况明显越差。尽管在控制收入等因素的影响后，住房内以及居住区的宜居状况对外来务工人员的身体健康没有显著影响，但住房内空气质量的相应影响却十分显著。住房内的空气质量越差，外来务工人员的身体健

康明显越差。由此可见，尽管多数外来务工人员超长时间的工作使其
在栖身住所滞留时间有限，对居住环境的依赖程度相对较小、容忍范
围更大，然而，拥挤的居住环境、较差的通风条件却在无形中损害着
他们的身体健康。而这些往往是极易被当事人忽视的。例如，在调查
中我们发现，多数外来务工人员为了节省住宿支出，选择租住农民楼
房；这些楼房建筑往往缺乏规范，不仅"牵手楼"、"一线天"频现，
而且环境与卫生问题突出。加之，外来务工人员的人均居住面积非常
有限，同一户（甚至同一室内）居住多对夫妇的现象并不少见，有的
甚至把仅有的阳台围起来做卧室居住。面对这样的居住条件，多数外
来务工人员并没有表示出任何对健康与安全担忧。

表 6 - 4　外来务工人员身体健康因子的多元回归模型标准化系数（N = 998）

	Beta（模型 1）	Beta（模型 2）	Beta（模型 3）
年龄组（参照组 = 15 ~ 24 岁）			
25 ~ 34 岁	0.07	0.07	0.07
35 岁及以上	0.01	0.01	0.01
外出年数	- 0.003	0.01	0.003
2009 年个人收入（参照组 = 1 万元以下）			
1 万 ~ 3 万元	0.0001	- 0.001	- 0.02
3 万 ~ 5 万元	0.08 *	0.08 *	0.06
5 万元以上	- 0.003	0.02	0.02
行业（参照组 = 制造业）			
建筑业	0.01	0.01	0.004
交通运输业	- 0.07 *	- 0.07 *	- 0.09 **
批发零售业	- 0.11 ***	- 0.10 **	- 0.09 **
住宿餐饮业	- 0.02	- 0.01	- 0.01
居民服务与其他服务业	- 0.10 **	- 0.08 *	- 0.07 *
其他	- 0.05	- 0.03	- 0.02
每周工作小时数	0.08 **	0.05	0.03
慢性病数量	0.35 ***	0.31 ***	0.32 ***

续表

	Beta（模型 1）	Beta（模型 2）	Beta（模型 3）
住房宜居状况	0.0	0.02	0.02
居住区宜居状况		− 0.01	0.001
不利工作条件数		0.13 ***	0.12 ***
住房内空气质量（参照组 = 好）			
一般		0.09 *	0.08 *
差		0.19 ***	0.18 ***
健康安全知识		0 0	0.08 **
是否曾吸烟 100 支以上（参照组 = 是）			
否			− 0.03
从未吸烟			− 0.12 **
锻炼身体的频率（参照组 = 从不）			
每周不足 1 次			− 0.05
每周 1 次			− 0.11 **
每周 1 次以上			− 0.10 **
经常吃早餐（参照组 = 有时/很少/从不）			− 0.02
吃过期食物（参照组 = 从不）			0.10 **
社会网络支持			0.02
R – square	0.175	0.220	0.254

注：这些模型同时还控制了被访者所在区的虚拟变量、性别、教育程度与婚姻状况；模型中"住房宜居状况"、"居住区宜居状况"、"不利工作条件数"、"健康安全知识"、"社会网络支持"均为量表，关于这些量表的构建细节可向作者索取；* $p < 0.05$，** $p < 0.01$，*** $p < 0.001$。

　　表 6 – 4 中模型 3 显示了健康知识、行为等因素在维护健康方面的附加效应。在加入外来务工人员的健康知识、行为等因素后，上述环境因素对健康的效应有微弱下降，但总体仍相当稳健。这表明，居住与工作环境对外来务工人员的健康具有独立的、不容忽视的影响。模型 3 的回归系数显示，健康安全知识越多的外来务工人员，其身体健康状况往往更差。这可能反映的是身体健康较差者寻求和积累更多健康知识的现象，即反向因果效应。吸烟行为对身体健康具有显著的负面影响，从未吸烟者比曾吸烟 100 支以上者的身体健康状况明显更好；

进行常规身体锻炼（如每周至少锻炼 1 次者）与保持健康的饮食习惯（如从不吃过期食物）对身体健康具有积极效应。由此可见，健康行为与生活习惯对于促进身体健康具有重要的作用。

2. 环境 - 心理健康

表 6 - 5 所示为外来务工人员心理健康的多元回归模型结果，其因变量为本研究所构建的"心理健康"因子，取值范围为 - 1.3 ~ 3，变量值越大，心理健康状况越差。与身体健康不同，在控制其他因素的影响后，婚姻状况对心理健康具有显著的影响。相对于已婚且目前与配偶同住者以及未婚同居者，未婚者的心理健康状况明显较差；已婚但目前未与配偶同住者，其心理健康状况也较差，尽管该效应仅在边际上显著（p < 0.1）。这些数据表明，外来务工人员的家庭环境、家人（尤其是配偶）在流入地的陪伴有助于缓减其背井离乡所面临的心理问题与压力。因此，近年来出现的流动人口家庭化趋势对于保持外来务工人员的健康（尤其是心理健康）具有重要的积极作用。

与身体健康相类似，外来务工人员的收入对其心理健康存在显著影响，但相应效应并不呈线性趋势。与年收入 1 万元以下的外来务工人员相比，年收入为 1 万 ~ 3 万元的心理健康状况明显较好。但更高收入的外来务工人员心理健康并不更好。这可能与不同收入的流动者在职业等方面的分层有关，例如年收入 3 万元以上的外来务工人员往往以个体经营者、包工头为主，他们的心理健康状况可能因其面临额外的经营风险而变差。与制造业外来务工人员相比，批发零售业、居民服务与其他服务业的务工者的心理健康状况明显较好。这可能与这些行业务工者的工作环境更具社会性有关。相比之下，制造业与建筑业的务工者在工作中接触外人的机会很少，较高的工作强度与较为封闭的工作氛围使他们缺乏必要的情感交流与宣泄的机会，长此以往无疑会对他们的心理健康产生不利影响。控制其他因素的影响后，每周工作小时数越长，外来务工人员的心理健康状况越差。此外，慢性病也对外来务工人员的心理健康存在显著的不利影响。

表6-5模型2展示了在控制上述人口、社会经济等因素后，工作与居住环境特征对外来务工人员心理健康的附加影响。与这些因素对身体健康的影响相类似，工作环境中不利工作条件越多，外来务工人员的心理健康越差；住所内空气质量越差，外来务工人员的心理健康也明显越差。这些数据表明，不利的工作与居住环境对外来务工人员的身心健康产生了相对更为突出的影响，这一点也可以从模型2相对于模型1其确定系数（R-square）的变化中得以直观反映。尽管本文使用的环境变量数量较少，但这些变量对解释因变量的差异具有极为显著的贡献，这充分说明了这些环境因素对外来务工人员健康的重要效应。

表6-5　外来务工人员心理健康因子的多元回归模型标准化系数（N=998）

心理健康	Beta（模型1）	Beta（模型2）	Beta（模型3）
婚姻状况（参照组=已婚且与配偶同住/同居）			
已婚有配偶但不与配偶同住	0.06&	0.06&	0.05
未婚	0.10*	0.11*	0.11*
离婚/丧偶/分居	0.01	0.01	0.02
2009年个人收入（参照组=1万元以下）			
1万~3万元	-0.09*	-0.08*	-0.08*
3万~5万元	0.02	0.03	0.01
5万元以上	-0.06	-0.02	-0.04
行业（参照组=制造业）			
建筑业	0.01	0.03	0.02
交通运输业	-0.03	-0.03	-0.05
批发零售业	-0.07*	-0.05&	-0.06*
住宿餐饮业	-0.05	-0.03	-0.04

续表

心理健康	Beta（模型 1）	Beta（模型 2）	Beta（模型 3）
居民服务与其他服务业	− 0.08 *	− 0.04	− 0.05
其他	− 0.04	− 0.01	− 0.01
每周工作小时数	0.07 *	0.03	0.001
慢性病数量	0.25 ***	0.21 ***	0.22 ***
住房宜居状况	0.0	− 0.01	0.02
居住区宜居状况		− 0.05	− 0.04
不利工作条件数		0.10 **	0.08 *
住房内空气质量（参照组 = 好）			
一般		0.14 ***	0.13 ***
差		0.26 ***	0.24 ***
健康安全知识		0.0	0.03
是否曾吸烟 100 支以上（参照组 = 是）			
否			− 0.02
从未吸烟			− 0.05
锻炼身体的频率（参照组 = 从不）			
每周不足 1 次			− 0.03
每周 1 次			− 0.10 **
每周 1 次以上			− 0.10 **
经常吃早餐（参照组 = 有时/很少/从不）			− 0.12 ***
吃过期食物（参照组 = 从不）			0.07 *
社会网络支持			0.001
R − square	0.110	0.175	0.212

注：这些模型同时控制了被访者在深圳所在区的虚拟变量、年龄、性别、教育程度与外出年数。

& p < 0.1，* p < 0.05，** p < 0.01，*** p < 0.001。

在加入健康知识与行为等因素后，工作与居住环境对心理健康的效应略有下降。外来务工人员的健康行为与生活习惯对其心理健康具有重要的促进作用。例如，每周至少锻炼一次的外来务工人员，心理健康状况明显更好；经常吃早餐的外来务工人员，其健康状况也明显更好；从不吃过期食物者，其健康状况也更好。这些因素表明，除工作与生活环境的改善外，较为规律的生活与健康行为也是保持良好的心理状态、缓减心理问题与压力的重要途径。

五　小结与讨论

健康状况转变的一般规律表明，除少数情况外，个体健康状况的变化往往是一个连续的过程。因而，任一时点不同外出队列、不同行业、不同生活工作环境中务工者的身心健康仍存在重大的差异。这些差异对于理解外来务工人员在事实城市化过程中承受的额外风险、制定改善劳动者整体健康的政策方面具有重要意义。本研究利用横断面调查设计，通过收集一系列关于外来务工人员的流动经历、健康等的回顾性数据及生活与工作环境信息，对比分析了外来务工人员的工作生活环境特征与健康状况，并初步检验了环境因素对当前流动者身心健康的净效应。

本文的分析结果主要为：（1）深圳外来务工者的工作环境中存在不同程度的极端不利条件，他们的工作时间普遍较长；（2）外来务工者多数居住在当地农民修建的楼房中，居住区环境与住房内的宜居条件均较差；（3）外来务工者有不同程度的身体和心理问题，尽管其总体健康状况较好；（4）不利工作条件与居住环境对外来务工者的身心健康存在重要的负面效应，从不同变量对健康状况的解释力可以看出，相对于其他社会经济因素的影响，这些环境效应的重要性更为突出；（5）良好的健康行为与生活习惯对外来务工者身心健康具有重要的积极作用，尽管这些因素对于缓减不利环境带来的额外健康损耗作用有限；（6）流入地的社会网络支持，如家人的陪伴等，对外来务工者的健康状况同样具有重要的保护效应。

以上研究结论表明：首先，改善外来务工者的工作与居住环境，会对改善城市外来务工者的健康状况起到重要作用。例如：督促用工单位设置有效防护措施，尽可能减少工作环境中的不利工作条件（如非常热、非常嘈杂拥挤、非常脏、容易接触有毒有害的物质等）；监督与促使用工单位严格执行劳动法规定，有效缩短务工者的额外工作时间，保障其合理必要的休息与休闲时间；改善外来务工者聚居区的卫生条件和宜居水平，引导和督促外来务工者合理安全地利用住房条件，减少过度拥挤的居住安排带来的一系列安全和健康风险。其次，倡导与宣传良好的保健行为与生活习惯，培养日常锻炼习惯、卫生健康的饮食习惯，减少吸烟等对健康不利的行为，对健康风险较为突出的外来务工人员尤为重要。再次，协调各部门的管理与服务，创造条件促进外来务工者的社会融入，切实解决其工作生活中的突出困难，也有助于促进外来务工者的身心健康。

参考文献

Li, X., B. Stanton, X. Chen, Y. Hong, X. Fang, D. Lin, R. Mao, J. Wang. 2006, "Health Indicators and Geographic Mobility among Young Rural – to – Urban Migrants in China," *World Health & Population* 4: 2 – 18.

Li, X., B. Stanton, X. Fang, D. Lin. 2006, "Social Stigma and Mental Health among Rural – to – Urban Migrants in China: A Conceptual Framework and Future Research Needs," *World Health & Population* 6: 2 – 18.

Meng, Xin, and Junsheng Zhang. 2001, "The Two – Tier Labor Market in Urban China: Occupational Segregation and Wage Differentials between Urban Residents and Rural Migrants in Shanghai," *Journal of Comparative Economics* 29: 485 – 504.

Shen, Jianfa, and Yefang Huang. 2003, "The Working and Living Space of the 'Floating Population' in China," *Asia Pacific Viewpoint* 44: 51 – 62.

Wang, Feng, Xuejin Zuo, and Danching Ruan. 2002, "Rural Migrants in Shanghai: Living under the Shadow of Socialism," *International Migration Review* 36 (4): 520 – 545.

方晓义、蔺秀云、林丹华等：《流动人口的生活工作条件及其满意度对心身健康的影响》，《中国临床心理学杂志》2007 年第 1 期。

葛学凤、叶文振、夏怡然：《流动妇女孕期保健状况及其影响因素》，《人口研究》2004 年第 4 期。

国家人口计生委流动人口服务管理司：《中国流动人口生存发展状况报告——基于重点地区流动人口监测试点调查》，《人口研究》2010 年第 1 期。

黄江涛、余森泉、俞小英：《年轻女性流动人口生殖健康知识及需求调查》，《中国公共卫生》2005 年第 2 期。

黄乾：《教育与社会资本对城市农民工健康的影响研究》，《人口与经济》2010 年第 2 期。

蒋长流：《非公平就业环境中农民工健康负担压力及其缓解》，《经济体制改革》2006 年第 5 期。

刘传江：《新生代农民工的特点、挑战与市民化》，《人口研究》2010 年第 2 期。

吴维平、王汉生：《寄居大都市：京沪两地流动人口住房现状分析》，《社会学研究》2002 年第 3 期。

第七章 / **流动人口健康服务需求：**
内蒙古调查报告

　　内蒙古自治区位于祖国北疆，其独特的地理位置和自然条件决定了该区域不仅拥有全国最大的陆路口岸，而且拥有极为丰富的矿产资源，该区域的工业和服务业发展极为迅速。2011 年，内蒙古自治区 GDP 同比增长 15%，不仅超过全国平均水平，而且高于全国绝大多数省、自治区、市（除重庆、天津外）的 GDP 增速。与经济快速发展有关，近年来，内蒙古吸引了大量的流动人口。为了解内蒙古流动人口的健康状况以及他们对卫生保健服务的利用和需求情况，分析影响健康状况及服务利用的各种因素，中国社会科学院人口与劳动经济研究所和内蒙古自治区社会科学院人口研究所于 2011 年 9 ~ 11 月联合组织实施了"外来务工人员的健康服务需求"调查，以期为改善外来务工人员的健康状况提供政策建议。

　　此次调查地点为内蒙古首府城市呼和浩特市和自治区内第一大城市包头市，在这两市选择 16 ~ 54 周岁、在当地居住 6 个月及以上、户口不在当地的流动人口为调查对象。调查以呼和浩特和包头两市流动人口的年龄、性别、职业分布为依据，采取配额抽样原则，成功调查了 803 名符合条件的流动者。调查的内容包括流动人员个人及家庭的基本情况、个人健康状况、健康知识、认识与行为、卫生保健服务利用状况、卫生保健服务需求状况以及较为详细的流动史。本文将针对各部分的调查内容介绍主要调查结果，并在此基础上提出改善流动人口健康状况的政策性建议。

一 调查对象基本特征与状况

（一）样本的基本特征

在调查样本中，男性被访者占45.8%，女性占54.2%；被访者的平均年龄为32.2岁。具体年龄结构显示见表7-1，本次调查中30～34岁和35～39岁的被访者比例最高，各占总样本的25%左右；20～24岁和25～29岁被访者的规模次之，各占总样本的15%左右；样本中20岁以下流动者的比例约为3.8%。与男性相比，女性被访者的年龄结构明显较轻，这与女性外出时间较早的现象有关。被访者中，超过90%的人为汉族，蒙古族不足8%；男女被访者的民族构成无显著差异。大约80%的被访者为农业户口；男女的户口性质存在显著差异，男性被访者中农业户口的比例（83.6%）比女性被访者中相应的比例高6个百分点。本次调查的被访者主要为内蒙古自治区区内流动人口，约占总样本的63.6%；被调查地区跨省流入的人口主要来自陕西、山西、河南等省份，样本中来自陕西、山西和河南的流动者分别占13.2%、10.4%和4.9%。被访者的来源地构成在男女之间无显著差异。

被访者的最高受教育程度以初中和高中为主，分别占总样本的36.5%和25.8%；接受过大专及以上教育的被访者约占总样本的13%。值得注意的是，被访者中有接近1/4的人未完成义务教育。与男性相比，女性被访者的教育程度分化较为明显，女性流动者中未完成义务教育和接受过大专及以上学历教育的比例均高于男性。

　　被访者的婚姻状况显示，约有20%的人目前未婚，已婚且与配偶同住的被访者占69.2%，另有1.8%的被访者在调查时点未婚同居；已婚但未与配偶同住、离婚或丧偶的被访者分别约占总样本的6.9%和2.3%。男女被访者的婚姻状况差异不大。被访者的曾生子女数均值为1.2，多数被访者目前只有1个子女（约占70%）；部分被访者目前尚无子女（约占5%），有两个子女的占23%，有三个或以上子女的被访者不足2%。

表7-1　被访者的基本特征

单位：岁，%

	合计（N＝803）	男（N＝368）	女（N＝435）		合计（N＝803）	男（N＝368）	女（N＝435）
年龄				教育状况			
<20	3.79	1.66	5.58	未完成义务教育	24.81	24.25	25.12
20~24	14.02	11.91	15.81	完成义务教育	36.47	37.60	35.58
25~29	15.40	13.02	17.21	高中或中专	25.81	28.61	23.49
30~34	27.78	29.09	26.74	大专及以上	12.91	9.54	15.81
35~39	25.00	29.36	21.40	民族			
40 44	8.84	10.80	7.21	汉族	91.61	91.90	91.36
45+	5.18	4.16	6.05	蒙古族	7.62	7.54	7.71
户口类型				其他少数民族	0.76	0.56	0.93
农业户口	80.34	83.62	77.45	婚姻状况			
非农户口	19.27	16.38	21.81	未婚	19.82	19.09	20.48
其他	0.39		0.74	未婚同居或已婚且与配偶同住	70.98	68.38	73.10
来源地				已婚但未与配偶同住	6.87	9.69	4.52
内蒙古	63.64	64.33	62.97	离婚或丧偶	2.33	2.85	1.90
陕西	13.19	13.20	13.21	已婚者曾生子女数			
山西	10.37	10.11	10.61	0	5.07	5.69	4.52
河南	4.87	4.49	5.19	1	70.44	70.11	70.65
其他省份	7.94	7.87	8.02	2	23.14	22.42	23.87
				3+	1.35	1.78	0.97

（二）被访流动者的工作与居住状况

表7-2所示为被访流动者在流入地的主要工作和居住特征。由表7-2可见，被访者中约有93.5%的人目前从事有收入的工作，另外6.5%的人在调查时点未工作。被访流动者是否从事有收入的工作存在显著的性别差异，男性被访者中有近99%的人从事有收入的工作，相比之下，女性被访者的相应比例仅约89%。调查过程发现，未从事有收入工作的女性流动者主要为随迁妇女，其经济活动以料理家务为主。目前，从事有收入工作的被访者的具体工作主要集中在采矿业（17.7%）和不同类型的服务业中，包括批发和零售业（13.7%）、住宿和餐饮业（29.9%）、居民服务和其他服务业（12.2%）；此外，约有10.4%的人在建筑行业工作，5.9%的人在交通运输行业工作。被访流动者的行业分布特征体现了研究地区的资源状况、产业结构对劳动力市场需求结构的决定性影响。如前所述，内蒙古拥有丰富的矿藏资源和旅游文化等资源，因此，区内流动人口的就业更多地集中在工矿业和服务业。对比男女被访者的行业特征可见，男性流动者就业的主要行业为采矿业（35%）、建筑业（18%）、住宿餐饮业（15%）和交通运输、仓储和邮政业（10.3%）；相比之下，女性流动者就业的行业主要为住宿餐饮业（43.1%）、批发零售业（18.6%）及居民服务和其他服务业（16.4%）。

被访者每周工作的时间平均为59.6小时，其中男性每周平均工作61.1小时，女性平均工作58.1小时，男女流动者的工作小时数均明显超过法定工作时间，与其他地区流动务工者的情况相类似。被访流动者每月平均休息3天，其中男性比女性每月平均少休息半天。从收入状况看，多数流动者的年收入在3万元以下，约占78.4%；另有约13%的被访流动者年收入为3万~5万元，年收入在5万元以上的约占8.7%。与男性相比，女性流动者的收入状况明显更差，超过一半的女性被访者年收入在 1 万元以下，年收入在 3 万元以上的仅占 10.4%，比男性相应比例低 22.5 个百分点。

被访者在流入地的居住状况以租赁房源为主，约占 60%；由雇主提供住宿的被访流动者约占 18.6%，居住在本人或父母所有的住房中的被访流动者占 20.4%。与男性流动者相比，女性被访流动者居住在租住房中的比例相对较低，居住在本人或父母所有的住房中的比例略高。此外，女性被访者居住在雇主提供的住房中的比例也相对较高。超过一半（53%）的被访者目前居住在不同类型的平房中，居住在楼房中的不到 40%，还有约 8.8% 的被访者居住在简易房、地下室或其他类型的住所。被访者的居住特征与其工作状况有着密切的联系，相对而言，从事采矿业、制造业、批发零售业的流动者更有可能居住在简易房等类型的住所，而从事住宿餐饮业、居民服务与其他服务业的流动者更多地居住在楼房或平房。

与流动者目前的居住条件相对应，流动者的房产拥有状况同样值得关注。本次调查样本中，超过 30% 的被访者在现住地和家乡都没有自己的房子。在现住地拥有房产的流动者约占 16.5%，在家乡拥有房产的流动者不足一半（48.4%）；此外，约有 4% 的被访者在现住地和家乡都拥有房产。

表 7 - 2　被访者的工作和居住特征

单位：%

	合计（N = 803）	男（N = 368）	女（N = 435）
目前从事有收入的工作	93.52	98.91	88.74
从业者目前的工作行业			
采矿业	17.69	35.00	2.21
批发和零售业	13.65	8.06	18.63
住宿和餐饮业	29.91	15.00	43.14
居民服务和其他服务业	12.22	7.50	16.42
建筑业	10.40	18.33	3.43

续表

	合计（N = 803）	男（N = 368）	女（N = 435）
交通运输、仓储和邮政业	5.85	10.28	1.96
制造业	1.17	1.11	1.23
其他	9.1	4.72	13.00
个人年收入（调查前一年）			
＜1 万元	34.74	15.79	53.07
1 万 ~ 3 万元	43.69	51.25	36.53
3 万 ~ 5 万元	12.89	18.56	7.20
5 万元以上	8.68	14.40	3.20
周工作小时数（小时）#	59.56	61.06	58.14
月休息天数（天）#	3.15	2.90	3.39
现住房来源			
租赁的	59.75	65.21	55.07
雇用单位或者老板提供的	18.63	16.44	20.51
自己的	17.63	16.16	18.89
父母的	2.75	1.37	3.92
亲戚、朋友家的或其他	1.26	0.82	1.59
现住房类型			
楼房	38.14	36.34	39.77
平房	53.07	54.37	51.86
简易房	7.15	7.92	6.51
地下室/工棚/其他	1.64	1.37	1.86
房产拥有状况			
在现住地自己有房子	16.54	13.88	18.84
在家乡自己有房子	48.44	49.01	48.07
在现住地和家乡自己都有房子	3.91	4.25	3.62
在现住地和家乡自己都没有房子	31.12	32.86	29.47

注：# 此行为均值。

（三）被访流动者的居住与工作环境

除居住和工作特征外，本次调查还收集了关于流动者目前工作环境的具体特征以及住所的宜居条件等信息。图 7 - 1 所示为被访流动者当前工作环境的主要特征，可以看到，目前从事有收入工作的被访者中，工作时要求长时间坐着的占 17% ，要求长时间站着的占 38.8% ，要求不断走动的占 43.5% 。工作场所非常冷、非常热、非常潮湿、非常脏、非常嘈杂、拥挤的比例为 2.1% ~ 16.1% （依次为 8.4% 、6.2% 、15.2% 、15.3% 、16.1% 和 2.1% ）。此外，工作场所存在不同类型安全问题的比例均在 10% 以上，例如，工作场所危险、可能接触灰尘或有害固体、可能接触烟雾/气体或有毒液体的分别占 15.2% 、23% 和 11.8% 。

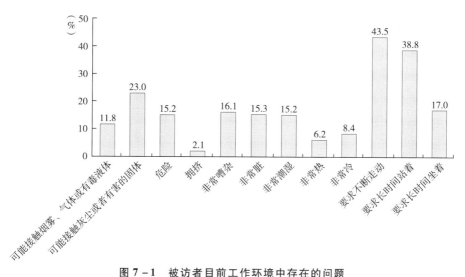

图 7 - 1　被访者目前工作环境中存在的问题

图 7 - 2 展示了被访者在流入地现住所的主要宜居设施拥有状况。由图 7 - 2 可见，多数被访者目前居住的住房有通风窗户（96.2%）。但从住房内具体的宜居设施来看，居住环境中的公共卫生设施仍比较缺乏。不足 1/4 的（23.1%）被访者住房内有自用卫生间，24% 的被访者住房内有合用卫生间，超过一半的被访者住房内没有卫生间。此外，约有 22.8% 的被访者住房内没有自来水；超过 3/4 （78.2%）的被访者住房内没有洗澡设施。目前，住房内有厨房的被访者约占四成（40.7%），更低比例的被访者当前住房内有燃气设施（26.6%）。住房内有固定电话、电视或电脑的被访者分别占 9.9% 、76.3% 和 18.8% 。

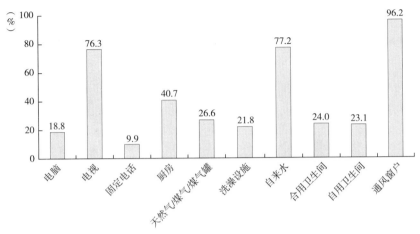

图 7 - 2　被访者目前住房内的主要设施

二　健康状况

本次调查询问了被访流动者的一般健康状况、具体患病（包括慢性病）情况及精神健康状况等信息，为多维度反映流动者的健康状况提供了重要的一手材料。总体而言，内蒙古被访流动者的健康状况较好，约有79.4%的人自评一般健康状况为好、很好或非常好；自评一般健康状况为"一般"的被访者约占18.5%，另有2.1%的被访者自评一般健康状况为"差"。男女流动者对一般健康状况的自评存在显著差异，与男性相比，女性流动者的自评一般健康状况更倾向于"一般"（22.6%，比男性高近9个百分点），其自评一般健康为差、好、很好、非常好的比例均明显低于男性（见表7 - 3）。

表 7 - 3　被访者的自评一般健康状况

单位：%

	非常好	很　好	好	一　般	差
男	14.8	42.3	26.7	13.7	2.5
女	10.3	38.9	26.3	22.6	1.9
合　计	12.4	40.5	26.5	18.5	2.1

（一）身体健康状况

1. 慢性病情况

图 7 - 3 所示为被访流动者自报患慢性病的情况（问卷中使用"是否有医生曾告诉您患有下列疾病？"来测度）。与以往关于流动人口的调查结果相类似，本次调查中多数（70.7%）被访者从未被医生告知患有慢性病。被访流动者中较为常见的慢性病包括肠胃疾病（9.3%）和贫血（6.4%）。这些慢性病类型与其他城市（如深圳市）流动者的慢性病情况相类似，反映了流动者特殊的饮食、生活习惯及营养状况。值得注意的是，随着疾病转变过程的扩散，诸如高血压/高血脂/心脏病等传统意义上的"富贵病"也开始在流动人口中出现，本次调查中该类疾病患者占总样本的 5%。此外，妇科或男科疾病、支气管炎/肺炎/哮喘及关节炎/血管炎也是影响流动者的重要疾病类

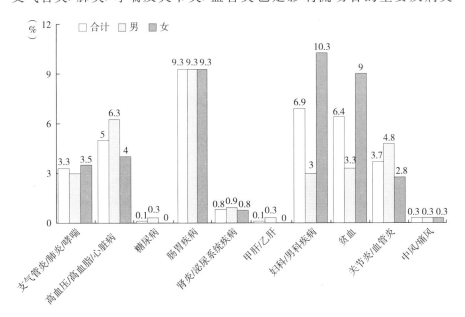

图 7 - 3　被访者患慢性病的情况

型，本次调查中被告知患有以上三类慢性病的被访者分别占总样本的
6.9%、3.3%和3.7%。被访流动者患慢性病的情况存在性别差异，
例如，女性患妇科疾病（10.3%）的比例远高于男性患男科疾病的比
例（3.0%），女性贫血的比例也比男性相应比例高近6个百分点；相比
之下，男性患高血压/高血脂/心脏病的比例则比女性高2.3个百分点，
男性患关节炎/血管炎的比例也高出女性2个百分点。这些疾病类型的
性别差异在一定程度上反映了男女的生理和劳动力市场的分工差异。

2. 一年内身体不适情况

图7-4展示了被访流动者在调查时点前12个月经常出现的身体
不适情况。与流动者总体健康状况较好的特征相一致，多数被访者在
过去一年内经常出现身体不适的比例相对较小。除肩、颈或腰部酸痛

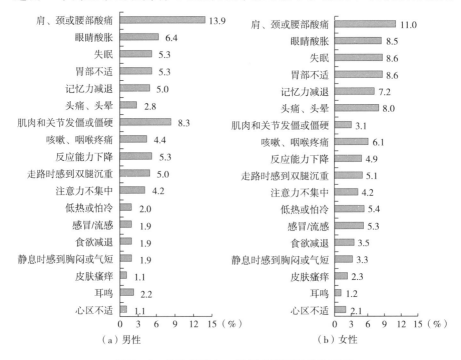

(a) 男性

项目	比例
肩、颈或腰部酸痛	13.9
眼睛酸胀	6.4
失眠	5.3
胃部不适	5.3
记忆力减退	5.0
头痛、头晕	2.8
肌肉和关节发僵或僵硬	8.3
咳嗽、咽喉疼痛	4.4
反应能力下降	5.3
走路时感到双腿沉重	5.0
注意力不集中	4.2
低热或怕冷	2.0
感冒/流感	1.9
食欲减退	1.9
静息时感到胸闷或气短	1.9
皮肤瘙痒	1.1
耳鸣	2.2
心区不适	1.1

(b) 女性

项目	比例
肩、颈或腰部酸痛	11.0
眼睛酸胀	8.5
失眠	8.6
胃部不适	8.6
记忆力减退	7.2
头痛、头晕	8.0
肌肉和关节发僵或僵硬	3.1
咳嗽、咽喉疼痛	6.1
反应能力下降	4.9
走路时感到双腿沉重	5.1
注意力不集中	4.2
低热或怕冷	5.4
感冒/流感	5.3
食欲减退	3.5
静息时感到胸闷或气短	3.3
皮肤瘙痒	2.3
耳鸣	1.2
心区不适	2.1

图7-4 被访者过去一年经常出现的身体不适

的比例较高外，被访者经常经历各种身体不适的比例均在 10% 以下。总体而言，调查样本中，男性流动者频繁经历的身体不适（前六种）主要有：肩、颈或腰部酸痛（13.9%）、肌肉和关节发僵或僵硬（8.3%）、眼睛酸胀（6.4%）、反应能力下降（5.3%）、失眠（5.3%）和胃部不适（5.3%）等。女性流动者频繁经历的身体不适主要有：肩、颈或腰部酸痛（11.0%）、失眠（8.6%）、胃部不适（8.6%）、眼睛酸胀（8.5%）、头痛头晕（8.0%）等。这些经常性的身体不适情况在一定程度上受流动者在流入地超长时间的工作、过度疲劳以及不健康的饮食与生活习惯的影响。

（二）精神健康状况

与身体健康状况相比，流动者的心理健康问题相对更为隐蔽，因而也往往容易被忽视。本次调查发现（见图 7 - 5），被访流动者中有

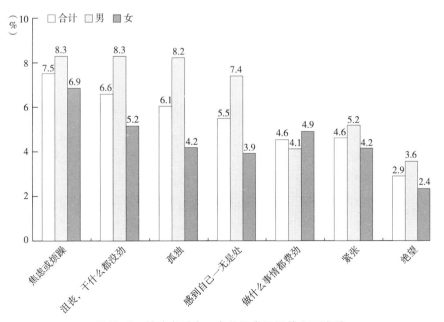

图 7 - 5　被访者过去一个月经常经历的心理感受

7.5%的人在过去一个月内频繁经历焦虑或烦躁的心理感受；经常经历沮丧、孤独、感到一无是处、做什么事都费劲、紧张的被访者比例也均在5%左右。此外，近3%的被访者经常感到绝望。值得注意的是，男女流动者的心理健康状况存在显著差异，与女性相比，男性流动者频繁经历上述各种亚健康心理感受（"做什么事情都费劲"除外）的比例明显更高。由此可见，与女性流动者相比，男性流动者的心理健康状况更差，这可能与男女的职业分工和工作环境不同、倾诉和交流个人心理感受的行为不同有关。

图7-6所示为男女被访流动者在调查前一个月频繁感受的各种压力。对男女被访者而言，经常感受的压力困扰主要有："感觉无法控制自己生活中重要的事情"、"感到紧张不安和压力"、"常生气、因为很多事情的发生超出自己所能控制的范围"、"发现自己做不完所有必

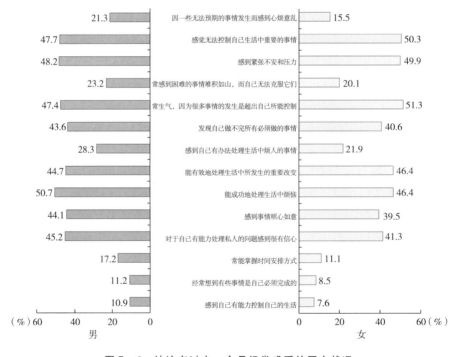

图7-6 被访者过去一个月经常感受的压力状况

须做的事情"等。调查前一个月内，男女被访者经常经历这些感受的比例均在50%左右；女性略高于男性。接近一半的被访流动者表示对生活中的变化和烦恼有能力或有信心处理。例如，男性被访者中，有50.7%的表示经常"能成功处理生活中所发生的重要变化"，45.2%的人表示经常"对自己有能力处理私人的问题感到很有信心"，44.7%的人表示经常"能有效处理生活中所发生的重要变化"，44.1%的人经常"感到事情顺心如意"。女性流动者的相应比例略低（除"能有效处理生活中所发生的重要变化"外）。

由以上数据可见，与国内其他城市的流动人口相类似（如本书第六章关于深圳的研究发现），内蒙古被调查地区的流动者总体健康状况较好，这与流动的选择性不无关系。然而，被访流动者在不同程度上存在的健康风险仍不容忽视，其身体和精神方面的亚健康问题需要给予足够的关注。

三　健康认识、知识与行为

流动人口对健康知识的掌握程度和对健康行为的认知状况，将直接影响他们的日常行为方式。问卷中设计了5道问题来衡量流动人口对健康知识的掌握情况，调查结果显示（见表7-4）：流动人口对日常生活保健知识的掌握最好，95%的人知道消除室内空气污染最有效的方法是"经常开窗通风"，99%的人知道120紧急医疗救助电话。然而，流动人口对基本卫生保健和防疫知识的知晓率并不高，只有近3/4的人清楚抗生素的正确使用方法，1/2的人知道"接种疫苗"是预防一些传染病（如麻疹、乙肝等）最有效、最经济的措施。非常遗憾的是，流动人口对专门保护从事有毒有害工作的劳动者权利的法律知晓率最低，只有23.4%的人选择了正确答案《职业病防治法》。这种现象一方面可能与流动人口的文化水平低有关，另一方面与我国法律的宣传力度弱直接相关。流动人口的法律意识淡薄将导致他们在经济、就业保护和政治权益上受损，因此，面向流动人口开展普法工作对提高其整体素质和改善其生存发展状况至关重要。

表7-4　被访者对健康知识的掌握情况

单位：%

	男性	女性	合计
我国哪部法律是专门保护从事有毒有害工作的劳动者权利？	25.5	21.6	23.4
哪项是预防一些传染病（如麻疹、乙肝等）最有效、最经济的措施？	50.7	51.0	50.9
对于抗生素的正确使用方法是什么？	71.4	77.6	74.7
消除室内空气污染最有效的方法是什么？	94.8	95.3	95.1
需要紧急医疗救助时，应拨打哪个电话？	99.7	98.4	99.0

注：表内情况为回答正确者所占的百分比。

调查发现，被访流动者的健康保健意识较强，86%的人赞成每年应该做1次健康体检，76%的人赞成"预防为主，选择健康的生活方式是最好的投资，越早越好"这一说法，70%的人同意接种流感疫苗可以减少患流感的机会，有60%的人已意识到心理问题也是一种疾病，需要看医生。但是，仍有超过半数（52.5%）的被访者只将健康理解为身体强壮没有身体上的疾病（见图7-7）。

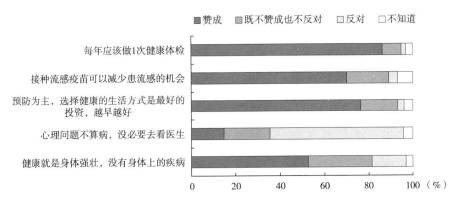

图7-7　被访者的健康保健意识

四　卫生保健服务利用状况

问卷通过询问流动人口的医疗保险情况、体检情况、过去 12 个月的就医情况以及妇女的生殖健康/计划生育服务情况来综合测评他们在居住地对卫生保健服务的利用状况。目前，流动人口中只有 26% 的人在居住地享有医疗保险，女性的该项比例（30.4%）明显高于男性（20.9%）。他们享有的医疗保险类型主要是：综合医疗保险（47.9%）、住院医疗保险（21.3%）和意外伤害医疗保险（18.6%）。仅有 5 名被访者享有生育保险。不同受教育水平的流动人口在居住地享有医疗保险的比例存在显著差异，受教育水平越高享有医疗保险的比例越高，具有大专及以上和高中/中专学历的被访者中分别有58.3% 和 32.7% 的人拥有居住地的医疗保险，而受教育水平为初中及以下的被访者拥有居住地医疗保险的比例仅为 16%。

（一）体检情况

调查结果显示，超过半数（50.6%）的被访者在过去 1 年中进行了常规体检，在过去的 1~2 年、2~5 年和 5 年以上时间内进行过常规体检的被访者分别占 13.1%、3.9% 和 2%。从未参加过健康常规体检的被访者高达 30.4% 的比例，这些人的年龄主要在 40 岁以下，可能是因为自身健康状况较好而缺少预防保健意识。男女两性参加常规体检的情况并无明显差异。52.9% 的被访者参加了有人组织的常规体检。

由于《劳动合同法》和《职业病防治法》只对从事有毒有害岗位的职工体检做出了规定，普通岗位并无明确要求。因此，大多数行业职工的上岗体检和在岗体检是由工作单位自行决定。本次调查发现，被访流动人口是否接受过上岗和在岗体检与他们所从事的行业密切相关。从总体看，53% 的被访者接受过上岗体检和在岗体检，单位支付体检费用的比例较低。从不同行业的状况看（见表 7 - 5），采矿业、制造业、住宿和餐饮业这三个行业对上岗体检的要求较高，接近 75% 的被访者在上岗前接受了体检；然而，正式工作之后，从事制造业的被访者接受在岗体检的比例（43%）大幅下降，采矿业和住宿餐饮业的被访者参加在岗体检和上岗体检的比例相差不大，这可能与行业要求和监管力度有关。居民服务和其他服务业的被访者中有近 50% 的人接受过上岗和在岗体检。从事批发零售业、建筑业、交通运输仓储和邮政业的被访者接受过上岗和在岗体检的比例最低，不足 30%。

表 7 - 5　不同行业流动人口的上岗和在岗体检情况

单位：%

行业分类	是，单位要求、单位付费的		是，单位要求、部分或全部自费的		没有接受	
	上岗	在岗	上岗	在岗	上岗	在岗
采矿业	13.1	26.1	60.7	42.0	26.2	31.9
制造业	12.5	14.3	62.5	28.6	25.0	57.1
批发和零售业	3.1	4.7	29.2	24.4	67.7	70.9
住宿和餐饮业	35.5	46.6	37.4	28.8	27.0	24.5
居民服务和其他服务业	17.5	15.4	32.5	32.1	50.0	52.6
建筑业和交通运输仓储邮政业	19.5	17.3	3.5	5.8	77.0	76.9
务农	0.0	0.0	0.0	0.0	100.0	100.0
其他	16.7	17.1	14.3	12.2	69.0	70.7
合　计	20.3	26.3	32.6	26.2	47.1	47.5

参加过妇科/男科检查的被访者的性别差异显著。在最近 1 年内有 51.9% 的女性被访者进行过妇科检查，23% 的男性被访者进行过男科检查；从未进行过妇科/男科检查的女性和男性被访者分别占 35.6% 和 61.3%，两者相差 25.7 个百分点（见表 7 - 6）。这种差异一方面可能与女性妇科病患病率高有关，另一方面可能与现有的计划生育/生殖健康公共服务的对象以妇女为主有关。超过 3/5（61.3%）的人是

自己去医院进行妇科/男科检查的。

表7-6 被访者参加妇科/男科检查的情况

单位：%

	您最近一次的妇科/男科检查距现在有多久了？					这次常规体检是您自己去的吗？	
	≤1年	1~2年	2~5年	≥5年	从未体检过	自己去检查的	有人组织去的
男 性	23.0	9.8	3.1	2.8	61.3	60.2	39.8
女 性	51.9	6.6	4.6	1.4	35.6	61.9	38.1
合 计	38.9	8.0	3.9	2.0	47.2	61.3	38.7
						$X^2 = 60.228$ Sig. $= 0.000$	

（二）看病就医情况

尽管被访者对自身健康状况的评价较好，但在生病时仍然需要到医院就诊。在过去的12个月中，50.8%的被访者有过生病看医生的经历。被访者的患病类型主要是：感冒（发烧、咽喉痛、咳嗽、流鼻涕）（69.1%）、腹泻/胃痛（25.1%）、头痛/眩晕（19.4%）、牙疼（15.8%）、妇科/男科疾病（5.7%）、外伤（5.5%）和关节/肌肉酸痛（4.1%）。在过去12个月看过医生的被访者中，去私人诊所就医的比例最高，达36.7%，不足1/3（31.9%）的人到正规医院就诊，到社区卫生所（站、室）就诊的人占19.6%，还有11.8%的人自己到药店买药治疗（见表7-7）。进一步分析流动人口是否享有居住地的医疗保险对他们选择就诊医院的影响，图7-8显示享有居住地医疗保险的流动人口在看病就医时更多的人会选择正规医院（46.2%），但选择私人诊所的比例也占到21.2%；而未享受居住地医疗保险的流动人口在就医时首选私人诊所（43.9%），其次是正规医院（26%）。可见，私人诊所在内蒙古地区的流动人口就医过程中扮演着重要角色。

当询问"在过去的12个月中，您是否曾经有过生病拖着不去就医的情况?"时，40%的被访者回答有过这种情况。对于未去就诊的原因，27.8%的人表示看病太贵/没钱，18%的人害怕影响工作，15.8%的人没有时间。其他原因包括：病情不重（62.7%）、自己有药或周围的人给了药（14.4%）和怕被查出其他健康问题（4.2%）等（见表7-7）。这意味着医疗费用、工作机会和缺少空闲时间是流动人口生病而不去就医的主要障碍。这种情况一方面与前文描述的医疗保险覆盖率低有关；另一方面，即使享有居住地医疗保险的流动人口，由于医疗保险的报销额度较低，还不足以减轻他们的医疗花费。比如，在本次看病过程中，享有居住地医疗保险的流动人口中只有48%的人获得了医疗保险报销，大部分报销的比例达不到50%。此外，流动人

表7-7　被访者的生病就医情况

单位：%

健康服务利用	所占比例	健康服务利用	所占比例
在过去的 12 个月中是否看过病？		就诊医院类型	
看过	50.8	正规医院	31.9
没看过	49.2	私人诊所	36.7
患病类型		社区卫生所（站、室）	19.6
发烧、咽喉痛、咳嗽、流鼻涕	69.1	自己到药店买药治	11.8
腹泻、胃痛	25.1	过去的 12 个月中是否有过生病不去就医的情况？	
头痛、眩晕	19.4	有过	40.0
关节、肌肉酸痛	4.1	没有过	60.0
皮疹、皮炎	1.1	未去就医的主要原因	
眼、耳疾病	0.8	病情不重	62.7
心脏病、心口痛	1.1	怕被查出其他健康问题	4.2
牙疼	15.8	害怕影响工作	18.0
外伤	5.5	没有时间	15.8
妇科/男科疾病	5.7	看病太贵/没钱	27.8
其他急性感染或疾病	0.3	自己有药或周围的人给了药	14.4
其他慢性疾病	1.4	其他	0.7

口的每周工作时间过长（每周平均工作 59.6 小时）也影响了他们及时就医。也就是说，医疗保险覆盖率低和超长的工作时间是影响流动人口对卫生保健服务利用的主要原因。

　　与北京地区的流动人口相比，内蒙古自治区的流动人口生病去私人诊所和生病拖着不去就医的两项比例明显偏高，北京流动人口的两项比例分别为 4% 和 29.6%。这可能与北京市可利用的公共卫生服务资源较多有关。

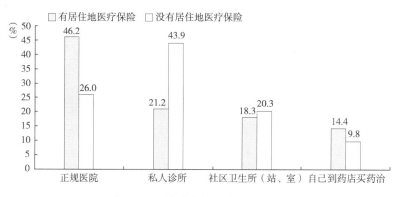

图 7-8　被访者的就诊医院类型

（三）生殖健康/计划生育服务的利用情况

　　流动妇女中在居住地接受生殖健康/计划生育服务的主要人群是已婚育龄妇女，有 64.4% 的已婚流动妇女表示自己接受过不同种类的服务，她们接受服务的情况和服务费用情况列于表 7-8。需要说明的是，这些服务是由城市中的不同部门提供的，而不仅限于计生部门。例如一名流动妇女可能在计生部门做孕检，在医院做妇科检查和上环/取环，在药店购买避孕药或避孕套等。

　　表 7-8 数据显示，流动妇女接受过妇科检查的人数比例最高（45.3%）；其次是 40% 左右的人接受过上环/取环和孕检服务；而对购买/领取避孕药/避孕套和人工流产服务的利用率非常低。多年来，我国

计生部门始终开展面向育龄人群免费发放避孕套的工作，但流动人口在居住地购买/领取避孕套的比例很低，这可能与育龄流动人口所采取的避孕方式有关，也可能与他们不清楚哪里有免费发放点有关。从服务费用情况看，有 79.2% 的流动妇女进行孕检是全部免费的；购买/领取避孕套全部免费的比例也较高，达 62.1%。然而，人工流产和上环/取环两项服务由流动妇女全部自费的比例较高，分别为 68.8% 和 48%。

表 7 - 8　流动妇女在居住地接受过以下生殖健康/计划生育服务的情况

单位：%

服务项目	接受过该项服务	服务费用		
		全部自费	部分自费	全部免费
上环/取环	40.8	48.0	15.5	36.5
购买/领取避孕药	11.7	38.0	16.0	46.0
购买/领取避孕套	13.4	25.9	12.1	62.1
人工流产	6.6	68.8	18.8	12.5
孕检	39.3	16.8	4.0	79.2
妇科检查	45.3	38.0	16.9	45.2

外出期间，有 12.3% 的流动妇女做过人工流产，其中有 5 名妇女是未婚的。在有流产经历的妇女中，80% 的妇女流产一次，20% 的妇女流产两次。人工流产后，休假 7 天以上的妇女占 46.2%，休假 3~7 天和 1~3 天的妇女分别占 30.8% 和 10.3% 的比例，只有 12.8% 的妇女未曾休假。人工流产后未能得到充分休息将对流动妇女的身体健康造成极大损害，她们未休息一方面可能是单位不准假，另一方面可能是出于挣钱的考虑而自愿选择不休息。80% 的流动妇女在人工流产后得到了家人/朋友的照顾，65% 的妇女选择手术流产的方法，但术后到医院复查的妇女只占 43.6%。

（四）生育状况

82.9% 的已婚妇女都有孩子。在已婚妇女中，64.2% 的妇女生育

了 1 个孩子，18.4% 的妇女生育了 2 个孩子，仅有 1 名妇女生育了 3
个孩子（见表 7 - 9）。尽管生育 1 孩的比例很高，但这个结果只能说
明被调查的妇女到目前为止生育的孩子数，因为很多妇女还比较年
轻，她们还有继续生育的可能性。已生育的孩子数与妇女的年龄和受
教育水平相关，年龄大且文化水平低的妇女比年轻且文化水平高的妇
女更可能多生孩子。

表 7 - 9　曾生子女的性别结构

单位：%

所占情况	所占比例
0	17.1
1 个男孩	32.1
1 个女孩	32.1
1 个男孩 1 个女孩	12.2
2 个男孩	3.1
2 个女孩	3.1
多于 1 个男孩 1 个女孩	0.3

在已婚妇女生育的 333 名孩子中，75.8% 的孩子是在家乡出生的，
24.2% 的孩子是在外地出生的。第一个孩子在外地出生的比例为
22%，第二个及以后孩子在外地出生的比例有所增加，达 34%。相比
较而言，在外地出生的孩子产前检查和住院分娩的比例明显提高。值
得注意的是，在家乡出生的第二个孩子的产前检查和住院分娩比例大
幅度下降（见表 7 - 10），其原因有待深入探讨。进一步分析发现，生
一孩的住院分娩率与流动妇女的年龄有很强的相关性，妇女的年龄越
小在医院分娩的比例越高。比如，35 岁及以下的流动妇女生育第一个
孩子的住院分娩率为 88%，而 35 岁以上流动妇女的该项比例仅为
67%。卡方检验表明这种相关性非常强，Gamma 系数为 0.557。这一
方面体现出年龄较轻的流动妇女因具有更高的文化水平，其孕产保健

意识也更强；另一方面也反映出我国近年来在农村地区施行的降消项目取得了显著成效。

表 7 - 10   分孩次的产前检查率和住院分娩率

单位：%

孩　　次	在家乡出生		在外地出生	
	产前检查	住院分娩	产前检查	住院分娩
第一个孩子	81.3	78.9	96.2	84.9
第二个孩子	71.4	65.7	100.0	100.0

五　卫生保健服务的培训和需求状况

目前，全国很多城市都在以项目试点的运作模式面向流动人口开展卫生保健知识的培训活动。本次调查中，有 9.3%（69 人）的被访者在出来打工之前或打工期间参加过有关卫生保健方面的培训活动。在参加过培训的人群中，60% 的人参加过 1 次培训，22% 的人参加过 2 次培训，平均培训次数为 1.89 次。是否参加过培训与流动人口的受教育程度无关。

对于参加过培训的被访者，进一步询问了有关培训内容、培训时间、培训费用、培训地点、培训方式等相关问题。从他们接受过的培训内容看，参加卫生防疫知识和计划生育知识培训的比例最高，约为 70%；其次有 53% 的人参加了妇科/男科/性传播疾病防治知识培训；参加家庭急救/用药常识、心理健康知识、科学养生知识和孕产/育儿知识的培训比例最低，不及 37%（见表 7 - 11）。与其他地区不同的是，男女两性参加过的培训内容存在显著差异。例如，表 7 - 11 所列的 7 项培训内容中，除了计划生育知识培训外，其他 6 项培训内容男性参加过的比例都明显高于女性。这可能与男女两性在家庭中的地位不同有关。在我国农村的一些地区，男性的家庭地位较高，参加村/社区活动时都是男性出席，女性则很少有机会参与。

表 7 - 11　被访者参加培训情况和培训需求

单位：%

培训内容	参加该项培训			希望学习该项内容		
	男	女	合计	男	女	合计
卫生防疫知识	87.5	61.1	71.7	84.4	91.6	88.3
家庭急救/用药常识	55.6	23.1	36.4	87.6	93.1	90.6
妇科/男科/性传播疾病防治知识	68.4	43.3	53.1	82.5	89.8	86.4
孕产/育儿知识	41.2	23.1	30.2	73.5	85.1	79.7
计划生育知识	61.1	75.0	69.6	75.6	88.7	82.7
科学养生知识	64.7	8.0	31.0	78.3	89.1	84.2
心理健康知识	52.9	22.2	34.1	81.8	82.5	87.6

　　本次调查结果显示，用人单位在面向流动人口开展卫生保健知识的培训活动中扮演着重要角色，除了计划生育知识培训外，其他6项内容的培训主要是由用人单位组织进行的，因此，更多的流动人口是在居住地接受的培训。近年来，国家一直在倡导为流动人口提供均等化、基本的公共卫生服务，而政府是提供公共服务的责任主体，但从数据来看，调查地区的卫生/计生部门在这方面所做的工作还远远不够，尚未承担起应尽的责任和义务。各项培训活动的平均培训时间均未超过1天，大部分培训活动是免费的，培训方式以讲授为主。绝大部分参加过培训的人表示培训内容对日常生活有帮助（见表7 - 12）。

表 7 - 12　被访者参加培训活动情况

单位：小时，%

培训内容	平均培训时间	免费参加	外地培训	培训组织机构		讲授培训	对生活有帮助
				卫生/计生	用人单位		
卫生防疫知识	4.2	86.5	80.6	23.7	68.4	65.8	94.6
家庭急救/用药常识	7.6	71.4	83.3	35.7	64.3	50.0	92.3
妇科/男科/性传播疾病防治知识	5.8	71.4	85.0	27.3	68.2	72.7	95.2

培训内容	平均培训时间	免费参加	外地培训	培训组织机构		讲授培训	对生活有帮助
				卫生/计生	用人单位		
孕产/育儿知识	2.0	75.0	80.0	18.2	72.7	72.7	100
计划生育知识	4.2	84.0	84.6	55.2	37.9	50.0	100
科学养生知识	1.7	66.7	87.5	22.2	77.8	44.4	87.5
心理健康知识	1.7	76.9	70.0	25.0	58.3	66.7	100

从培训需求看，被访者的培训意愿较高，现有的培训活动远未满足他们的培训需求，尤其是在家庭急救/用药常识、妇科/男科/性传播疾病防治知识、孕产/育儿知识、科学养生知识和心理健康知识等方面的差距甚大。此外，流动妇女有更高的培训意愿（见表7-11）。

六 流动史

我国人口流动经历了数十年的快速增长后，流动的特征开始出现一些重要变化。本次调查样本的流动史情况反映：首先，流动人口的"流动性"开始下降。调查样本中，流动者的平均外出次数为1.35次，约有79%的被访流动者仅外出过1次，外出过2次、3次、4次及以上的人分别占13.6%、4.7%和2.8%。外出次数在年轻的出生队列中呈现明显的下降，这既与低龄组中未观察到的事件史（truncation）有关，也在一定程度上反映了"流动性"的内在变化特征。

表7-13 各出生队列被访流动者的平均外出次数及具体外出次数构成

年龄组（岁）	平均外出次数（次）	具体外出次数构成（%）				样本量（个）
		1次	2次	3次	4次及以上	
<20	1.20	80.0	20.0	0.0	0.0	30
20~24	1.26	82.0	14.4	0.9	2.7	111

续表

年龄组 （岁）	平均外出次数 （次）	具体外出次数构成（%）				样本量 （个）
		1 次	2 次	3 次	4 次及以上	
25 ~ 29	1.33	77.9	15.6	4.9	1.6	122
30 ~ 34	1.35	78.6	12.7	5.9	2.7	220
35 ~ 39	1.33	80.3	11.1	5.6	3.0	198
40 ~ 44	1.47	75.7	14.3	5.7	4.3	70
45 +	1.51	73.2	17.1	4.9	4.9	41
合　计	1.35	78.9	13.6	4.7	2.8	792

其次，开始流动的时间呈现低龄化趋势。图7-9所示为不同出生队列的被访者首次外出的年龄分布，由图可见，各队列首次外出的年龄在年轻队列中明显下降，这反映了日益活跃的人口流动现象对年轻人的就业选择有深刻影响。随着大规模的农村劳动力外出，外出的信息成本开始下降，不少农村地区不在校的青年选择外出的决策变得更为成熟。此外，受人口流动现象的吸引，农村地区部分学龄人口也可能选择辍学外出。这些现象都有可能推动流动队伍的年轻化趋势。

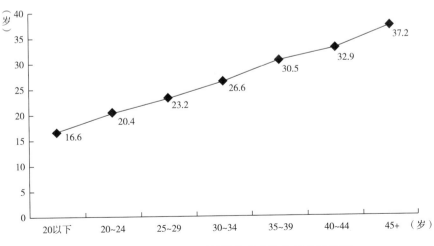

图7-9　不同出生队列的被访者首次外出年龄分布

再次，流动现象趋于长期化。本次调查中，被访流动者本次外出在内蒙古居住的平均时间为4.95年，其中，35～39岁的被访者此次外出在内蒙古居住时间已达6年以上（见图7－10），40岁及以上的被访者此次来内蒙古时间更是长达8年以上。图7－11展示了不同外出次数的被访流动者末次外出持续的时间。其中，首次外出的被访流动者在内蒙古平均居住时间已达5年以上。这些数据反映了人口流动趋于长期化的特征，因此，随着人口流动现象的稳定化与长期化，流动人口在流入地的生存状况、健康状况与服务需求、生活质量急需关注。

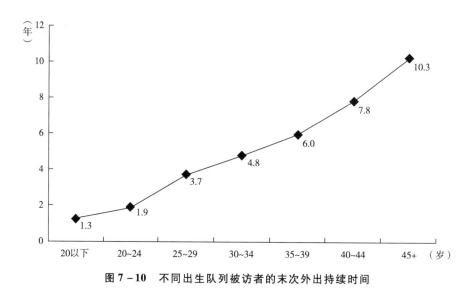

图7－10 不同出生队列被访者的末次外出持续时间

七 结论与对策建议

根据上述的分析结果，总结内蒙古自治区外来务工人员的健康服务需求调查的发现，主要有以下几点。

（1）流动人口的健康具有较强的选择性特征，大多数人的健康状况较好，但流动人口的慢性病患病情况不容忽视。流动人口中较为常

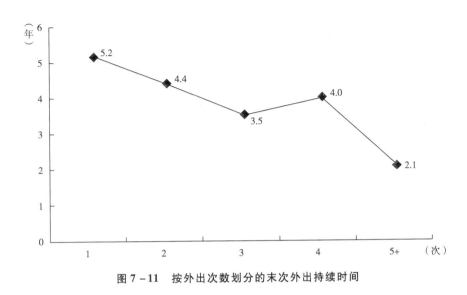

图 7 - 11　按外出次数划分的末次外出持续时间

见的慢性病包括肠胃疾病、贫血、专科疾病、支气管炎/肺炎/哮喘、关节炎/血管炎。同时，流动人口慢性病的患病类型存在明显的性别差异，女性患专科疾病和贫血的比例高于男性，而男性患高血压/高血脂/心脏病的比例高于女性。

（2）流动人口在流入地受超长时间工作、过度疲劳和不健康的饮食与生活习惯的影响，身体经常出现肩/颈/腰部酸痛、肌肉和关节发僵或僵硬、眼睛酸胀、反应能力下降、失眠、胃部不适和头痛头晕等不适状况。

（3）流动人口的心理健康问题相对更为隐蔽，但应引起足够重视。男女两性的心理健康状况存在显著差异，相比较而言，男性频繁经历各种亚健康心理感受的比例明显更高。这可能与男女的职业分工和工作环境不同、倾诉和交流个人心理感受的行为不同有关。

（4）流动人口对基本卫生保健知识的掌握程度不高，尤其是对专门保护从事有毒有害工作的劳动者权利的法律知晓率最低，只有23.4%的人知道正确答案。

（5）流动人口的健康保健意识较强，但受居住地医疗保险的参保率低和医疗保险报销额度有限，以及怕影响工作和没时间等因素的影响，仍有30.4%的人从未进行过常规体检，一些人在生病时拖着不去就医，或者选择到私人医院就诊。在所调查地区，私人诊所是流动人口就医的首选。

（6）已婚育龄流动妇女是在居住地接受生殖健康/计划生育服务的主要人群，她们接受的主要服务是妇科检查、上环/取环和孕检。做过流产手术的流动妇女中，超过一半的人在术后未能得到充分休息，对其身体健康造成极大损害。

（7）到目前为止，已婚流动妇女中64.2%的人生育了1个孩子，18.4%的人生育了2个孩子，只有1名妇女生育了3个孩子。生育第一个孩子的产前检查率和住院分娩率明显高于第二个孩子。

（8）目前，我国面向流动人口开展的卫生保健知识培训活动主要以项目试点的形式运作，导致参加培训的人群有限。本次调查中，只有9.3%的流动人口参加过相关内容的培训活动。与流动人口的培训需求相比，已开展的培训活动远远未满足其培训需求，尤其是在家庭急救/用药常识、妇科/男科/性传播疾病防治知识、孕产/育儿知识、科学养生知识和心理健康知识等方面的差距甚大。

（9）用人单位是培训活动开展的主要组织者，卫生/计生部门尚未承担起培训活动开展的责任。男性参加培训的情况好于女性，女性获得的培训机会较少。

（10）流动人口的流动特征出现一些重要变化，表现为："流动性"开始下降；开始流动的时间呈现低龄化趋势；流动现象趋于长期化。

目前，内蒙古自治区的经济社会处于快速发展时期，全区的城市化水平为55.5%，还有很大的提升空间，未来一段时期内，还将有一定数量的流动人口进入城市。随着人口流动现象的稳定化与长期化，流动人口的健康、卫生服务利用和培训需求等情况更需引起关注，以确保城市劳动力供给的可持续性。针对前文的分析结果，我们提出一些针对流动人口健康保健服务的对策建议。

第一，加强劳动保护，改善流动人口的就业环境。流动人口的就业层次低，工作环境中往往存在一些不利于健康的因素，比如，工作要求长时间站着、要求不断走动；有可能接触灰尘或有害固体、烟雾/气体或有毒液体等。这些因素对健康的影响都有一定的潜伏期，短期内身体很少会出现不良反应，因而常常被忽视。但从长远来看，为降低流动人口职业病的发病率，避免流动人口家庭因病致贫情况的发生，减轻社会负担，保持可持续的劳动力资源，亟须采取各种方式和手段（如定期体检、佩戴防护措施等）加强流动人口的劳动保护，改善其就业环境。

第二，强化政府责任，明确流动人口基本公共卫生服务的政府投入机制。流动人口基本公共卫生服务的可及性无法保障，政府具有不可推卸的责任。一方面体现为医疗保险的制度设计不兼容问题，导致流动人口在居住地无法享受医疗保险，看病就医缺乏基本保障；另一方面卫生/计生等服务提供部门尚未将流动人口的卫生保健服务纳入到日常工作中来，缺乏明确的工作规划和资金投入标准，将更多的流动人口推向私人诊所且培训活动开展得很少。因此，必须从政策法规中明确相关政府部门的职责和义务，建立流动人口基本公共卫生服务的政府投入机制，才能从根本上解决流动人口的看病就医问题，满足流动人口对卫生保健知识的培训需求。

第三，面向流动人口积极开展相关法律知识的培训。由于流动人口对《劳动法》、《职业病防治法》等法律知识的了解甚少，导致他们不清楚自己的哪些权益受到了损害？应该受到怎样的健康保护？如何维护个人权益？因此，面向流动人口积极开展相关法律知识的培训，不仅有利于保护其身体健康，对其整体素质的提高和生存发展状况的改善都具有重要意义。

第四，关注流动人口的心理健康问题。随着经济社会发展步伐的加快和生活工作压力的增加，一些流动人口经历各种心理健康问题，又难以找到倾诉或沟通的对象，易导致极端行为的出现，进而影响家庭、社会的和谐稳定。因此，无论是用工单位还是相关部门都应关注流动人口的心理健康问题，加强这方面的培训活动，及时疏导和缓解流动人口的不良情绪，帮助他们尽快融入城市生活。

第五，开展培训活动时应吸纳更多的流动妇女。我国大部分家庭中，妇女在健康饮食、卫生保健、养育子女等方面发挥着重要作用，她们对卫生保健、健康知识的掌握程度直接关系家庭成员的身心健康。然而，内蒙古自治区流动妇女参加相关知识培训活动的比例很低，因此，在未来开展的培训活动中，应该吸纳更多的流动妇女参与进来，提高她们的健康知识水平。

第八章 / # 新生代流动妇女的健康
服务需求研究

　　2010 年中央一号文件提出应采取有针对性的措施，着力解决新生代农民工问题，特别是新生代农民工的社会融入和城镇化问题。"新生代农民工"是指 20 世纪 80 年代以后在农村出生、当前在城市务工的青年一代，这一群体中女性的比例约占 40%（国家统计局住户调查办公室，2011），如何为庞大的新生代女性农民工提供所需的健康管理和服务，将直接影响着农村居民素质的整体提高和她们自身的市民化进程。近年来，国内学者已从社会学、心理学和公共管理等角度对新生代农民工的现状与特点、社会融合及市民化的进程、社会保障、价值观念取向等问题进行了大量深入的研究。然而，针对新生代农民工健康服务需求的研究仍十分有限。现有关于新生代流动人口健康服务需求的研究，主要局限于流动人口计划生育基本公共服务和妇幼卫生保健服务的现状与需求分析（刘越等，2011；陈刚，2006）。

　　为全面了解当前流入人口较为集中的城市面向青年流动人口的健康服务现状和相关政策，及时把握存在于青年流动女性中的未满足的服务需求及问题，中国社会科学院人口与劳动经济研究所于 2010 年首先与深圳市人口和计划生育科学研究所合作，在深圳外来务工人员中开展了有关环境与健康的调查研究；随后在 2011 年 12 月与北京市丰台区人口和计划生育委员会合作，开展了流动人口基本公共服务和需求调查研究。同时参照我们在 2005 年 10 月与丰台区合作开展的"人口流动对中国农村妇女地位和社会性别关系的影响"调查结果，进行跨时期的比较分析。本报告将主要利用 2010~2011 年在深圳和北京的调查结果以及深入访谈资料，系统介绍流动妇女的健康状况、居住与工作环境特征以及对健康服务的需求情况，并与 2005 年的情况相比较，分析流动妇女群体对基本公共卫生服务需求的变动趋势，为政府相关部门制定和实施流动人口公共服务均等化政策提供决策依据。

一 数据来源

2011 年调查以北京市丰台区 16~49 周岁、户籍登记地不在北京、来北京居住 1 个月以上的流动人口为调查对象，以丰台区流动人口信息采集系统为抽样框，在丰台区的 18 个街道/乡镇以定比分层的随机方式抽取满足条件的流动人口，分层考虑了流动人口的年龄和性别特征，调查有效样本量为 3007 份。问卷调查由丰台人口计生委负责实施，调查人员为街道/镇和居委会工作人员以及计划生育工作人员。调查问卷包括流动人员个人及家庭的基本情况、本人健康状况、卫生保健服务利用状况以及卫生保健和其他服务的需求情况等四个方面的内容。2005 年调查对象为 15~40 周岁在北京居住 3 个月以上的未婚或已婚流动妇女。本文在分析中为进行两次调查的对比，只使用了 2011 年调查中流动妇女的样本，有效样本量为 1548 份。

2010 年深圳调查以户口不在深圳市、来深圳务工经商半年及以上、目前在业者为调查对象。调查采取多阶段分层目的性抽样设计，选取了人口规模最大、流动人口分布集中，但社会经济特征各异的三个区（福田、宝安和龙岗）中的 7 个街道和 12 个工厂，在选中的街道和工厂中，按照目的性抽样原则抽取一定比例的调查对象，以尽可能实现抽样对象在个人特征及所处环境等方面的多样性，并基本反映深圳市外来务工人员的性别、年龄、职业等总体分布特征。调查共抽取并成功调查了 1025 位外来务工人员。

除了问卷调查之外，课题组还通过座谈会和深入访谈的形式收集了定性数据，分析评估相关公共管理和服务，深入了解现状与需求，从而加深了对问卷调查结果的理解和对当前状况与问题的认识。

二 调查对象的基本特征

1. 北京市调查样本的基本特征

2011 年调查中，男性占 48.5%，女性占 51.5%。调查对象的平均年龄为 31.2 岁，男性和女性的平均年龄分别为 31.4 岁和 31.0 岁。他们的最高受教育程度以初中和高中为主，分别占总样本的 43.4% 和 29.2%；接近 1/5（19.8%）的被访者接受过大专及以上教育。分年龄看，年轻被访者的受教育程度明显高于年长的被访者，35 岁以下的被访者中接受过高中及以上教育的占到一半以上，而较高年龄组的相应比例则明显降低（如 35~39 岁被访者中不到 40%，40 岁及以上被访者中不足 30%）。尽管各年龄组的受教育程度差异明显，但男女两性的受教育程度比较接近。

与年龄特征相关，2011 年调查对象中有 29.9% 的人目前未婚，61% 的人已婚且与配偶住在一起，已婚但未与配偶住在一起的约占总样本的 8.3%，另有少数人为离婚或丧偶（0.7%）。与男女初婚年龄的早晚不同有关，样本中男性未婚比例（31.9%）略高于女性（28.0%），男性已婚但目前未与配偶居住在一起的比重（10.1%）也略高于女性（6.6%）。

2011 年的被访者中有 7.1% 的人目前未从事有收入的工作，女性的该项比例较高，达 15%。未工作流动妇女的年龄偏大，主要是在家操持家务。

2005 年调查数据显示，被调查的流动妇女的平均年龄为 28.8 岁，未婚女性的比例占 23.8%，只有 3.5% 的人具有大专及以上学历，未工作者占 10%（见表 8-1）。相比较而言，2011 年调查的流动妇女年龄结构偏大，未婚和未工作者比例较高，受教育程度有显著提高。上述数据说明了两个事实：一是流动妇女的初婚年龄在延迟；二是随着时代的推移，正在外出流动的妇女的受教育程度明显提升，她们将对生活质量、健康服务、相关知识和信息的获得方面具有更高的要求。

表 8-1 2005 年、2011 年北京市两次调查样本的基本特征

单位：岁，%

	2011 年		2005 年		2011 年		2005 年
	男性	女性	女性		男性	女性	女性
年龄组				婚姻状况			
15~19	7.6	7.1	7.4	未婚/未婚同居	31.9	28.0	23.8
20~24	17.7	19.1	20.2	已婚且与配偶同住	57.2	64.6	61.1
25~29	19.4	19.4	25.7	已婚但未与配偶同住	10.1	6.6	14.0
30~34	19.5	19.8	24.9	离婚/丧偶	0.8	0.7	1.1
35~39	15.8	16.4	18.8	工作状况			
40+	20.1	18.3	3.0	批发零售业	31.3	30.0	27.8
受教育程度				居民服务和其他服务业	28.1	26.2	12.4
小学及以下	6.6	8.4	18.3	住宿餐饮业	15.4	16.2	30.4
初中	45.1	41.8	58.6	建筑业、交通运输业	10.4	2.5	3.0
高中/中专	30.1	28.4	19.6	其他	10.2	10.1	16.4
大专及以上	18.2	21.4	3.5	无工作	4.6	15.0	10.0

资料来源：2005 年、2011 年北京调查。

2. 深圳市调查样本的基本特征

2010 年深圳市的调查样本中，男性样本略多，男女比例分别为 56.8% 和 43.2%。调查对象的总体年龄结构较轻，30 岁以下的新生代流动人口所占比例达 56.3%。与年龄特征相关，被调查者中未婚者超过四成，38.1% 的人已婚且与配偶住在一起，已婚但未与配偶同住的比例占 16.5%，少数人的婚姻状况为分居/离婚/丧偶（3.5%）。他们的整体受教育程度较高，男性的最高受教育水平以高中/中专为主（占 47.8%），女性的受教育水平低于男性，最高受教育水平以初中为主体，占 46.5%，全部调查样本中超过 10% 的人具有大专及以上学历。被调查者务工的行业以制造业为主，其次为居民服务和其他服务业（见表 8 - 2）。

此次调查的样本除抽样设计使用的分层变量外，其他主要人口与社会经济特征与深圳市流动人口监测数据高度接近；因而，此次调查数据能够较有效地反映深圳市外来务工人员的基本特征与状况，可以较好代表深圳市外来务工人群。

表 8 - 2　2010 年深圳市调查样本的基本特征

单位：岁，%

	男　性	女　性		男　性	女　性
年龄组			婚姻状况		
<20	6.5	11.3	未婚/未婚同居	42.0	41.7
20 ~ 24	26.8	27.8	已婚且与配偶同住	35.3	41.7
25 ~ 29	20.6	20.1	已婚但未与配偶同住	19.3	12.9
30 ~ 34	15.5	11.1	分居/离婚/丧偶	3.4	3.6
35 ~ 39	12.0	12.7	行业分布		
40 +	18.6	17.0	制造业	37.5	44.3
受教育程度			建筑业	12.9	1.6

续表

	男 性	女 性		男 性	女 性
小学及以下	2.9	9.1	批发零售业	4.5	8.9
初中	37.0	46.5	住宿餐饮业	7.3	12.5
高中	32.8	18.6	居民服务和其他服务业	25.4	24.3
中专	15.0	15.9	交通运输、仓储邮政业	7.5	3.2
大专及以上	12.3	10.0	其他	5.0	5.2

资料来源：2010 年深圳调查。

三 流动妇女对卫生保健服务的利用与需求

目前，各主要人口流入地的城市都先后推出了以服务为主体的社会政策，对流动人口的公共服务有专项拨款，并明确提出要消除对流动人口的歧视，实现公共服务均等化。这些政策措施的变化有利于缩小流动人口与户籍人口的差距，使流动人口在建设城市的同时，也享受到城市的服务。例如，妇幼保健监测数据显示，近年来在住院分娩率、孕产妇死亡率、新生儿死亡率和婴儿死亡率几个主要健康指标方面，流动人口和户籍人口的差距在逐年缩小（李芬等，2010）。下文将从几个方面描述课题组所调查的流动妇女对卫生保健服务的利用情况。

1. 体检情况

2011 年调查问卷中询问了流动妇女参加常规体检的情况，这是衡量她们对务工地卫生服务利用状况的重要指标。调查结果显示，不同年龄组的妇女参加常规体检的情况差异明显，15～29 岁的妇女中有75.3%的人在 2 年内参加过常规体检，从未体检过的比例为 18.2%；而在 30 岁以上的妇女中 2 年内参加常规体检的比例（60.6%）明显低于前者，且从未体检过的人数比例达 28.2%（见表 8-3）。同时，新

生代流动妇女在过去 12 个月中，有过生病拖着不去就医的比例
（27%）略低于老一代（32.2%）。深圳调查中同样得出了上述结论。
这说明新生代流动妇女的健康保健意识更强。

表 8 - 3 2011 年北京流动妇女参加常规体检的情况

单位：岁，%

年龄组	您最近一次的常规体检距现在有多久了？					在过去的 12 个月中，是否曾经有过生病拖着不去就医的情况？	
	≤1 年	1 - 2 年	2 - 5 年	≥5 年	从未体检过	有过	没有
15 ~ 29	59.3	16.0	5.2	1.3	18.2	27.0	73.0
30 +	40.3	20.3	8.9	2.4	28.2	32.2	67.8

资料来源：2011 年北京调查。

妇科病普查普治在保护我国妇女生殖健康、使妇女摆脱疾病困
扰方面起着重要的作用。1995 年妇科病普查普治已被纳入《中国妇
女发展纲要》。但十多年来，我国妇女妇科病检查率始终在 34% ~
39% 徘徊，其结果并不尽如人意。本次调查结果显示，有 64.8% 的
流动妇女曾接受过妇科病检查，这一比例明显高于 2005 年的调查结
果（47.8%）；在 3 年内参加过妇科病检查的人数比例超过 57%，
略高于全国第三期妇女地位调查的统计结果（54.9%）。2005 年和
2011 年两次调查数据都表明，参加过妇科病检查的流动妇女中大多
数人是自己主动到医院检查的，不足 30% 的人参加了由卫生/计生/
单位/社区等组织的检查。

此外，已婚妇女和未婚同居的女性进行妇科病检查的比例显著上
升。一方面可能是她们患有妇科病的概率更大，另一方面可能与流出
地政府要求已婚女性邮寄查环查孕证明直接相关。我们在计生服务站
访谈的几位流动妇女都是因为要给老家邮寄证明才来检查的，在查环
查孕的同时，计生服务站免费为她们进行了两癌筛查等妇科病检查项

目，她们表示如果没有要求不会主动来。在与服务提供部门座谈时也发现，当地在开展流动人口免费健康体检试点项目的过程中遇到了相似的问题，在完全自愿的前提下，青年流动妇女对这些服务并没有做出积极响应，有些人反映对于特别针对她们开展的服务不感兴趣，认为这是将她们与面向户籍居民的服务区分开，而不是同等对待；或者说，她们不喜欢被贴上"流动人口"的标签，接受专门为"流动人口"设计的服务。

2. 心理健康状况

深圳调查问卷着重测量了流动人口的心理健康状况。调查发现，两代流动人口在心理健康方面存在显著差异，新生代流动人口在一个月内表现出紧张、绝望、孤独、焦虑或烦躁、失眠等情况的比例远远高于老一代流动人口。同时，新生代流动人口心理健康状况的性别差异明显，女性在一个月内表现出紧张、绝望、焦虑或烦躁、失眠的比例都高于男性，尤其是焦虑/烦躁和失眠情况在女性中表现得更为严重；只有孤独这一选项的女性比例略低于男性（见图8-1）。新生代流动人口的成长环境和外出打工经历与上一代人不同，对生活和工作

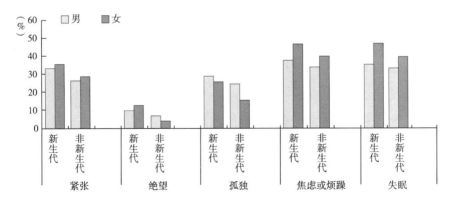

图 8-1　流动人口的心理健康状况

资料来源：2010 年深圳调查。

条件的要求不同,对工作和生活压力的承受能力也有差别,因此,相对于身体健康问题,新生代流动人口的心理和精神健康问题更应当引起关注,特别是新生代流动妇女需要更多的社会支持。

3. 生育状况

2011 年的调查结果显示,83.3% 的已婚妇女生育了孩子,尽管2005 年调查对象的年龄结构较为年轻,但已婚妇女中已有 92.1% 的人有孩子,可见流动妇女的初育年龄也在推迟。这既可能与外出流动有关,也可能与婚育观念的转变有关。两次调查结果都显示,已生育的孩子数与妇女的年龄和受教育水平相关,年龄大且文化水平低的妇女比年轻且文化水平高的妇女更可能多生孩子。从表 8-4 可以看出,60% 左右的妇女生育了 1 个孩子,不足 25% 的妇女生育了 2 个孩子,生育 3 个孩子的妇女比例极低,未超过 3%。尽管生育 1 孩的比例很高,但这个结果只能说明被调查的妇女到调查时点为止生育的孩子数,因为很多妇女还比较年轻,她们还有继续生育的可能性。已婚妇女现有的子女中,只有一个男孩的比例有所降低。

表 8-4 已婚妇女曾生子女的性别结构

单位:%

曾生子女情况	2005 年	2011 年
0	7.4	16.7
1 个男孩	43.4	33.5
1 个女孩	24.7	24.5
1 个男孩 1 个女孩	17.1	15.5
2 个男孩	3.1	4.6
2 个女孩	2.7	2.6
多于 1 个男孩 1 个女孩	1.6	2.5

资料来源:2005 年、2011 年北京调查。

2011 年对已婚妇女生育孩子情况的调查发现，有 31.7% 的孩子是在北京出生的，在其他省市出生的孩子为 1%。而在 2005 年的调查中，在流入地出生的孩子比例仅为 18.1%。可见，流动妇女选择在流入地生育孩子的情况呈现增加趋势。这可能与近年来多数流动人口较为集中的城市（如北京、上海、广州）面向低收入孕妇提供限价分娩的政策有关。调查还发现，年龄越小的流动妇女在流入地生育孩子的可能性越大。例如，2011 年调查中，20 ~ 29 岁的流动妇女生育的所有孩子中有 55% 的孩子是在北京出生，而在 30 岁以上的妇女中该比例仅为 25%。

表 8 - 5 的数据显示，两次调查中在流入地出生的孩子住院分娩率都较高，但无论孩子的出生地在哪，第二个孩子在医院分娩的比例都有所下降。进一步分析两次调查数据发现，生一孩的住院分娩率与流动妇女的年龄有很强的相关性，妇女的年龄越小，在医院分娩的比例越高。可见，年龄较轻的流动妇女的孕产保健意识更强。此外，在北京出生的孩子的产前检查率和住院分娩率均很高。

表 8 - 5　分孩次的住院分娩率

单位：%

孩　次	2011 年				2005 年	
	产前检查		住院分娩		住院分娩	
	在家乡出生	在北京出生	在家乡出生	在北京出生	在家乡出生	在外地出生
第一个孩子	79.2	96.8	83.7	98.6	73.9	89.8
第二个孩子	79.9	96.8	77.3	94.8	67.2	80.3

注：2005 年的调查问卷中未询问妇女的产前检查情况，孩子出生地的选项中也没有区分北京和外省市。

资料来源：2005 年、2011 年北京调查。

4. 避孕节育状况

对已婚流动妇女目前所使用的避孕方法，两次调查结果的差异明显。2011 年的调查结果显示，已婚流动妇女中当前使用最多的避孕方法是避孕套，占 43.9%；其次是宫内节育器（即"上环"，占 30.1%）；已绝育的排在第三位，占 10%。对比 2005 年数据，使用避孕套的妇女比例上升了 7.7 个百分点，而采取上环和绝育措施的比例则分别下降了 31 个和 10 个百分点。进一步对 2011 年数据分析发现，年龄越小的已婚妇女使用避孕套的比例越高，上环的比例越低。例如，20～39 岁的已婚妇女中有 51% 的人使用避孕套，24.4% 的人使用宫内节育器；但在 40 岁以上的已婚妇女中这两项比例分别为 24.5% 和 44.7%。可见，流动妇女对避孕方法的使用发生了巨大变化，新生代流动妇女更多地使用自己可以控制的避孕手段。随着年龄较大的流动妇女逐步返乡或退出育龄期，同时年龄较小的农村妇女更多加入外出务工行列，估计流动妇女对避孕套的使用需求将增大，政府部门应考虑在流动人口居住较为集中的社区增加免费避孕套的发放点和发放量。

5. 卫生保健服务的使用情况

调查对象中在北京市接受卫生/计划生育服务的主要是已婚育龄妇女，在 2005 年和 2011 年的调查中分别有 64.5% 和 71% 的调查对象报告自己接受过不同种类服务，她们接受服务的情况和服务费用情况列于表 8 - 6。需要说明的是，这些服务是由城市中不同部门提供的，不只限于计生部门。例如一名流动妇女可能在计生部门做孕检，在医院做产前检查和上环/取环，在药店购买避孕药或避孕套等。

表 8 - 6 数据显示，流动妇女在北京市接受过购买/领取避孕药、购买/领取避孕套、妇科检查的比例在 6 年间增加明显，而接受过人工流产、上环/取环和孕检（尿检）这 3 项服务的比例都有所下降，尤

其是接受孕检（尿检）服务的比例下降最多。这一结果与流动人口采取避孕方法的转变有关。流动妇女接受孕检（尿检＋B超）和产前检查/保健服务的比例与其在北京市生育孩子的比例较为接近，都在30%左右，进一步证明有近1/3的流动妇女会选择在北京生孩子，这一比例是否会有所增加还有待于深入研究。如果越来越多的流动妇女在京生孩子，将对北京市的孕产保健服务和儿童疫苗接种服务的资源配置与供给提出更多需求。目前，有41.3%的流动妇女在北京市为子女接种疫苗。

表 8-6　在北京市接受过以下卫生保健/计划生育服务的情况

单位：%

服务项目	2005 年				2011 年			
	接受过该项服务	服务费用			接受过该项服务	服务费用		
		全部自费	部分自费	全部免费		全部自费	部分自费	全部免费
购买/领取避孕药	6.7	20.6	17.6	61.8	23.5	26.2	8.4	65.4
购买/领取避孕套	23.3	16.6	14.9	68.5	40.9	20.7	5.6	73.6
妇科检查	24.7	44.6	14.5	41.0	44.6	64.3	16.0	19.7
人工流产	9.8	88.9	5.1	6.1	7.3	87.1	6.0	6.9
上环/取环	17.1	90.7	5.2	4.1	14.0	58.1	10.2	31.6
孕检（尿检）	47.6	34.2	17.1	48.8	36.4	44.8	11.6	43.6
孕检（尿检＋B超）	—	—	—	—	33.6	52.1	23.5	24.3
产前检查和保健	—	—	—	—	28.6	76.6	12.2	11.2
为子女接种疫苗	—	—	—	—	41.3	22.0	32.6	45.4

资料来源：2005 年、2011 年北京调查。

从接受服务的费用情况看：（1）购买/领取避孕药和购买/领取避孕套这两项服务全部免费的比例最高，且在 6 年间全部免费和全部自费的比例都有小幅度提升。（2）上环/取环服务在 6 年间全部免费的比例提高最大，相对应的全部自费比例亦下降明显。尽管接受该项服务的流动妇女数量有限，但服务的改善最显著。（3）目前，与生育直接相关的人工流产和产前检查/保健两个项目全部自费的比例最高，都超过了75%。（4）两次调查数据对比，接受妇科检查和孕检（尿检）全部自费的比例也增加明显。

按照现行政策的规定，流动妇女是否持有婚育证明，直接影响她们能否在外出务工地享受到相应的卫生保健/计划生育服务。两次调查数据显示，流动妇女中分别有82.7%（2005年）和53.7%（2011年）的人持有"流动人口婚育证明"，未婚育龄妇女无证明的比例显著高于已婚妇女。该项比例的迅速下降一方面与计划生育的管理和宣传力度有关（如有39.5%的人不知道需要办理，13.3%的人不知道如何办理）；另一方面与管理制度的执行方式有关。按要求妇女应在户籍所在地办理婚育证明，但调查中39%的流动妇女表示没时间回去办理，还有3%的人说户籍地不给办理。在与计生部门座谈时也发现这一问题的存在。可以看出，在我国城市化加速发展的现阶段，与户籍直接挂钩的流动人口管理模式已缺乏有效性。

6. 卫生保健知识的培训情况

2011年调查问卷中详细询问了流动妇女参加卫生保健知识的培训情况。调查发现，只有14.2%的流动妇女曾参加过有关方面的培训。在参加过培训的妇女中，有37.8%的人只参加过一次培训，平均培训次数为2.32次。是否参加过培训与流动人口的受教育程度无关。

表8-7显示了流动妇女参加培训的经历和对学习知识的期望。她们参加最多的是计划生育知识和卫生防疫知识的培训，比例都超过60%；其次是孕产/育儿知识的培训（47.6%）；第三位是家庭急救/用药常识的培训；参加科学养生知识和心理健康知识培训的较少。

表 8 - 7   2011 年北京流动妇女参加过培训的情况和培训需求

单位：%，时

培训内容	参加该项培训	平均培训时间	自费参加	北京培训	讲授培训	培训的组织机构				对生活有帮助	希望学习该项内容
						卫生/计生	用人单位	社区组织	其他		
卫生防疫知识	61.2	3.0	19.8	79.7	73.7	40.7	27.1	30.5	1.7	100	65.1
家庭急救/用药常识	37.5	4.4	13.0	81.5	66.2	16.7	30.3	50.0	3.0	100	70.9
孕产/育儿知识	47.6	1.7	11.8	82.7	49.4	35.0	10.0	52.5	2.5	100	47.7
计划生育知识	65.6	1.7	12.9	83.7	60.7	27.0	10.7	61.5	0.8	100	50.3
科学养生知识	29.1	3.2	17.0	81.1	67.9	13.2	18.9	62.3	5.7	98.1	65.4
心理健康知识	28.0	2.8	14.9	76.6	61.7	12.8	19.1	57.4	10.6	100	65.6

资料来源：2011 年北京调查。

各项培训活动的时间安排以不超过半天为主，大部分培训是免费的。培训活动的开展模式是以讲授为主，参与式方法仅在孕产/育儿培训中使用的较多，培训方法的利用会直接影响到人们参与培训的积极性和培训效果。尽管培训活动覆盖流动妇女的人数有限，但大部分人是在北京参加的卫生保健知识培训。

社区是组织流动妇女参与培训的主要机构。事实上，活动的开展多是卫生/计生部门与社区联合举办的，社区是流动人口的聚居区，社区干部能较为容易地将流动人口召集起来，卫生/计生部门则组织专家承担讲授知识的任务。此外，用人单位在组织培训活动的开展中也起了一定作用。几乎所有参加过培训的流动妇女都认为培训对她们的工作生活有帮助。

7. 卫生保健及其服务的需求情况

谈及参加卫生保健相关知识的培训意愿，流动妇女的积极性较高（见表 8 - 7 最后一列内容）。她们的培训需求主要是家庭急救/用药常识、卫生防疫知识、心理健康知识和科学养生知识。流动妇女对孕产/

育儿和计划生育知识的培训需求不高，这与她们大多数人已生育过孩子或获取这些知识的渠道较多有直接关系。然而，流动妇女参加的培训内容与其真正的培训需求存在明显的错位现象，比如，她们对家庭急救／用药常识、心理健康知识和科学养生知识的培训需求比例大大高于她们参加过这三项培训的比例。因此，今后在组织相关培训活动时应加强这几方面知识的传授。此外，不同年龄的流动妇女对孕产／育儿知识和计划生育知识的培训需求有明显差异，20～34 岁的妇女中无论是否结婚都有 60% 左右的人希望参加这两项培训活动，而 35 岁以上妇女的意愿大大降低，不到 40%。

问卷中进一步询问了流动妇女对相关健康及其他服务项目的需求情况（见表 8－8）。结果表明，流动妇女参加免费的生殖健康检查和讲座的意愿最高，均有超过 58% 的人表达了这一愿望；50% 左右的人希望参加子女青春期性健康教育和采取长效节育措施一次性奖励的服务项目；参加免费婚前健康检查、孕前优生健康检查和 0～3 岁婴幼儿早期教育等服务项目的意愿相对较低，有 41%～45% 的人表达了这一意愿。从婚姻状况看，未婚和已婚人群对不同培训内容的意愿差异明显，未婚人群愿意参加免费婚前健康检查、免费孕前优生健康检查、免费生殖健康讲座和 0～3 岁婴幼儿早期教育的比例较高，已婚人群对子女青春期性健康教育和采取长效节育措施一次性奖励的培训需求更高。此外，受教育水平不同的人参与培训的意愿也不同，文化程度在小学及以下和高中及以上的两类人群培训意愿较高，前者是由于捕获信息和自我学习的能力低而希望通过培训来掌握相关知识，后者可能是更重视健康知识的学习。可见，不同人群所关注的问题和培训意愿迥然不同，因此，在活动的开展中一是要找准目标人群，二是需要根据目标人群的特征来设计培训内容和采取不同的培训方法。

表 8 - 8　2011 年北京流动妇女对北京市的健康及其他服务项目的需求情况

单位：%

服务内容	愿意参加比例	不愿意参加的原因			
		没必要	没时间	不了解	其　他
免费婚前健康检查	41.5	67.9	19.3	3.4	9.4
免费孕前优生健康检查	44.5	66.6	19.6	3.8	10.0
免费生殖健康检查	64.3	56.4	29.3	4.9	9.4
免费生殖健康讲座	58.9	52.5	33.7	4.5	9.4
0~3 岁婴幼儿早期教育	45.4	64.6	21.4	3.4	10.6
子女青春期性健康教育	51.9	61.8	21.2	4.6	12.5
采取长效节育措施一次性奖励	48.7	60.7	17.8	8.3	13.3

资料来源：2011 年北京调查。

　　流动妇女不愿意参加相关健康及服务项目的主要原因是认为"没必要"（见表 8 -8）。分年龄组来看，年龄越大的人认为没必要的比例越高，这与她们已经完成了或经历过生育孩子和养育子女的过程有关系；在 30 岁以下的年龄组里，选择没必要的比例显著降低，但仍是最主要原因，其中，具有初中文化程度的年轻人选择没必要的比例最高，文化程度在小学及以下和高中及以上的人群选择"没时间"的比例更多一些，尤其是文化程度最低者。

8. 对服务信息的获取途径

　　表 8 -9 数据显示，流动妇女更愿意使用现代化传媒手段（电视报纸、手机信息和网络）来了解北京市的服务管理信息，这些方式具有容易获取、时间灵活的优点。相对比较传统的宣传折页、干部入户宣传和社区活动等方式并未受到青睐。不同年龄组的流动妇女对获取信息途径的选择也截然不同，新生代流动妇女对网络和手机的选择远远高于老一代流动妇女，而对电视报纸和社区活动的选择却明显低于老一代人。需要注意的问题是，新生代流动妇女对参与社区活动的积极

性较低，这将阻碍她们融入城市生活的进程。随着时代的发展和科技的进步，相关的政府服务和管理部门需要根据现实情况及时转变工作方法。

表 8 – 9　2011 年北京流动妇女希望了解本市服务管理信息的途径

单位：%

途　　径	15 ~ 29 岁	30 岁及以上	合　计
电视报纸	52.6	70.0	62.2
手机信息	49.0	39.2	43.7
网络	53.8	33.9	42.9
社区活动	20.9	28.1	24.8
宣传折页	27.2	30.9	29.2
社区干部入户宣传	18.2	18.9	18.6
自己向有关部门了解	7.0	6.9	6.9
其他	0.1	0.1	0.1

资料来源：2011 年北京调查。

综上所述，新生代流动妇女对各种卫生保健服务和培训的需求情况、心理健康状况、生育行为、避孕方式以及捕获信息的途径都与老一代流动妇女存在显著差异，她们的健康保健意识更强，心理健康状况更差，对基本公共卫生服务的利用率更高，参加相关培训活动的意愿更高，更多人选择在外出务工地生育孩子，采取能够自己控制的避孕方法，更多地使用网络和手机来了解所需信息，对传统的服务管理模式的排斥感更强。新生代流动妇女的这些特征表现对目前相关政府部门的工作方式和手段都提出了新的挑战，因此，在我国社会转型时期，政府部门应与时俱进创新流动人口的服务模式和管理机制。

四　流动妇女健康服务方面存在的主要问题

尽管越来越多的流动妇女能在外出务工地享受到多项卫生保健服

务，但从政府投入和服务提供的角度出发，仍面临着一些问题。

1. 面向流动人口的服务尚未形成长效机制

当前，多数流动人口较为集中的大城市在开展面向流动人口的服务过程中，大多以项目或试点的方式开展，尚未将该项工作纳入到政府常规工作计划中来，缺乏完整的制度设计体系和长效机制，进而限制了已有项目有效性的发挥和可持续发展，且直接体现为流动人口在流入地仍享受着不公平、不对等的基本公共卫生保健服务，其受益人群有限。

2. 现有的服务提供模式以"资源配置型"为主

目前，相关政府部门面向流动人口的公共卫生保健服务和社会管理主要还是资源配置模式或称为"提供者导向"模式，导致服务的供给与需求之间的错位问题严重（如服务内容的错位、服务方式的错位、服务对象的错位等），服务效率低。因此，服务模式向以使用者或顾客为中心的"需求导向型"方向转变，应是未来我国流动人口公共服务提供和社会管理的战略思路（这种模式应适用于所有公民）。

3. 未婚者和层次最低的流动人口是现有服务开展的盲点人群

2011年调查发现，未婚流动妇女对生殖健康、卫生保健、婚前/孕前体检等服务都表现出强烈的需求，但目前各地政府面向流动人口提供的相关保健服务的传统对象仍以已婚妇女为主，而新生代流动人口中未婚青年占了相当大比例，如何针对未婚青年的特点和需求提供服务，是有关政府部门和服务提供部门亟须解决的一个重要问题。同时，流动人口内部的不同人群之间差距极大，在政策转变和服务改善的过程中，最弱势的人群往往最迟受益。因此，政府不仅要有政策和投入，还需要提供针对不同人群的适宜服务方式，才能使政策和投入发挥最大效率，使绝大部分流动人口受益。

4. 部分流动人口仍缺乏服务信息和保健意识

流动人口每天工作时间长、闲暇时间少、受教育水平相对较低，弱化了他们捕获信息的能力和卫生保健意识，尤其是受教育水平在小学及以下和收入较低的人群，直接导致了他们对服务项目的可及性差、利用率低。因此，采取有效措施加强服务的宣传工作不容忽视。

5. 生育保险尚未覆盖流动妇女

问卷调查和访谈中都发现，绝大部分青年流动妇女依然没有生育保险，虽然不少城市提供了低收入人群的"限价分娩"定点医院，但孕期检查的问题并没有解决，严重影响了她们对妇幼保健服务的利用。

五　政策性建议

解决流动人口问题是一项社会系统工程，针对调查结果和存在问题，我们提出以下几条建议，以期逐步改善新生代流动妇女的基本公共卫生服务，保障其个人及家庭成员的健康。

1. 将流动人口纳入城市公共卫生服务体系

流动人口长期滞留于城市，很多人已经成为事实上的"城市人"，同时，越来越多的新生代流动妇女倾向于在流入地生育孩子，将对流入地的孕产期保健/服务和流动儿童免疫接种服务提出更多要求。因此，切实将流动人口纳入城市公共卫生服务体系，建立以常住人口为依据的管理体制，才能避免区别对待所形成的社会排斥，防止政府公共产品供给机制的严重滞后，这对我国未来城市化的健康发展至关重要。

2. 创新面向流动人口的公共卫生服务提供和管理模式

在我国经济社会急剧发展变化的过程中，以"资源配置型"为主的卫生服务提供模式已暴露出诸多问题，难以满足人们日益多样化的需求，因此，政府应创新公共卫生服务的供给模式，即以服务对象的需求为核心，针对不同人群特征来制定服务内容、方法和手段，形成用"服务带动管理"的新模式。同时，应充分利用现代化的传媒手段（电视／报纸、手机、网络）开展服务与管理工作。

3. 服务的提供应惠及所有流动人口

目前，一些相关政府部门的工作人员对流动人口公共卫生服务的提供还缺乏正确认识，思想较为保守，导致服务提供不到位，覆盖范围有限，特别是将大量未婚人群和最底层流动人口遗漏于服务体系之外。因此，应设计面向所有流动人口的公共卫生服务，并重点关注上述两个群体。

4. 面向流动人口的服务活动开展应以社区为载体

社区是一个兼具管理、服务、监督以及教育等多种职能的复合体，是流动人口最集中，也是社会支持资源的主要聚集地，是人们情感交流的场所和归宿。流动人口在城市工作、生活，总是要依附于某个固定的社区，本次调查结果也显示社区组织是他们参与各种培训活动的主要机构。因此，从社区层面入手，面向流动人口开展各种服务或培训活动是较好的途径。同时，政府在资源配置的过程中，应重点向社区倾斜，解决体制内社区资源不足的问题，扭转社区责重、权缺、利少而产生的"非法管理"或"无力作为"的局面。

5. 加强流动人口公共卫生服务的宣传教育和社会倡导工作

首先，需要增强广大流动妇女，尤其是受教育水平低和收入低的妇女的健康知识、保健意识和权利意识，培养她们养成日常锻炼、卫生健康的生活方式和饮食习惯，鼓励她们积极参与到公共卫生保健服务中来，引导她们在身体不适时能主动及时就医、积极治疗。其次，需要进行社会倡导，使政府官员、企事业单位和私营部门的管理者、社区基层干部等认识到让流动人口在城市享受基本公共卫生服务的重要性和必要性，创造良好的社会健康环境。

参考文献

陈刚：《改善流动人口妇幼卫生保健服务利用的策略研究》，博士学位论文，复旦大学，2006。

国家统计局住户调查办公室：《新生代农民工的数量、结构和特点》，http：//www. stats. gov. cn/tjfx/fxbg/t20110310_ 402710032. htm。

李芬、杜莉、金辉等：《1999～2008年上海市早期新生儿死亡原因分析》，《中国妇幼保健》2010年第35期。

刘越、林朝镇、朱海燕等：《江苏省流动妇女计划生育基本公共服务现状与需求的代际差异分析》，《中国计划生育学杂志》2011年第10期。

第九章 男性流动人口避孕套使用及影响因素分析

中国的流动人口大多数为从农村到城市工作的青壮年。从农村到城市不仅改变了青年人所从事的职业、增加了收入，同时也改变了他们的生活环境，使他们更多地受到城市生活和习惯的影响，包括正面和负面的影响。相关研究显示，流动青壮年，尤其是青年处于性活跃时期，而离开家乡的流动生活和相应知识的缺乏给他们带来更大的不安全性生活的风险。除了避免不想要的妊娠之外，在流动人口当中预防性病与艾滋病也已经成为全球关注的问题。作为临时的避孕和防病措施，使用避孕套是相对便宜和方便的手段。然而，避孕套在中国的使用并不普遍，在农村更是偏低。根据 2001 年全国计划生育和生殖健康调查，农村育龄夫妇中曾经使用避孕套的比例为 17.7%（楼超华等，2004）；2004 年全国统计的已婚育龄妇女避孕措施构成中，避孕套只占 5.7%（国家人口和计划生育委员会发展规划司、中国人口与发展研究中心，2005）。流动青年是否也和全国平均水平相似，他们的避孕套使用现状如何，有哪些因素影响他们的使用，如何能使他们的需求得到满足，是我们急需要了解的。为此，我们在北京流动人口比较集中的城区开展了问卷调查，了解并分析了流动青年使用避孕套的状况及其影响因素。

一　调查对象与研究方法

（一）调查对象

本研究的调查对象为 2004 年调查时正在北京从事建筑和工商服务业的男性流动人口（这是男性流动人口在城市中主要从业的领域），年龄为 18 ~ 40 岁，包括已婚和未婚男性。

（二）调查方法

研究组在北京市某城区的四个街道采用分层配额抽样的方法，于 2004 年 4 月对 885 名非北京户口的男性进行了结构式问卷调查。

（三）研究假设与变量

本研究关注的变量是"曾否使用过避孕套"。我们假设使用避孕套的行为与本人年龄、已有子女数、受教育程度、婚姻状况、从事职业、居住安排、避孕知识和防护意识以及避孕套的可获得性有关。调查问卷共设计了 38 个问题，涵盖了以上不同内容。

（四）数据处理与分析

完成后的问卷经过质量核查后，又进行了两次录入和数据清理。数据处理和分析使用了 SPSS11.5 统计分析软件。除了描述性分析外，在分析避孕套使用的影响因素时采用了多变量分析方法，以便排除各自变量之间关联的影响。

二　调查对象概况

本次调查获得有效问卷 885 份。调查对象全部为男性流动人口，有85.9%来自农村，其余则来自其他城市。他们的平均年龄为27.8岁。大部分调查对象都上过初中（65.2%），有21.4%上过高中，文盲和大专以上受教育程度的都比较少，分别为1.9%和3.8%。调查对象中有41.8%是建筑工人，43.7%从事个体工商服务业。65.1%的调查对象已经结婚，其中94.7%都已有孩子。已婚的调查对象中有53.5%与妻子住在一起；还有25.8%的调查对象虽然尚未结婚，但已经有了女朋友，这些青年中有7.6%说他们是和女友住在一起。调查对象在北京居住的平均时间是3.6年，有18.5%的人到北京的时间不满一年。64.4%调查对象的住所都有电视，只有14.0%的人说他们在过去一个月内从来没有看过电视；大部分调查对象都阅读报纸杂志，仅4.4%的人说他们在过去的一个月里从未看报。

三　避孕套使用情况

调查对象中有33.9%曾经使用过避孕套。不过这仅仅是一个粗略的测量，因为有一部分调查对象从未有过性生活。如果排除没有性生活的案例，并按照婚姻状况进一步分类，则已婚人群使用过避孕套的比例最高，为49.7%；未婚人群中也有25.2%说他们使用过避孕套。考虑到调查对象多数来自农村，这一比例惊人的高。如前所述，农村中只有不足20%的已婚妇女说曾经用过避孕套。

在使用过避孕套的调查对象中，24.0%在第一次性生活时使用了避孕套。有56.4%的调查对象称是自己先建议使用避孕套的。当问到使用避孕套的目的，大部分使用过避孕套的调查对象都说是为了避孕，但有更大比例的未婚青年选择了防性病、艾滋病。

大部分使用过避孕套的人都将其作为一种临时的避孕方法，并非长期和经常性地使用。有10.3%的曾用者报告他们每次性生活都使用避孕套，而51.6%只是偶尔使用，另外38.1%回答有时使用。

在使用过避孕套的调查对象当中，有 55.8% 对"您是否愿意使用避孕套"这个问题的回答是"不愿意"，可见一部分人并非自愿使用避孕套，而是出于不得已；当问到"您向别人推荐过使用避孕套吗?"有 35.3% 的调查对象回答说推荐过。对于有过性生活但没有使用过避孕套的调查对象来说，大部分人是因为对这种方法有反感，约 77% 的人选择不喜欢、影响情绪、不自然作为没有使用过的原因，有 25% 选择了相信对方不会有病、没有必要，只有极少数人回答是因为不知道在何处获取避孕套或因为价格太高。

使用过避孕套的调查对象获得避孕套的途径主要是商店或药店、计划生育诊所或计划生育服务站，只有少数人说在工作单位的计生部门获得过避孕套（见表 9 - 1）。

表 9 - 1　避孕套获得途径（使用过避孕套者的多选应答，n = 298）

单位：%

获得途径	应答人次	所占比例
商店	76	9.3
药店	226	27.5
自动售货机	90	11.0
医院/计划生育诊所	156	19.0
计划生育服务站	129	15.7
私人诊所	63	7.7
单位计生部门	81	9.9

四　避孕套使用的影响因素分析

避孕套的使用与否与几层因素直接有关，第一是需求层次：是否有预防怀孕的需求或预防性传播疾病的需求；第二是知识层次，即是否了解避孕套的用途、是否知晓何处可以获得避孕套；第三是态度层次，即使在有需求也有知识的前提下，态度的积极程度会直接影响避孕套使用的决策；第四是使用避孕套的成本和收益的权衡，如果避孕套获取和使用的成本高于预期的收益，就会妨碍个人使用避孕套，反之则会促进其使用。这四个层次并不是相互独立的，各层次的变量也会影响其他层次。同时，一个人的婚姻状况、年龄、受教育程度等也会对这四个层次的变量有不同程度的影响，例如受教育程度高的人可能会有更多的相关知识，而年轻人较多接触各种形式的大众传媒，从而可能对安全性生活有更积极和全面的认识。另外，知识的获得和态度的形成是一个积累过程，不能确定使用避孕套时的知识和态度时，就不能贸然确定知识和态度与使用之间的因果关系。

使用避孕套的影响因素如此多样且关系复杂，难以利用一个模型进行分析和说明。本研究仅试图从以下几个方面来分析，相关的假设包括：（1）婚姻状况：已婚男性对避孕有更多需求，同时也可能具有更多知识，并有更多的渠道获得避孕套。（2）年龄：一方面，我们的问卷问的是曾否用过避孕套，所以年龄越大的个人应当越有可能使用过，因为性行为的次数是随年龄增加的。但另一方面，农村中年龄较大的夫妇可能更多使用宫内节育器或绝育，所以暂时还不能确定年龄和避孕套的使用究竟是正向相关还是反向相关。（3）受教育程度：我们假设受教育程度越高，自我保护意识越强，由于这种意识难以直接测量，受教育程度就作为一个间接的影响因素纳入分析模型。（4）接触大众传媒的程度：假设接触程度越高，知识越多，安全性生活的意识也越强，在分析中用是否经常看电视和看报纸代表人们受传媒影响的程度。（5）从事工作：工厂或建筑工地的工人生活环境比较简单，而从事服务业和个体工作的调查对象可能会有更丰富的个人生活，因此会有需求上的差别。（6）个人收入：由于有相当一部分人称自己获得避孕套的途径是商店、药店或自动售货机，都是需要花钱购买的，若个人收入与使用避孕套正相关，即收入较高的人不会在意购买避孕套的花费，则更有可能使用避孕套。（7）有关避孕套的知识：由对避孕套获得途径和预防艾滋病功能的了解组成，知识得分为 $0 \sim 11$。（8）对使用避孕套防病的态度：即是否会为了预防感染性病/艾滋病而使用避孕套。

　　分析采用了 Logistic 回归，因变量为"是否使用过避孕套"。模型拟合先采用了反向剔除法；以上提及的变量中，"是否经常看电视"和个人收入因作用不显著而被剔除。表 9-2 为剔除不显著变量后的固定模型拟合结果，其中年龄和受教育程度作为控制变量全部保留。需要说明的是，该分析结果只是展示了自变量与因变量之间的关系，却不一定意味着简单的因果关系。对这些变量的作用机制还需要更进一步地深入调查和分析。

表 9-2　利用 Logistic 回归分析避孕套使用与其他变量之间的关系

变　　量	频数分布	回归系数	显著性（p 值）	OR
婚姻状况				
已婚	491	1.254	<0.001	3.504
未婚	116	参照组	—	—
年龄组（岁）				
<20	47	0.768	0.126	2.156
20~24	111	0.704	0.029	2.021
25~29	138	0.824	0.003	2.279
30~34	174	0.430	0.089	1.538
35+	137	参照组	—	—
受教育程度（初中为参照组）				
小学或文盲	62	-0.291	0.382	0.748
初中	383	参照组	—	—
高中	137	0.304	0.174	1.356
大专及以上	25	1.273	0.017	3.572
是否经常看报纸杂志				
几乎每天看	269	参照组	—	—

续表

变　量	频数分布	回归系数	显著性（p值）	OR
每周一两次/偶尔	310	0.463	0.043	1.588
从来不看/不识字	28	-2.720	0.010	0.066
从事工作				
工厂工人/建筑工人	234	参照组	—	—
餐饮服务/个体经营	327	0.832	0.000	2.298
其他	46	0.359	0.377	1.431
知识得分		0.121	0.002	1.129
是否会为了防病使用避孕套				
是	343	0.512	0.007	1.668
否	264	参照组	—	—

注：样本只包括曾经有过性行为的调查对象，n=607。

模型的判别正确率为65.6%，-2 Log likelihood=724.220，Nagelkerke虚拟R^2=0.229。

表9-2显示，已婚青年更有可能使用过避孕套；使用避孕套与年龄的关系并不是线性的，20~29岁年龄组的青年比其他年龄组更有可能使用过避孕套；受教育程度除了大专及以上组以外，对是否使用过避孕套没有显著影响，但是从来不看报纸杂志或不识字的调查对象使用过避孕套的可能性显著低于看报组；与工人和其他职业的人相比，从事餐饮服务和个体经营的调查对象更有可能使用过避孕套；避孕套知识得分越高，使用过避孕套的可能性就越大；而即使是在同样的婚姻状况、同一年龄组和从事相同工作的人群中，意识到避孕套防病作用的调查对象更有可能使用过避孕套，这一结果与在上海的一项对未婚流动人口的避孕套认识和使用调查结果相似（沈燕等，2004）。

五　讨论

在城市中打工的农村青年是一个庞大的群体，他们正处在性活跃期，且离开家乡的生活环境和家人邻居的注视，发生偶尔性行为或婚前性行为的可能性更大，不安全和未受保护的性行为风险更高，而我们对这个群体的避孕行为了解十分有限。虽然这是一次在北京地区的调查，但调查对象多来自中国的北方省份且大部分来自农村，因此调查结果具有一定的代表性。

调查发现在城市中的农民工与农村居民在避孕套使用方面有差别，流动人口中曾经使用过避孕套的比例显著高于全国农村的平均水平，更值得注意的是在未婚青年中使用过避孕套的比例也不低，而且他们中间的很多人都意识到避孕套预防性传播疾病的功能。这说明流动人口对避孕套的潜在需求是比较大的。而流动人口报告的获得避孕套渠道主要为市场渠道，意味着对计划生育服务的利用还有进一步提高的空间。

分析发现30岁以上的人群使用过避孕套的可能性相对较小，这可能与他们的妻子已经采取了避孕措施有关；但是在宣传和提供服务时不应忽视这个人群，因调查发现这个年龄的调查对象中只有51.1%是和妻子或女友同住，不排除他们有可能发生婚外的性行为，更需要懂得采取保护行为（既保护自己也保护对方）。

由于避孕套的获得相对容易，因此收入多少与使用避孕套的关联不显著，但避孕套的使用与调查对象所从事的职业高度相关，说明不同人群之间避孕行为的差异。与建筑工地和工厂的工人相比，从事餐饮服务和个体经营的流动人口的交往圈可能更大，他们的居住安排和生活环境也不同于工人，因此他们在相关的知识和行为方面也会有差异。

调查结果说明，必要的知识和积极的态度都有利于流动青年使用避孕套，提示我们的相关宣传教育不仅要教授知识、提供信息，还应当给予正确的引导，使青年对使用避孕套有正确的认识和积极的态度，这样会促使他们在需要使用避孕套的时候能做出决定、采取措施。

　　本研究从问卷调查的信息所分析的男性流动人口使用避孕套的情况和影响因素，仅仅反映了事物的一面，其他一些相关内容可参见对在流动人口中利用定性访谈方法收集到的资料的研究分析结果（周云等，2006）。本文中分析模型的判别正确率和虚拟 R^2 都不算高，说明人们使用避孕措施的决策和行为受到多方面因素的影响，还有其他重要的变量尚未考虑或难以测量而没有被纳入模型分析，未来的相关研究应继续深入探讨其他潜在人群使用避孕套的影响因素。

参考文献

　　楼超华、彭猛业、方利文等：《男性参与计划生育状况及其影响因素分析》，《生殖与避孕》2004 年第 3 期。

　　国家人口和计划生育委员会发展规划司、中国人口与发展研究中心编《人口和计划生育常用数据手册（2005）》，中国人口出版社，2005。

　　沈燕、楼超华、高尔生等：《未婚流动人口对避孕套使用的倾向性认识》，《生殖与避孕》2004 年第 1 期。

　　周云、郑立新、郑真真：《流动人口中避孕套使用状况》，《中国生育健康杂志》2006 年第 4 期。

迁移流动与教育

第十章

人口流动与教育回报：
综述性研究

人口流动是人力资本积累和配置的重要途径，在现代社会中人口流动已成为社会发展和经济增长的重要组成部分。20 世纪 80 年代以来，我国人口流动总体上经历了快速发展的过程。不过，受各时期城乡劳动力市场结构变化、户籍管理制度与城市化政策演变等因素的影响，过去几十年中国乡 – 城人口流动的发展并非一帆风顺，各时期乡 – 城流动者在流入地的生存状态、社会经济地位、人力资本产出与回报状况存在重要的差异（李培，2009）。伴随着流动人口的规模不断扩大、人口流动日益成为社会经济发展中不可或缺的组成部分，考察人口流动对人力资本发展的影响、特别是人口流动对教育回报的客观作用也成为社会科学研究，尤其是劳动经济学了解劳动力市场变化、分析人力资本不同发展途径的相对优越性和可持续性、洞察社会经济发展潜力与潜在发展轨迹的重要途径。

现有国内外研究对人口流动和人力资本回报问题进行了广泛探索，并在相关领域积累了丰硕的研究成果。概括起来，这些研究成果大致包括以下几类：（1）考察特定时期流动机会对个人教育回报的改善作用。这类研究多数通过对比流动者与流出地其他居民的收入（或工资）差异，探讨流动机会和流动经历对改善流动者个人及家庭经济状况、缩小地区（包括城乡）收入差距的影响。（2）对比不同时期、不同类型的人口流动现象中人力资本回报的差异。目前，这类研究主要考察各时期、不同目的地的乡－城流动者与城市居民在劳动力市场上的就业机会、社会地位及报偿等方面的差距。（3）考察影响人口流动与人力资本回报关系的制度等因素。这类研究主要关注制度、流入地与流出地劳动力市场条件、流动成本等因素对流动者人力资本回报差异的影响。本文在对现有关于人口流动与人力资本回报关系的研究进行梳理的基础上，分别就上述几类研究成果进行归纳和评述。

一　流动机会改善教育回报：流动者与流出地居民人力资本回报的差异

20 世纪 70、80 年代以来，中国改革开放政策与农村家庭联产承包责任制的实施，从根本上改变了全国各地区原有的经济发展格局和发展差异。改革开放政策最先活跃了沿海地区和东部地区的社会经济，沿海与内地、东部与中西部的经济发展水平和发展速度差距快速拉大。伴随着改革开放的进一步推行，大量的外资企业、私营企业和乡镇企业不断涌现，这些企业提供了丰富的劳动密集型非农就业机会。与此同时，农村家庭联产承包责任制极大地促进了农业生产效率的提高，农村地区的剩余劳动力、隐性失业现象不断浮现。而传统二元经济时期工农业收入剪刀差的客观存在，推动了大规模的农村剩余劳动力流入沿海城市和东部发达地区从事非农生产活动。劳动力乡－城流动的直接效应是，流动者本人或家庭以及流出地农村地区人力资本的回报得以改善。De Brauw 和 Rozelle（2008）利用 2000 年农村住户资料研究发现，农村外出劳动力的教育回报率平均约为 6.4%，高于农村劳动力市场上的教育回报率。过去几十年来，城乡之间、地区之间、农业与非农产业之间教育回报差异在一定程度上持续存在，这激励和吸引着农村劳动力不断流向人力资本回报较高的城市和地区，以寻求经济状况的改善或个人人力资本水平的进一步提高。人口流动的规模也因此而日益壮大。

不少研究对流动者在劳动力市场上个人人力资本状况对应的工资回报进行了分析，考察了不同教育状况的流动者工资回报的差异。这些研究考察的内容包括流动者的受教育年限、最高受教育程度和职业培训经历对人力资本回报的影响。其中，关于流动者的教育年限对应的边际工资回报的研究大多采用明塞尔（Mincer）方程，分析教育年限的边际回报率。例如，Zeng（2004）考察了成都市乡－城流动者的收入状况，研究指出，流动务工者教育年限的边际回报率为正，但其绝对值较小。教育年限每增加一年，边际收入回报率小于1%。Gao和Smyth（2011）利用2005年12个城市的城镇劳动力调查数据研究指出，乡－城流动者的教育边际回报率为8%，这一边际回报率调整了乡－城流动者就业的选择性偏差，因而比传统的OLS回归方法估计结果更为准确。该研究还发现，与教育程度有关，熟练掌握普通话对乡－城流动者的工资报酬具有额外的正向效应。与普通话不熟练的流动者相比，熟练掌握普通话的被访流动者边际工资平均高43%。Messinis和Cheng（2009）利用杭州家庭户调查数据研究发现，乡－城流动者的教育回报率总体较高，但教育回报率随教育年限的延长呈非线性变化趋势。De Brauw和Giles（2006）以及Zeng（2004）等学者的研究同样表明，乡－城流动者的教育回报率随教育年限延长而存在明显的边际递减特征。

尽管有不少研究利用明塞尔方程或其扩展形式考察受教育年限对流动者工资回报的影响，受教育年限对工资回报的非线性效应也已成为不少劳动经济学研究者的共识。为解决传统的明塞尔方程在估计教育回报中的局限性与偏差，学者们开始采用分类测度的最高受教育程度替代教育年限，考察流动者的教育回报状况。例如，Messinis 和 Cheng（2009）考察了杭州不同教育程度的流动者工资回报的差异，该研究指出，完成初中或更高的教育使流动者的工资相对于未接受相应教育者分别上升 12.1% 和 10.3%；此外，教育的工资回报状况也因流动者的收入状况而存在差异，在低收入流动者中，教育回报率明显较高。

　　除对正规教育的回报进行研究外，也有研究就职业培训对流动者工资的影响进行了考察。这些研究多数认为，职业培训有助于提高流动务工者的工资报酬。王德文等（2008）研究指出，与简单培训相比，短期培训和正规培训对乡-城流动者的工资收入有着重要的正向效益。各种职业培训，包括简单培训、短期培训和正规培训，对乡-城流动者的再流动均有显著促进作用。Messinis 和 Cheng 对杭州流动务工者的研究发现，对较低教育程度的流动者进行职业培训有助于提高其生活水平；其中，相应效应对男性流动者更为明显。Messinis 和 Cheng 研究进一步指出，培训对流动者具有重要的积极影响，但鉴于流动务工者在城市劳动力市场上具有短期性和不稳定性，雇主缺乏提供岗位培训的动力；并且，国家提供的培训机会往往主要针对国有企业职工，流动务工者真正享受的机会很少；此外，流入地政府也没有义务为流动务工者提供福利性培训（Messinis & Cheng，2009；Schultz，2003）。曾荣青等（2009）对珠三角流动务工者参加继续教育和培训学习的意愿和现实状况分析指出，被访者中，高中、大专、本科学历的流动者有较强的接受继续教育的意愿，相比之下，初中及以下学历的流动者相应意愿较弱。现实生活中，参加过培训或继续教育的流动者比重仍较低。因此，在现阶段，职业培训对改善流动者工资报偿的实际作用仍相当有限（曾荣青、贺义梅，2008）。

　　概括起来，现有关于流动机会与教育回报的研究大多认为，乡-

城人口流动有利于改善农村居民个人、家庭乃至社区的经济状况。
Zhao（1999）利用 1995 年四川省农村家庭户调查数据研究指出，乡－
城流动显著提高了劳动者的个人收入。1995 年四川省被调查农村流动
人员比留在农村的非农就业者收入平均高 2388 元，流动者与非流动者
的收入差距中绝大部分（超过 2/3）与流动成本（包括交通与城市住
房支出）无关。中国农业部 2003 年调查数据显示，全国不到一亿的
乡－城流动务工者全年向家乡汇款额达 3700 亿元，这些收入占中国农
村家庭总收入的 40%（Ministry of Agriculture China，2004）。Wan
（2004）对 2003 年河南省乡－城流动者和农村居民收入状况的对比分
析指出，调查地区乡－城流动者的收入比当地农民人均纯收入高
82.4%。Du 等（2005）研究指出，乡－城流动者的工资显著高于农业
劳动者的收入，乡－城流动机会使流动者家庭人均收入增长 8.5% ~
13.1%。这些研究结论均表明，乡－城人口流动改善了流动者个人及
其家庭的收入状况，对降低城乡收入差距具有积极作用。

二　流动者之间以及流动者与流入地居民人力资本回报差异

人口流动现象复杂多样，不同类型的流动对教育回报的作用也存
在客观差异。我国户籍管理制度与城乡分割的现实，决定了大规模的
乡－城流动人口在流入地的人力资本回报状况可能会因制度因素而受
到限制，不及城镇居民。不少研究考察了不同时期、不同流入地的流
动者与流入地当地居民的人力资本回报差异。

Lu 和 Song（2006）利用 2003 年天津调查数据，考察了乡－城流
动者与流入地城镇居民的工资差异及其影响因素。该研究指出，乡－
城流动者的平均收入低于当地城镇居民，样本中流动者的周平均工作
小时数比城镇居民长 18 个小时，但城镇居民的小时工资是流动者的

2.7 倍。Lu 和 Song 对流动者与城镇居民的小时工资分别进行了回归，结果表明，教育对流动者和城镇居民的工资均有显著的正向效应，但 t－检验结果显示，城镇居民的教育回报率显著高于流动者。他们指出，导致流动者与城镇居民教育回报差距的可能原因是农村地区的教育质量较差，这样，教育年限的延长并不必然提高实际教育水平，因而乡－城流动者的相应教育回报率也低于城镇居民。

王美艳（2005）利用包括上海、武汉、沈阳、福州和西安的五城市劳动力调查数据，考察了城市劳动力市场上就业机会与工资状况的差异。该研究指出，由于户籍制度和城乡劳动力市场分割的影响，乡－城流动者作为城市劳动力市场上的后来者，面临着就业机会和工资报酬的双重歧视。一方面，乡－城流动者就业往往以非国有经济部门或非正规部门为主，从事非熟练性劳动（Solinger，1999），这些职业分化现象意味着乡－城流动者的人力资本回报率低于城镇居民；另一方面，在职业分层的影响以外，相同就业岗位上，乡－城流动者的工资也低于城市劳动力。不同职业类型的教育回报状况显示，自我雇用的流动者教育回报率最低，受教育年限每增加一年，工资收入仅增长 4%；相比之下，非公有单位行政管理及专业技术人员的教育回报率最高，受教育年限的边际工资回报率达 10%。Maurer－Fazio 和 Dinh（2004）利用 1999～2000 年中国城镇企业调查数据，通过对比持续就业的城镇职工、乡－城流动者、下岗再就业职工当前（或下岗前最后的）工作收入受本人教育的影响，分析了 20 世纪末中国国有企业改革对城镇职工和乡－城流动者人力资本回报的差异性影响。该研究发现，平均而言，乡－城流动者的教育回报率最低，其次为持续就业的城镇居民，下岗再就业的城镇居民教育回报率最高。这些不同类型职工的工资差异中，教育差异能够解释 16%～52%。Knight 等（Knight，Song & Jia，1999）利用城镇企业调查数据中的职工信息，研究指出，乡－城流动者的边际生产率比工资高 3 倍，而城镇居民的劳动生产率却低于工资。

王德文等（2008）利用 2005 年中国社会科学院人口与劳动经济研究所在 12 个城市进行的"中国城市就业与社会保障研究"调查数据以及劳动和社会保障部于 2006、2007 年进行的"农村外出务工人员就业情况问卷调查"数据，研究指出，在城市劳动力市场上，乡－城流动者根据个人的人力资本状况和当地的劳动力市场条件，在自我经营和工资收入者之间进行就业选择。较高的教育程度和培训经历均有助于显著提高乡－城流动者选择从事工资收入型职业的概率。在控制其他因素的影响后，受教育年限每增加一年，乡－城流动者成为工资收入者的概率提高 1.1%；获得过培训的乡－城流动者相对于无培训经历的流动者从事工资收入型职业的概率提高 13.2%。样本中，工资收入者的教育回报率为 5.3% ~ 6.8%，比自我经营者高出 2 个百分点左右。

考虑到教育回报的非线性特征，不少研究从不同受教育程度对应的工资差异出发，对比了乡－城流动者与流入地城镇居民的教育回报。Zhao（1997）利用 1979 ~ 1988 年北京市昌平家庭户调查数据研究指出，受我国教育和人口迁移政策演变的影响，与人口迁移流动相关的教育回报状况发生了重大变化。按照 1979 年不变价格计算，1979 年一个初中毕业、无工作经历的男性从事非农生产的年收入比从事农业生产的收入高 74 元，该收入差距在 1981 年下降到 22 元，1982 年为 17 元，1983 年为 43 元，1984 年上升为近 320 元。Meng 和 Zhang（2001）根据教育程度与职业层次的对应关系研究指出，调查样本中，22% 的城镇居民从事的职业高于其教育程度所对应的职业层次，而 6% 的流动者从事的职业低于其教育程度所对应的职业层次。在控制职业分布后，城镇居民和流动务工者的工资差距主要是源于就业歧视。

王美艳（2009）利用两次劳动力调查数据，考察了城市乡－城流动者和本地劳动力在不同教育阶段的教育回报。研究发现，不论是乡－城流动务工者还是城市本地劳动力，仅仅接受初中教育对工资提高的边际作用已经相当低。在高中或中专阶段，乡－城流动者的教育回报显著高于城市劳动力。该研究指出，现阶段接受高中或中专教育是乡－城流动者工资显著提高的重要转折点，但对城市劳动力而言，接受大专及以上教育才是显著提高其工资的重要转折点。

中国人口流动面临的特殊政策环境及其重要变迁，决定了各时期流动者及流动者与流入地居民之间的教育回报存在重大差异。事实上，政策环境对人口流动现象及其教育回报的影响也反映在国际移民研究中。例如，Stillman 和 Velamuri（2010）对新西兰和澳大利亚两大新兴移民国家移民教育状况与人力资本回报率的研究指出，新西兰和澳大利亚的移民政策强调对高端技术人才的吸引，这两个国家来自第三国移民的受教育程度明显较高，但受人力资本转化能力差异的影响，移民工资水平均明显低于当地公民；尽管这两个国家移民的教育边际回报率总体水平较高。相比之下，Rodriguez－Pose 和 Tselios（2010）利用 1994～2001 年欧洲联盟国家居民调查数据的研究结果表明，在欧洲劳动力市场上，移民与非移民的教育回报率之间不存在显著差异，教育是决定收入的核心因素。尽管家庭、地区、国家的外部因素影响教育回报率，但这些因素对移民与非移民影响一致。

三 影响流动者教育回报的其他因素

在多数情况下，人口流动在相当程度上受地区间工资水平、人力资本的回报差异的吸引，流动者往往流向工资水平较高、人力资本回报状况较好的地区。然而，人口流动现象与地区间人力资本回报差异的这种对应关系，也往往受流入地和流出地其他社会经济、劳动力市场特征、自然条件等因素的影响。现有研究考察了流出地的社会经济发展状况、就业机会、流入地的劳动力市场条件及迁移政策和其他迁移成本等因素的影响。

从流出地的特征来看，流出地的社会经济发展状况、就业机会（尤其是非农就业机会）往往对其居民是否外出具有重要的影响。这样，流动与地区间教育回报差异的对应关系也在一定程度上受流出地特征的影响。Zhao（1999）利用1995年四川省农村家庭户调查数据，分析了农村劳动力流动的影响因素及其收入差异。该研究指出，尽管乡－城流动显著提高了劳动者的收入，但受制度及社会歧视等因素的影响，接受较高教育者更倾向于在当地从事非农劳动，而不是选择外出务工。农村劳动者是否外出在很大程度上取决于当地非农就业机会的多少。只要当地有非农就业机会，即使工资水平较低，农村居民也倾向于留在当地而不是外出。类似地，Liu（2008）使用家庭户调查数据分析了中国农村地区人力资本存量状况对乡－城人口流动的影响。研究指出，尽管个人的教育程度越高，其迁移的可能性越大；但在其他条件不变的情况下，人力资本丰富（农村居民中接受高等教育的比例或居民平均受教育程度较高）的地区（县）农村居民流向城市的可能性较小。因此，地区人力资本存量状况对该地区农村居民在当地从事非农劳动、提高劳动收入存在正的外部效应。

戎建（2008）从人力资本投资的角度分析了乡－城流动与教育回报的关系及其影响因素。该研究指出，现阶段我国农村教育投资环境差、非农就业机会缺乏，在这种背景下，大量农村青年放弃正规教育机会而外出打工，出现了以流动替代教育的人力资本投资模式。尽管这种投资模式决定了流动者的教育程度低、教育回报率不高的现状，并制约着流动者在劳动力市场上的纵向职业流动和人力资本回报的进一步改善；然而，考虑到流动决策相对于教育投资具有短期性、低风险和低成本特征，农村青年以流动务工替代继续教育的行为也代表了在目前的城乡社会经济和教育发展差距的现实下农村劳动力的理性选择。要改变中国二十年来农村劳动力流动与教育回报的关系特征——低教育水平、低收入水平为特征的循环流动，必须尽快改善农村的人力资本投资环境，特别是教育环境。

与我国农村地区社会经济与劳动力市场特征对乡 - 城人口流动及教育回报关系的影响相类似，不少国际研究也发现流出地特征对流动和教育回报关系的重要作用。例如，Stillman 和 Velamuri（2010）对新西兰和澳大利亚两大新兴移民国家中移民教育状况以及人力资本回报率的研究指出，尽管澳大利亚高工资地区的工资水平明显高出新西兰的高工资地区，但这一工资差异并没有导致新西兰公民（尤其是高教育程度的）向澳大利亚迁移。可能的解释包括，首先，这些地区的生活费用和税收差异在一定程度上抵消了其工资水平的差异；其次，新西兰的宜居条件和生活质量也有助于弥补其相对较低的工资水平的影响，从而增强其对人力资源的吸引力。Ivanova 和 Jeong（2011）考察了 11 个迁出国家和 2 个迁入国家（美国和西班牙）的回迁移民的选择性。研究指出，迁移会增加教育回报，但随着迁出地较高教育程度回报率的提高，接受过较高教育的移民更倾向于返乡；而最低教育者出于不确定性等因素考虑，也倾向于返乡。相比之下，接受过中等教育者的移民返乡可能性最低。

除流出地特征的影响外，流入地的社会经济特征、劳动力市场结构等因素也是影响流动现象及其教育回报状况的重要原因。杜两省和彭竞（2010）利用 2006 年中国综合社会调查数据，按照直辖市、省会城市和其他三类城市分组，通过 OLS 估计方法分析了教育回报率的城市差异。该研究分析指出，总体而言，教育回报率在直辖市中最高，省会城市次之，其他城市最低。但教育回报率在各类城市中也存在重要的结构性差异，在"初中及以下"阶段，"其他城市"的教育回报率稍高但城市之间差别不大，这主要与这一教育程度的劳动力在三类城市之间自由流动有关；在"高中或中专"阶段，省会城市的教育回报率最高，主要是由省会城市产业结构更适合该教育程度的劳动力以及"技工"短缺现象造成的。在"大专及以上"阶段，直辖市的教育回报率最高，这主要是由户籍限制等劳动力流动障碍和以房价为核心的大城市生活成本过高造成的。Schultz 和 Yu（1998）利用国统局1986～1987年、1993～1994年在广东、四川和湖南三省的城镇家庭户调查数据，对15～59岁劳动力的工资状况进行分析，研究发现，女性的绝对工资水平比男性低，男女绝对工资差距呈扩大趋势。尽管如此，女性的教育回报率高于男性，其原因在于考察地区的劳动力市场中女性的平均教育水平低于男性。在各地区之间，经济较为发达的沿海地区（如广东）由于人力资源相对丰富，其绝对工资水平明显较高，但教育回报率较低。此外，城市劳动力市场中的其他特征也会对流动及教育回报产生深刻影响。例如，王德文等（2008）研究指出，受户籍制度的作用，乡－城流动者通常以年为单位进行循环式迁移决策。下一年度是否外出也与流动机会成本和预期收益有关，当预期收益较低或存在一定的收入风险（如工资拖欠等问题），外出的可能性就会大大降低。

De Brauw 和 Rozelle（2008）对各国教育回报的元分析结果显示，各国教育与工资的相关关系存在明显的规律性。在非洲亚撒哈拉地区和拉丁美洲，平均教育年限为5～8年，教育年限每增加一年，年工资水平边际上升12%以上；在亚洲和中东地区，居民的平均教育水平较高，教育回报率仍稳定在8%～10%（Psacharopoulos，1994）；在OECD国家中，多数居民接受高中以上教育，教育回报率平均为7%。Dahl（2002）对美国州际迁移现象的研究发现，迁移的自我选择机制使得受教育程度较高的人更倾向于迁往教育回报率高的地区，各州之间大学与高中学历迁移人数的相对大小正反映了各州之间教育回报率和宜居条件的差异。此外，Kudo（2012）利用坦桑尼亚面板数据研究发现，教育程度对迁移者的劳动回报有显著影响，但教育回报率的差异与迁移距离有关，远距离的迁移受教育程度的影响更为明显。

四　总结与述评

人口流动与教育回报关系的研究向来是人力资本和劳动经济学研究的重点，这一领域的研究成果为了解人力资本投资方式与投资效率、劳动力市场特征、社会经济发展状况等问题提供了重要的视窗。现代社会中，受全球化和地区人口、社会、经济发展不平衡的影响，人口流动的规模和影响日益扩大，相关领域的研究也变得尤为重要。20 世纪 70 年代以来，国外在这一领域的研究多数关注移民在流入地的社会经济融入性及流动者关于教育等特征的选择性对流出地人力资本发展的影响（如 Blomqvist，1986）。在我国，受户籍管理制度及其演变特征的影响，各时期、不同地区的人口流动现象差异明显。目前，关于我国人口流动和教育回报状况的研究关注的重点大致包括农村地区流出人口相对于非流动居民人力资本回报的改善程度、流动者与城镇居民人力资本回报的差异及影响人口流动与教育回报关系的制度和非制度因素。这些研究为相关领域的研究积累了丰富的文献资料，也极大地促进了决策部门以及社会各界对各时期流动人口在劳动力市场上教育回报状况的理解。

不容忽视，与人口流动现象的复杂性及其影响因素的多元性有关，现有研究中仍存在值得进一步分析与深入探讨的问题。首先，经济型人口流动现象具有重要的选择性特征，进入流动群体的往往是年轻、健康和受教育程度较高的人。因而，考察人口流动对人力资本发展及其回报状况的影响必须首先对流动及就业的内在选择性进行深入研究，并在比较研究中对相应选择性效应进行充分控制。现有研究指出，由于流动劳动力的自我选择性导致普通的 OLS 回归模型是一种错误的模型设置，目前学术界提出了三种解决办法：（1）Heckman 提出了两阶段回归或最大似然法，该方法首先对流动与就业参与的自我选择现象拟合选择方程，在此基础上进一步考察流动务工的教育回报效应。（2）四分位回归方法（Buchinsky，1994；Angrist，Chernozhukov and Fernandez - Val，2006）。该方法认为，就业参与和教育回报都取决于未观察到的变量：个人能力。解决这一问题的基本思路是，个人能力在每一个四分位区间内具有相对同质性，因此通过使用四分位回归方法可以将选择性偏差降到最低。（3）Copula 方法。该方法通过假设边际分布服从非高斯联合分布，以取代以往正态分布的假设，从而减低由于模型设置错误而导致的估计偏差项。这些方法在实践中的易操作性和有效性仍有待系统检验。

其次，人口流动对个人人力资本发展的影响既包括人口流动现象的间接效应（或外部性），也包括个人流动机会、流动经历的直接效应。就间接效应而言，人口流动的规模和结构可能影响流入地和流出地的劳动力市场结构以及工资水平，从而影响流动的教育回报状况（如 Blomqvist，1986）。例如，21 世纪初中国不少地区出现的"用工荒"引发了学术界关于"刘易斯转折点"是否到来的讨论，在客观上也推动了各城市对工资报酬率的调整以及最低工资水平的一再提高。考虑到个人流动机会与流动经历对教育回报的直接效应，个人流动决策往往与预期的教育回报率提高有关，但实际提高的程度与流动特征、流动经历等因素有关。宏观人口流动现象与个人流动决策对人力资本回报的影响互不独立，但作用层次和具体影响机制有所区别。现有关于中国人口流动与教育回报的研究往往仅侧重于一个层次，这一研究现状不利于全面深入地理解人口流动与教育回报的关系。

再次，流动现象本身具有多样性和动态变化特征，近年来随着我国产业结构发展战略的调整和人口结构的变化，乡-城人口流动出现了一些新的特征，如人口流动的长期化、家庭化趋势以及对目的地选择（省内流动或跨省迁移、大中小城市的选择等）的变化。加之，随着我国教育大众化的发展，城乡居民的教育结构正在发生重大的变化，未来我国各地区、城乡劳动力市场和人力资本发展状况无疑会发生深刻的变革。因此，结合人口流动与人力资本回报关系的不同影响因素，考察这些人口流动的动态演变特征对预测和评估未来各地区社会经济以及劳动力市场发展的趋向具有重要意义。

最后，不容忽视，受户籍管理制度和城乡二元的社会经济体系的影响，我国现阶段的人口流动现象具有重要的外部性。由于大量留守人口的存在，受流动影响的群体规模极为令人瞩目。这样，人口流动对教育回报状况的影响在很大程度上影响着留守者（包括流动者子女及流出地青年）的人力资本积累与回报，从而对当前和未来一段时期我国人力资源的发展状况具有重要的效应。因而，系统深入地考察人口流动与教育回报的关系及其动态变化特征，仍然是当前及未来社会科学研究的重要课题。

参考文献

Angrist, J., Chernozhukov, V., and Fernandez–Val, I. 2006. "Quantile Regression under Misspecification, with an Application to the U. S. Wage Structure." *Econometrica* 74 (2): 539–563.

Blomqvist, Ake G. 1986. "International Migration of Educated Manpower and Social Rates of Return to Education in LDCs." *International Economic Review* 27 (1): 165–174.

Buchinsky, M. 1994. "Changes in the US Wage Structure 1963–1987: Application of Quantile Regression." *Econometrica* 62 (2): 405–458.

Dahl, Gordon B. 2002. "Mobility and the Return to Education: Testing a Roy Model with Multiple Markets." *Econometrica* 70 (6): 2367 – 2420.

De Brauw, A., Giles, J. 2006. "Migrant Opportunity and the Educational Attainment of Youth in Rural China." *IZA Discussion Paper*, No. 2326.

De Brauw, Alan, and Scott Rozelle. 2008. "Reconciling the Returns to Education in off – farm Wage Employment in Rural China." *Review of Development Economics* 12 (1): 57 – 71.

Du, Y., Park, A., Wang, S. 2005. "Migration and Rural Poverty in China." *Journal of Comparative Economics* 33 (4): 688 – 709.

Gao, Wenshu & Russell Smyth. 2011. "Economic Returns to Speaking 'Standard Mandarin' among Migrants in Urban Labor Market." *Economics of Education Review* 30: 342 – 352.

Ivanova, Renata and Byeongju Jeong. 2011. "Why don't Migrants with Secondary Education Return?." *Charles University Working Paper Series*. Available at: http://www.cerge – ei.cz/pdf/wp/Wp449.pdf.

Knight, J., & Yueh, L. 2009. "Segmentation or Competition in China's Urban Labor Market?." *Cambridge Journal of Economics* 33: 79 – 94.

Knight, John, Lina Song, and Huabin Jia. 1999. "Chinese Rural Migrants in Urban Enterprises: Three Perspectives." in Sarah Cook and Margaret Maurer – Fazio eds. *The Workers' State Meets the Market: Labour In China's Transition*. London: Frank Cass.

Kudo, Yuya. 2012. "Returns to Migration: the Role of Educational Attainment in Rural Tanzania." *IDE Discussion Paper* No. 332. Available at: http://www.ide.go.jp/English/Publish/Download/Dp/322.html.

Liu, Zhiqiang. 2008. "Human Capital Externalities and Rural – Urban Migration: Evidence from Rural China." *China Economic Review* 19: 521 – 535.

Lu, Zhigang and Shunfeng Song. 2006. "Rural – Urban Migration and Wage Determination: The Case of Tianjin, China." *China Economic Review* 17: 337 – 345.

Maurer – Fazio, M., & Dinh, N. 2004. "Differential Rewards to, and Contributions of, Education in Urban China's Segmented Labor Markets." *Pacific Economic Review* 9: 173 – 189.

Meng X, Zhang J. 2001. "The two Tier Labor Market in Urban China: Occupational and Wage Differentials between Urban Residents and Rural Migrants in Shanghai." *Journal of*

Comparative Economics 29: 485 - 504.

Messinis, George and Enjiang Cheng. 2009. "Earnings, Education and Training in China: the Migrant Worker Experience. " *Working Paper* No. 42, Center for Strategic Economic Studies, Victoria University.

Ministry of Agriculture China. 2004. "Attention to the Migrant Workers in China. " *Report.* China Urban and Rural Financial News 24 March, 2004.

OECD. 2005. Education at a Glance, Paris.

Psacharopoulos, George. 1994. "Returns to Investment in Education: A global Update. " *World Development* 22: 1325 - 43.

Rodriguez – Pose, Andres and Vassilis Tselios. 2010. "Returns to Migration, Education and Externalities in the European Union. " *Papers in Regional Science* 89 (2): 411 - 434.

Schultz, T. P. and Xuejun Yu. 1998. "Earnings and Returns to Human Capital Investments during the Economic Transition in Urban China. " Processed, Yale University, New Haven, Connecticut.

Schultz, T. Paul. 2004. "Human Resources in China: the Birth Quota, Returns to Schooling, and Migration. " *Pacific Economic Review* 9 (3): 245 - 267.

Schultz. 2003 . "Human Resources in China: the Birth Quota, Returns to Schooling and Migration. " *Discussion* Paper No. 855, Economic Growth Center, Yale University.

Solinger, Dorothy J. 1999. "Citizenship Issues in China's Internal Migration: Comparisons with Germany and Japan. " *Political Science Quarterly* 114 (3): 455 - 478.

Stillman, Steven and Malathi Velamuri. 2010. "Immigrant Selection and the Returns to Human Capital in New Zealand and Australia. " *New Zealand Government*, dol. 11455, June 2010.

Wan, B. 2004. "A Strategic Measure for Realizing the Overall Xiaokang Society in Rural China— A Finding Report on Transfer of Rural Labor Forces in Henan Province. " *Chinese Rural Economy* 1: 24 - 30.

Zeng, X. 2004. "A Study on the Effects of Human Capital in Informal Labor Market with Rural Migrant Workers in Chengdu City, Sichuan Province as an Example. " *Chinese Rural Economy Monthly* 3: 34 - 38.

Zhao，Yaohui. 1997. "Labor Migration and Returns to Rural Education in China." *American Journal of Agricultural Economics* 79：1278 – 87.

Zhao，Yaohui. 1999. "Labor Migration and Earning Differences：the Case of Rural China." *Economic Development and Cultural Change* 47（4）：767 – 782.

蔡昉：《中国流动人口问题》，社会科学文献出版社，2007。

曾荣青、贺义梅：《成人教育对外来女工流动的促进作用——以广东省流动人口为例》，《中国成人教育》2008 年第 8 期。

曾荣青、贾学鹏、贺义梅：《流动人口继续教育的影响因素及对策分析》，《成人教育》2009 年第 6 期。

杜两省、彭竞：《教育回报率的城市差异研究》，《中国人口科学》2010 年第 5 期。

段成荣、杨舸、张斐等：《改革开放以来我国流动人口变动的九大趋势》，《人口研究》2008 年第 6 期。

李培：《中国城乡人口迁移的时空特征及其影响因素》，《经济学家》2009 年第 1 期。

戎建：《城乡劳动力流动与迁移回报率》，《西北人口》2008 年第 3 期。

王德文、蔡昉、张国庆：《农村迁移劳动力就业与工资决定：教育与培训的重要性》，《经济学（季刊）》2008 年第 4 期。

王美艳：《城市劳动力市场上的就业机会与工资差异》，《中国社会科学》2005 年第 5 期。

王美艳：《教育回报与城乡教育资源配置》，《世界经济》2009 年第 5 期。

迁移流动人口受教育程度研究

——基于五普数据的分析

随着社会经济的发展，人口的迁移流动越来越频繁。目前，迁移流动人口①已经成为总人口中一个重要的组成部分。此前的一些研究表明，迁移流动人口与未迁移的人口之间在教育程度方面往往表现出一定程度的差异，即受教育水平是影响迁移的一个重要因素（Bogue，1969；贾同金等，1998；段成荣，2000）。本章将利用中国第五次人口普查0.95‰抽样人口资料来了解不同迁移人口群体的受教育状况，进一步验证受教育水平与迁移流向以及迁移人口的职业之间的关系。

在第五次人口普查中，有关于"何时来本乡镇街道居住"的信息，通过该信息我们可以知道哪些人发生了迁移。在这里我们取距调查时点5年内（即1995年11月1日以后）发生迁移的人作为我们分析的对象，这里的迁移既包括永久的迁移，也包括临时的流动（6个月以上）。

---

① 在我国，狭义上一般把发生了户籍迁移的称为迁移人口，未发生户籍迁移的称为流动人口。但从广义上讲，只要发生了位置改变就可称为迁移，本身包含了流动的含义。这里的研究对象既包括狭义上的迁移人口，也包括流动人口。为了叙述方便，以下统称迁移人口。

一　迁移人口的基本状况

（一）迁移人口的年龄结构

根据第五次人口普查 0.95‰人口资料，在总计被抽中的 118 万人中有 12.45 万人在 1995 年 11 月 1 日后发生了迁移，约占总样本量的 10.55%。

从年龄结构来看，发生迁移的主要是年轻人，特别是 20～29 岁组是迁移人口的主力。与总人口相比，迁移人口在 20～29 岁年龄组的比重高出 20 多个百分点，在与之相邻的两个年龄组（10～19 岁和 30～39 岁组）也略高，在 0～9 岁和 40 岁以上年龄组的比重则明显偏低，而在 50 岁以上组，迁移人口的比重均不足总人口中相同年龄组的一半（见表 11 – 1）。

表 11 – 1　迁移人口与总人口及未迁移人口年龄结构的比较

单位：岁，%

年龄组	1995 年 10 月 31 日前来本乡镇居住的人口	1995 年 11 月 1 日后来本乡镇居住的人口	总人口
0～9	13.9	6.8	13.1
10～19	18.2	20.0	18.4
20～29	13.4	37.4	16.0
30～39	18.8	19.0	18.8
40～49	14.4	8.5	13.8
50～59	9.7	4.3	9.2
60～69	6.8	2.5	6.4
70～79	3.7	1.1	3.4
80 +	1.1	0.3	1.0
合　计	100.0	100.0	100.0

资料来源：根据国家统计局第五次人口普查 0.95‰人口资料计算。

（二）迁移原因与迁移距离

在现实的迁移中，人们总是为了某种目的从一个地方迁往另一个地方。第五次人口普查资料同样给我们揭示了这些发生迁移的人为什么要迁移。分析表明，务工经商是人们发生迁移最主要的原因，占迁移人口的30.9%；其他比较重要的原因还有拆迁搬家，占14.6%；家属随迁，占12.9%；婚姻迁入，占12.2%；学习培训，占11.5%。

迁移距离是分析迁移问题时经常提到的。第五次人口普查资料并没有给我们提供每个样本迁移的确切距离，但是其中有关于"从何地来本乡镇街道居住"的信息，我们可以了解迁移者的大概远近：是本县？本省外县？还是外省？

分析发现，在三种迁移距离中，本县的占43.7%，本省外县的占29.9%，外省的占26.4%，其中县内迁移所占比重最大，但是仍然不足50%，也就是说，我们不能得出结论说县内迁移是最主要的迁移方式。因为"五普"提供给我们的三种迁移距离并不在一个层次上，涉及省县两级。如果从县这一层来看，跨县的迁移应该是最主要的方式，占56.3%，高于县内迁移；而在省这一层，我们可以说，省内迁移是最主要的方式，其比重达到了73.6%。

如果区分不同的迁移原因，我们可以发现，因为不同原因迁移的人，其迁移距离也有所差异，对务工经商的迁移人口而言，发生的多为跨省迁移；对学习培训的则以本省外县迁移为主，其他的多以县内迁移为主（见图11-1）。

二 迁移人口的受教育水平

（一）迁移人口的受教育水平

与5年内未迁移人口相比，迁移人口的受教育水平明显较高。分

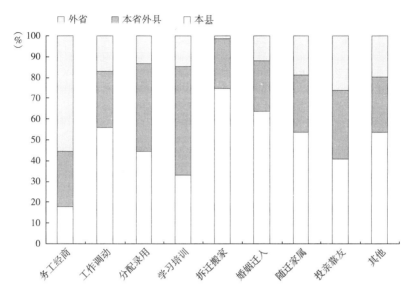

图 11 - 1 不同原因迁移人口的迁移距离

资料来源：根据国家统计局第五次人口普查 0.95‰ 人口资料计算。

别计算两类人口的平均受教育年限[①]，迁移人口为 8.68 年，较未迁移人口高 2.31 年。如果从具体的受教育程度分析，则可以发现在初中以下（不含初中）等较低的层次，各层次人口占迁移人口的比重均低于相应层次在未迁移人口中的比重，而在初中及以上的层次中，则刚好相反（见表 11 - 2）。

据前文可知，迁移人口与未迁移人口在年龄结构上存在一定的差异，那么二者在受教育水平方面所表现出的差别是否是因为其年龄结构的差异而引起？迁移人口的受教育水平高于未迁移人口的受教育水平是真实的吗？为了消除年龄结构的差别，我们利用总人口（0.95‰样本）的年龄结构作为标准年龄结构对迁移人口和未迁移人口的受教育水平进行了标准化，我们发现标准化只是使二者的差异有所缩小，

---

① 平均受教育年限的计算，依受教育程度的提高权数依次为 0，0.5，5，8，11，11，13，15，18 年。

但差异依然存在。标准化之后，迁移人口和未迁移人口的平均受教育年限分别为 7.83 年和 6.32 年，二者之间的差距缩小到 1.51 年。也就是说，我们看到的迁移人口与未迁移人口之间受教育水平的差异，部分原因是迁移人口中年轻人的比重较大，而年轻人的受教育水平较高，但更主要的原因是，作为一个整体，迁移人口的受教育水平确实高于未迁移人口的受教育水平，即受教育水平较高的人更容易发生迁移。这一点还可以从另一个角度来进行分析，即某一受教育水平的迁移率。基本上，随着受教育水平的提高，迁移率也相应上升，对小学文化程度的人而言迁移是很少发生的事情，迁移率仅为 5.61%，初中上升到 11.76%，大专则为 32.62%，到大学本科和研究生迁移率已经高达 47.9%。教育对迁移行为的选择性可见一斑。

表 11 - 2　迁移人口与未迁移人口受教育水平的比较

单位：%

	未上过学	扫盲班	小学	初中	高中	中专	大专	大本	研究生	合计
未标准化										
5 年内未迁移	9.06	2.00	40.52	35.50	7.55	2.61	1.97	0.75	0.04	100.00
5 年内迁移	3.09	0.48	19.61	38.51	14.29	10.37	7.75	5.57	0.33	100.00
标准化										
5 年内未迁移	8.38	1.77	43.54	33.92	7.13	2.52	1.89	0.70	0.04	100.00
5 年内迁移	6.17	0.90	29.32	31.22	12.78	8.53	6.27	4.39	0.26	100.00

资料来源：根据国家统计局第五次人口普查 0.95‰人口资料计算。

(二) 分年龄迁移人口的受教育水平

消除年龄结构影响的另一个方法就是直接考察分年龄的受教育状况（见图 11 - 2）。从分年龄的情况来看，几乎各年龄组的受教育水平迁移人口都要高于未迁移人口。只是在 6~9 岁年龄组，由于非户籍迁

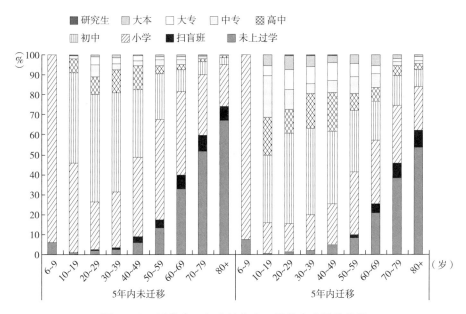

图 11－2　迁移人口与未迁移人口受教育水平的比较

资料来源：根据国家统计局第五次人口普查 0.95‰人口资料计算。

移人口上学比较困难，该年龄组迁移人口的未上过学的比重要高于未迁移人口的相应年龄组，所以平均受教育年限略低于未迁移人口的相应年龄组。在其他年龄组，迁移人口的平均受教育年限都要高 1 年以上，相差最多的年龄组达到了近 2.5 年（10～19 岁组）。在迁移人口的 10～19 岁年龄组中，中专受教育水平人口的比重异常偏高，达到了 18.9%，这是因为这个年龄正是求学的年龄，很多迁移者是为了求学而发生迁移。

三　迁移人口的受教育水平与其流向的关系

（一）　迁移人口的基本流向

在第五次人口普查长表中，我们不但了解了迁移人口的现住地，还了解了其迁出地的类型，通过这些信息，我们可以分析城乡之间的迁移状况。在这里，对迁出地类型，我们将长表中的四类合为三类：即"乡"和"镇的村委会"合并为"农村"；"镇的居委会"为"城镇"；街道为"城市"，与现住地的三类相对应。

分析表明，农村是主要的迁出地，占全部迁出人口的59%，而且无论是迁往城市、城镇还是农村，都以原住农村的人口最多；城市是主要的迁入地，占全部迁入人口的60%，同时，对原住城市、城镇和农村的人口而言，无一例外，城市都是他们迁移最主要的目的地。从具体的流向来看，有两条最主要的路径：一是从农村迁往城市，占所有迁移人口的27.6%；二是从城市迁往城市，占27.1%。需要说明的是，由于本次普查考察的是乡镇街道这一级作为迁移的标准，所以在城市向城市的迁移中，包含了大量的市内迁移。这些迁移与我们传统意义上的迁移似乎有些差异，因为这些市内的迁移者可能只是发生了居住地的改变，工作等其他情况并没有发生任何变化。如果能够剥离这些迁移，城市之间迁移的比重应该大大降低，所以农村向城市的迁移是最主要的流向。城镇由于本身人口总量相对农村和城市的比重较小，所以在迁移人口中的比重也比较小，但城镇仍然是净迁入地。迁移的这种基本态势说明，中国的人口迁移是一个城市化的过程，人们的基本流动方向是从农村流向城镇和城市，这也是经济发展的一个必然趋势。

（二）不同流向迁移人口的受教育水平

在前文中，我们的分析表明，受教育水平较高的人更容易发生迁移。那么在不同的流向中，迁移人口的受教育状况又表现出怎样的特点？为了分析的方便，我们进行了进一步的合并，将城镇和城市统一合并为"城"，将农村称为"乡"，之所以将城市和城镇合并在一起，一方面是因为在中国两者在经济、社会诸方面有一定的同质性，另一方面也是由于两者在我们的分析中都是作为净迁入地出现的，而农村则是净迁出地。

　　分析表明，无论是哪个流向，初中受教育水平的人口所占比重最大，这与整个人口总体中该部分人口的比重较大有关。但是，不同流向之间还表现出一些差异：同以农村作为迁出地的人口，迁往城市的受教育水平要高于迁往农村的受教育水平；而同以城市作为迁出地的，也表现出同样的特点。城市对迁入人口的受教育水平的要求明显高于农村，这是由于城市工作的相对复杂性和竞争的激烈所决定的。城市相对复杂的社会经济生活使其对居民的知识和技能有更高的要求，这就必然使得城市对迁入者的受教育水平有更高的要求。从另一个角度来说，受教育水平由此就对迁移具有一定的选择性，城市中多数受教育水平较高的迁移人口选择的目的地是城市，农村中多数受教育水平较高的迁移者做出的是同样的选择，人们在受教育水平以及由此衍生的知识和技能的大背景中选择自己的流向。当然这种选择既可以是主动的，也可以是被动的，受制于多个因素。

　　为了消除各个流向的迁移人口年龄结构差异所带来的影响，我们采用了和前文相同的方法对各流向迁移人口的受教育水平进行了标准化，只是我们在这里选取的标准年龄结构是迁移人口的年龄结构。经过标准化，我们发现上述基本结论并没有发生改变。在标准化之前，在"乡－城"、"城－乡"、"乡－乡"和"城－城"四个流向中，平均受教育年限依次为：8.18 年、8.85 年、6.96 年、10.07 年；标准化之后，则分别为 7.82 年、8.69 年、6.69 年、10.13 年，仍然是同以农村作为迁出地的人口相比，迁往城市的受教育水平要高于迁往农村的受教育水平；而同以城市作为迁出地的，也表现出同样的特点。

　　但是我们也从中发现了一些年龄结构的影响：在标准化之后，只有"城－城"流向的平均受教育年限有所上升，其他流向的平均受教育年限则有所下降，尤以"乡－城"流向下降最多。具体来说，在"乡－城"这一流向上，标准化之后，小学以下（含小学）各层次人口比重出现了上升，而初中以上（含初中）人口比重则出现了下降；"乡－乡"流向和"城－乡"流向的特点与"乡－城"流向的特点基本类似，稍有不同的是在"城－乡"流向上，"扫盲班"人口比重略有下降，而在"乡－乡"流向上高中人口比重略有上升；在"城－城"流向上表现出来的情形则与其他三个流向有很大的不同，具体地讲，在这部分迁移人口中，经过标准化，中专以上（含中专）各层次的比重均略有上升，而其他各层次（除小学外）人口比重均略有下降（见表11－3）。经过标准化，我们可以发现，各流向迁移人口之间的受教育水平差异依然客观存在，这说明迁移流向与受教育水平之间存在一定的关系。总体看来，比较几个流向的迁移人口的受教育水平，以"城－城"流向为最高，其次为"城－乡"流向，再次为"乡－城"流向，最后为"乡－乡"流向。

表11－3　不同流向迁移人口的受教育水平

单位：%

	未上过学	扫盲班	小学	初中	高中	中专	大专	大本	研究生	合计
未标准化										
乡－城	3.27	0.41	20.74	45.91	13.20	9.32	4.01	3.08	0.05	100.00
城－乡	2.07	0.32	18.57	35.65	12.64	18.68	9.54	2.45	0.09	100.00
乡－乡	5.18	0.74	33.61	48.62	6.67	3.54	1.42	0.21	0.00	100.00
城－城	1.96	0.44	11.63	25.78	19.39	13.99	14.74	11.24	0.83	100.00
标准化										
乡－城	4.60	0.55	24.95	43.51	12.01	7.83	3.72	2.77	0.05	100.00
城－乡	2.14	0.26	21.72	33.77	12.69	18.47	8.61	2.25	0.07	100.00
乡－乡	6.70	0.80	36.76	43.90	6.89	3.51	1.24	0.19	0.00	100.00
城－城	1.50	0.26	13.24	23.98	18.71	14.58	15.02	11.86	0.85	100.00

资料来源：根据国家统计局第五次人口普查0.95‰人口资料计算。

（三）分年龄、分流向的迁移人口的受教育水平

进一步分析不同流向分年龄迁移人口的受教育水平，依然表现出不同流向的迁移人口在受教育水平上存在明显的差异，从平均受教育年限来看，在各年龄组基本上都表现出与标准化分析所发现的相同结果，即几个流向迁移人口的受教育水平，以"城－城"流向为最高，其次为"城－乡"流向，再次为"乡－城"流向，最后为"乡－乡"流向（见图11－3）。略有例外的是6～9岁组，四个流向相差不大，由于这部分人口基本都在上小学，这反映出处于义务教育阶段这个年龄段，不同流向的迁移人口的学龄儿童入学率基本相同。

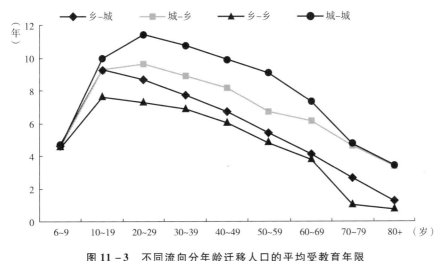

图 11－3 不同流向分年龄迁移人口的平均受教育年限

资料来源：根据国家统计局第五次人口普查0.95‰人口资料计算。

此外，还可以分析各个流向的迁移人口随年龄的增加，从初中人口占优向小学人口占优转变，以及从小学人口占优向未上过学人口占优转变分别出现在哪一个年龄组，一般这种转变出现的年龄组越高，说明该流向人口受教育水平越高。

首先看"乡－城"流向，不同年龄组表现出不同的特点，6～9岁

年龄组因为年龄的关系，小学人口比重占 90% 以上，在 10～19 岁、20～29 岁、30～29 岁、40～49 岁年龄组，初中人口比重最大，但随着年龄的加大，初中人口比重越来越小，而小学人口比重越来越大，以至在 50～59 岁、60～69 岁年龄组，小学人口比重跃居首位，而到了 70～79 岁以及 80 岁以上年龄组，未上过学的人口比重占据了绝对优势。如果我们不考虑 6～9 岁年龄组，我们会发现，在从农村向城市的迁移中，年龄越大，迁移人口的受教育水平越低，这一特点在其他流向上也同样存在。

在"城－乡"流向上，在 10～19 岁年龄组上，中专人口比重最大，而在 20～29 岁、30～39 岁、40～49 岁年龄组，初中人口成为比重最大的一部分，但同时随着年龄组的增加，初中人口比重在下降，而小学人口比重在上升，与上一个流向类似，到了 50～59 岁、60～69 岁年龄组，小学人口成为迁移的主力，与上一个流向不同的是，在 70～79 岁年龄组，小学人口比重与未上过学人口比重基本持平，到 80 岁以上年龄组未上过学人口比重超过了 50%。

在"乡－乡"流向上，初中人口比重占优向小学人口比重占优过渡的转折点出现得比上两个流向要早，提前了一个年龄组，10～19 岁、20～29 岁、30～39 岁年龄组中初中人口比重最大，而从 40～49 岁、50～59 岁、60～69 岁年龄组为小学人口最多，70～79 岁和 80 岁以上组同样以未上过学者居多，分别高达 77.5% 和 83.3%，高于其他任何流向。

在"城－城"流向上，初中人口比重占优向小学人口比重占优过渡的转折点出现得则比"乡－城"流向要晚一个年龄组，在 50～59 岁年龄组以前除 6～9 岁组外均以初中人口比重最大，而在 60～69 岁、70～79 岁组小学人口比重居首，80 岁以上组仍然以未上过学者居多，但比重不足 45%。需要特别提及的是，在本流向中，各年龄组大专以上人口比重远远高于其他流向中的同一比重，特别是在低年龄组，如 20～29 岁组大专以上人口比重达到了 40%，而其他几个流向中最高的"城－乡"流向这一比重也不过 17% 左右（见图 11－4）。

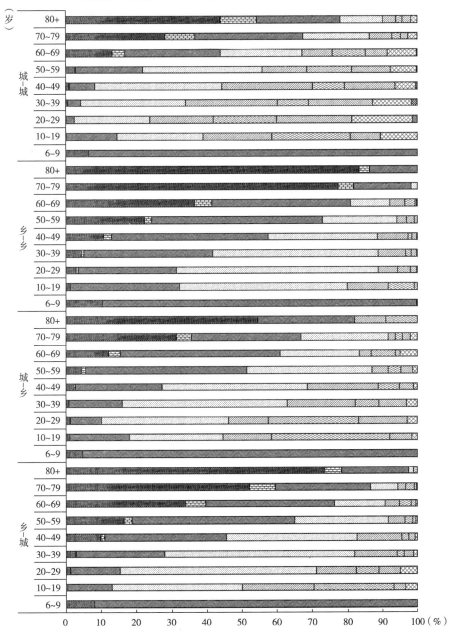

图 11－4 分年龄、分流向的迁移人口的受教育水平

资料来源：根据国家统计局第五次人口普查 0.95‰人口资料计算。

四 迁移人口受教育水平与其职业的关系

(一) 迁移人口的职业构成

在 12.45 万迁移人口中，有 7.59 万就业人口。分析这些就业人口所从事的职业，以生产、运输设备操作人员为最多，占所有迁移就业人口的近 40%，其次为商业、服务业人员，也超过了 20%，其他超过 10% 的还有专业技术人员、农林牧渔水利业生产人员（见图 11-5）。

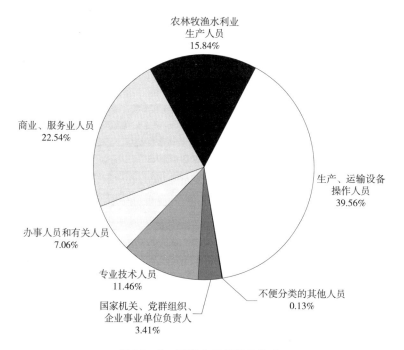

图 11-5 迁移人口的职业构成

资料来源：根据国家统计局第五次人口普查 0.95‰人口资料计算。

(二) 迁移人口的受教育水平与其职业之间的关系

所有迁移就业人口的平均受教育年限为 8.72 年，其中以专业技术人员的平均受教育年限最高，达到了 12.27 年，国家机关、党群组织、企业事业单位负责人以及办事人员和有关人员的平均受教育年限也都超过了 11 年，分别为 11.29 年和 11.20 年，农林牧渔水利业生产人员的平均受教育年限最低，只有 6.56 年，其他三类人员的平均受教育年限分别为 8.35 年（商业、服务业人员）、8.11 年（生产、运输设备操作人员）和 8.02 年（不便分类的其他人员）。

分析不同职业人口的受教育水平状况，可以发现，国家机关、党群组织、企业事业单位负责人、专业技术人员、办事人员和有关人员均以大学专科的比重最高。其中 1/3 的专业技术人员具有大专受教育程度，超过 1/2 的专业技术人员的受教育程度在大专以上（含大专）。超过 40% 的国家机关、党群组织、企业事业单位负责人也享有大专以上（含大专）受教育水平。而在其他四类人群中，初中受教育程度的人口比重最高，均超过了 45%，其中生产、运输设备操作人员中初中程度所占比例超过了 60%。初中以下文化程度人口的比例在这四类人口中所占比例均超过了 65%，在农林牧渔水利业生产人员这一比例甚至还超过了 90%。

一般认为，国家机关、党群组织、企业事业单位负责人、专业技术人员以及办事人员和有关人员等三类人员在职业层次上处于比较高的位置，而其他四类人员的职业层次相对略低，由此观之，处于较高层次的职业往往对人员的受教育水平要求也较高，从事这些职业的人员的受教育水平也高于其他层次略低的职业的人员的受教育水平。

反过来，受教育水平较高的人员往往也有较大的比例从事层次高的职业。在研究生受教育程度的迁移就业人口中，超过 95% 的人是国家机关、党群组织、企业事业单位负责人、专业技术人员以及办事人员和有关人员等三类人员，在大学受教育程度的人口中，这一比例约为 87%，在大专受教育程度的人口中，比例则为 79%，在中专人口中这一比例为 55%。在其他受教育层次中，这一比例均较小。

迁移人口的受教育水平与其职业之间的这种密切关系并不是偶然的。一般而言，较高职业层次必然有更高的进入门槛，受教育水平作为现代社会选择人才的一个重要标准，必然在其中发挥重要的作用。高层次职业与高受教育程度的吻合正是社会合理配置资源的必然结果。

五　结论

本文基于第五次人口普查资料，通过对迁移人口受教育水平的分析，可以发现以下特点。

（1）与未迁移人口相比，迁移人口的受教育水平明显较高。从分年龄的情况来看，几乎各年龄组迁移人口的受教育水平都要高于相应年龄组未迁移人口的受教育水平。从迁移率的角度分析，受教育水平越高，迁移率越高。总体上，受教育水平较高的人更容易发生迁移。

（2）中国目前的人口迁移基本上是一个城市化的过程，在此过程中，受教育水平对迁移具有明显的影响，不同流向迁移人口的受教育水平存在明显的差异。城市中多数受教育水平较高的迁移人口选择的目的地是城市，农村中多数受教育水平较高的迁移者做出了同样的选择，人们在受教育水平以及由此衍生的知识和技能的大背景中选择自己的流向。总体看来，比较几个流向的迁移人口的受教育水平，以"城－城"流向为最高，其次为"城－乡"流向，再次为"乡－城"流向，最后为"乡－乡"流向。

（3）从事较高层次职业的人员的受教育水平高于其他层次略低的职业的人员的受教育水平。反过来，受教育水平较高的人员往往也有较大的比例从事层次高的职业。迁移人口的受教育水平与其职业之间存在较为密切的关系。

参考文献

Donald J. Bogue. *Principles of Demography*. New York：John Wiley and Sons，Inc.，

1969，p. 769.

　　段成荣：《影响我国省际人口迁移的个人特征分析——兼论"时间"因素在人口迁移研究中的重要性》，《人口研究》2000 年第 4 期。

　　国家统计局：《第五次人口普查 0.95‰人口资料》，2003。

　　贾同金、李希如、叶礼奇：《中国近期流动人口状况分析》，《人口与计划生育》1998 年第 4 期。

第十二章 流动人口的教育现状与贫困

流动人口教育主要包括流动人口子女教育和以农民工培训为主的成人教育。本文在梳理大量研究成果的基础上，拟从上述两个方面来讨论流动人口的教育困境及影响因素，并深入剖析该现状对贫困的影响。

一 流动人口子女的教育现状

流动人口子女教育问题呈现出两种不同的表现形式：一是在经济欠发达的、以农村剩余劳动力输出为主的地区，农村出现了大量的"留守儿童"；二是在经济较发达地区的大中城市，形成了"流动儿童"群体（黄祖辉、许昆鹏，2006）。受经济收入、工作性质和城市义务教育管理制度等多种因素的综合影响，学龄儿童在城市接受义务教育的经济成本和社会成本远高于留在农村接受义务教育的成本，因此，多数流动人口子女被留在了农村地区，导致留守儿童的数量规模和社会影响都远远大于城市流动儿童（刘鸿渊，2007）。还有研究者将流动儿童和留守儿童并称为"新生代农民工"，指出他们常囿于教育瓶颈，表现为留守儿童缺乏家庭教育，进城流动儿童遭受教育歧视（阳大侨，2009）。

（一）流动儿童的教育现状：在输入地，农民工子女教育受到排斥

近年来，随着大量农民工进城就业和生活的日趋稳定，为了让子女得到更好的教育和更精细的生活照料，越来越多的农民工倾向于将子女带到城市里居住和上学，流动儿童这一特殊群体的规模日趋壮大，从发展趋势来看，流动儿童的人数将越来越多（范先佐，2005）。根据2005年1%人口抽样调查数据估算，全国农民工随迁子女数量已达到1314万（王宗萍等，2010）。中央教科所教育政策中心于2007年、2008年在北京、上海等12个城市进行了调研，结果发现，农民工随迁子女中学龄儿童的比例达19.6%，其中北京、上海、广州等大城市已超过20%（吴霓，2010）。就不同地区而言，流动儿童占流入地儿童总数的比重往往与流入城市的发达程度或人均GDP水平呈正相关关系，即城市的发达程度越高，流动儿童随迁的数量越多（王石生，2005）。

目前，我国流动儿童教育存在诸多问题：流动儿童不能适龄入学及失学问题严重；入学、就学过程中的不公平问题明显；不同地区教育内容的衔接问题日益突出；公立学校隐性费用高，流动儿童的教育费用负担重；初中毕业后无法在流入地学校继续升读等问题（韩嘉玲，2005；中央教育科学研究所教育发展研究部课题组，2007）。在幼儿教育领域，由于政府支持系统的缺乏、群体支持系统的分散以及个体支持系统的单薄，流动儿童很少能接受系统的学前教育（庄田田等，2010）。据此可知，流动儿童教育问题不是单纯的教育问题，而是劳动力流动的副产品、三农问题的延伸及社会转型期所导致的各种社会问题在教育层面的并发症（韩嘉玲，2005），作为转型期社会问题的"并发症"，流动儿童教育问题将在未来一段时间内长期存在

（杜晓利，2008）。下面我们将详细阐述流动儿童的教育现状。

1. 隔离化的流动儿童教育

二元教育导致流动人口子女教育的隔离化。我国存在的二元教育对流动人口子女教育产生了不良影响。在城市，少数的示范学校与大量的一般学校并存，公立学校与条件很差的打工子弟学校并存，前者在教育资金、教育设施、教师水平和待遇、学生生源等方面与后者有天壤之别。前者是经济富裕家庭择校的对象，而后者则主要以招收大多数经济条件差、社会地位低的学生为主（包括部分流动人口子女），社会最底层的流动人口子女只能进入打工子弟学校上学（王远伟，2007）。中央教科所教育政策研究中心在 12 个城市的调研结果显示，在民办打工子弟学校就读的随迁子女占到了随迁子女总数的 38.3%。然而，由于校舍、师资、设备等办学条件达不到地方教育部门规定的学校设立标准，大多数处于非法办学状态，安全隐患严重（吴霓，2010）。对公立学校而言，农民工子女学习基础较差，在当前评价体制下，由于大量招收农民工子女会对学校的评价和任课教师的评价有负面影响，公立学校对农民工子女入学也持排斥的态度。

"入学难，入好学校更难"。流动儿童进入公办学校就读存在门槛高、手续复杂、隐性费用高的问题；由于经济差异、文化差异及流动儿童往往中断学习等原因，流入地的公办学校接受流动儿童意愿低；由于流动人口的特殊性，在公办学校就读的流动儿童的多元性需求得不到满足（雷万鹏，2005）；一些城市尽管向流动人口开放了公立学校，但这些学校仅限于非优质学校（范先佐，2005）。农村流动儿童只能在教育部门指定的教育资源相对落后的公立学校和简易学校就读，填补城市儿童人数下降和择校而引起的剩余教育资源缺口（吕少蓉，2008）。

公立学校中的排斥感使得流动人口子女难以融入城市。流动人口子女尤其是农民工子女在公立学校更容易受到来自同学或老师的歧视或不公平对待，如教师对学生的期待、态度、关注程度和评价等因素严重影响了他们的发展，导致流动儿童融入困难（雷万鹏，2005）。同时，流动儿童在社会融入的过程中，缺乏进入主流社会空间的能力，难以获得相应的社会权利，呈现边缘化的状态（唐琼一，2008）。而无所不在的家庭背景、生活经历所产生的城乡隔阂、价值观差异在孩子们中同样存在，这种文化差异在更深层次上决定了流动儿童中的农民工子女难以真正融入公立学校中（韩嘉玲，2005）。还有一种情况是，城市居民担心农民工子女入学给自己孩子的学习带来不利影响，歧视农民工子女，在已经对农民工子女开放的公立学校，城市居民将孩子转学成为较普遍的现象（许林、袁桂林，2010）。在武汉的一项调查发现，截至2008年，武汉市武昌区面向流动儿童开放的公立学校中农村流动儿童人数已占学生总数的1/4，部分开放学校几乎没有城市儿童（吕少蓉，2008）。

2. 农民工家庭子女教育负担重：贫困的农民工家庭承受着高投入而低回报的教育供给

流动人口在流动过程中认识到要摆脱自身不利的社会、经济地位，必须要有更多的知识和技能，接受更多、更好的教育，并且将这种认识和希望更多地寄托在下一代身上，他们普遍期望自己的子女能够接受高层次的教育，将来能够在城市找到非体力劳动的白领工作。尽管流动人口家庭对子女的教育热情很高，多数家庭却承受着高投入低回报的教育供给。

流动人口家庭普遍面临经济压力和教育支出间的矛盾。国务院研究室课题组在2006年发布的《中国农民工调研报告》中提到：2004

年农民工的平均月收入为 780 元，月收入低于 300 元的占 7.6%，月收入在 300 ～ 500 元、500 ～ 800 元、800 ～ 1000 元和 1000 元以上的分别占 17.8%、37.0%、16.4% 和 21.2%。郑功成与香港的黄黎若莲在 2006 年估计的农民工月收入是：11.6% 在 500 元以下，31.1% 是 500 ～ 800 元，31.9% 在 800 ～ 1200 元，13.6% 在 1200 ～ 1500 元，11.9% 在 1500 元以上（李明华，2008）。可见，流动人口基本属于中低收入户或低收入户。义务教育阶段公立学校儿童的教育费用除了教育部门规定的课本费及杂费外，还有各种名目的费用，包括午餐费、服装费、保险费、春游、上网、班费、兴趣小组等，甚至公立学校儿童的零食费用也比打工子弟学校高。根据北京市某教委统计，公立学校儿童每学期需交 1000 ～ 2500 元费用（韩嘉玲，2005）。这使得收入较低的流动人口家庭难以承受子女公办教育的经费，而选择了更为便宜的民办打工子弟学校乃至辍学。义务后教育已不属于义务教育的范围，需要支付学杂费、住宿费、择校费等，而这些费用对流动人口家庭而言是一笔不小的开支，造成流动人口家庭收入与教育支出的矛盾（章云兰等，2010）。

高等教育的低回报对流动人口子女的教育造成了一定影响。随着大学扩招、高等教育大众化时代的到来，大学生就业遭遇了结构性问题，部分大学生不得不面临"毕业即失业"的局面；即使部分大学生能正常就业，而工资收入与农民工相差无几，有的甚至低于农民工，这也在一定程度上影响了流动人口子女义务后教育的发展（章云兰等，2010）。

3. 制度障碍导致流动人口子女无法在流入地就读高中，影响其受教育权利及社会流动

农民工随迁子女开始进入高中阶段，但在流入地高中就读的高意愿与现实政策相冲突。随着流动人口举家迁移规模的日益增加，越来越多的随迁子女需要接受高中阶段教育，且未来这一数据将更加庞大。中央教科所教育政策研究中心的调研发现，有相当一部分流动人口希望随迁子女初中毕业后能继续在流入地读高中。然而，受户籍障碍、高考政策的限制，以及各地在教材、课程等方面的不一致，随迁子女在流入地接受高中教育已成为难以解决的顽疾（吴霓，2010）。在上海的一项调研结果显示，初中毕业后在上海继续就读是流动儿童的主要期望，70%左右的就读初中的流动儿童希望能在上海继续读书，30%左右的人打算回家乡完成学业。影响流动人口子女在上海接受初中后教育的主要障碍中排在第一的是"不能在上海参加中考"，占40%；经济条件不允许排第三，占14%（吴晓燕、吴瑞君，2008）。国家目前尚未对流动人口子女在非户籍所在地上高中出台相关政策和优惠措施，各地高中根据原有招生政策可以拒绝招收流动人口子女入学。尽管有些地方在近一两年内开始允许流动人口子女在本地高中或中职借读，如上海、无锡、南京、石家庄、福建、宁波、贵阳等地；但所开放的资源仍带有一定的局限性，如上海市中职的热门专业仅限于具有本地户籍的考生，贵阳向农民工子女开放的普通高中都是非重点学校。

流动人口子女无力承担在流入地高中就读的费用。高中教育属于非义务教育，流动人口子女虽然能够在流入地公办高中上学，但必须缴纳当地学校规定的借读费、学杂费等，数目一般较高。流动人口中大部分收入较低的农民工家庭很难承受这样的费用，因此，初中毕业后的农民工子女的现实选择一是回老家读高中，二是直接就业（王远伟，2007）。另一项调查结果显示，尽管多达77%的农民工子女希望初中后继续读书，但事实上北京市农民工子女初中毕业后回家乡参加中考继续读高中的比例仅占总数的5%～10%，其余全部留在北京；留在北京的子女就读于中等职业学校的占10%～20%，70%以上的毕业生直接走向社会，或从事父母的职业，或在城乡接合部游荡（杨东平、王旗，2009）。

高考政策的地区差异和学习的不衔接影响流动人口子女学业成绩。即使在一些地区开放了普通高中，流动人口子女仍必须回到原籍参加高考。我国各省（区）将从 2007 年起陆续实施新课程标准，各省（区）独立高考，省统考与全国统考在考试的内容、方式和方法上都有较大差异（王远伟，2007）。学生在流入地读高中、回户籍地高考，这种不衔接的教育势必会影响其成绩（王春光，2006）。值得关注的是，很多流动人口子女自小生活在流入地，成为所在城市的事实居民，但受到户籍的限制，难以在流入地继续接受初中后教育，然而一旦他们回到户籍所在地就读高中，不仅面临学习上的适应问题，还要面临生活等各方面的适应问题。

4. 流动人口自身因素对下一代的教育产生不利影响

流动人口家长为了养家糊口没有时间也没有能力辅导孩子学习或送孩子到辅导班，并且对孩子将来的发展也没有具体设想。这从主观上使解决城市流动儿童受教育问题更加艰难（王涤，2005）。受父母的工作性质、时间与受教育水平等因素的限制，有 11.1% 的孩子在家中没有任何作业与学习指导（韩嘉玲，2005）。在教育方式上，很多家长持"不打不成器"的观点，在儿童犯错误时，经常采取打骂方式。流动儿童的父母虽重视孩子的教育问题，但往往认为教师对教育孩子才起主要的作用。

（二）留守儿童教育状况：在输出地，农民工子女教育问题表现为现有农村教育的缺失

1. 农村教育的缺失造成"推出效应"

王远伟（2007）指出，一些农村和落后地区凋敝的基础教育对众

多受教育儿童客观上起着"推出"的作用，比如，农村学校普遍教育质量低，寄宿学校的生活、住宿条件较差等问题。据东北师范大学农村教育研究所在辽宁、吉林、黑龙江、河南、山东、湖北6省14县的17所农村初级中学校进行的一次调查显示，学生平均辍学率超过40%，远远超过国家3%的控制辍学率标准。该统计还表明，辍学学生中，有53%是因为厌学，而非大家意料中的贫困（阳大桥，2009）。同时，留守儿童由于缺乏家庭教育的支撑，普遍存在辍学率高（特别是初中以上阶段）、学习状况不良（王远伟，2007），孤僻、交际自控能力差、自由散漫等心理障碍或缺陷，甚至感觉遭到遗弃，对社会产生逆反心理和仇视态度（阳大侨，2009）。这种现状导致留守儿童更容易失去继续教育的信心，过早地加入到第二代农民工大军中。

2. 教育的城乡差距使城市教育对流动人口子女具有较大的吸引力

由于复合二元教育的存在，我国的教育在城乡之间、地区之间存在较大差距，城市公办学校的教育设施、教师水平、教学方法和文化氛围远远好于农村学校，农村和落后地区学校的教育水平和条件甚至比不上城市中的打工子弟学校（王远伟，2007）。另一项调查发现，流动儿童和家长普遍认为城市学校的教师（包括公立学校和打工子弟学校）的教学方法更为恰当，对学生更负责，学校的管理比较规范（张秋凌等，2003）。韩嘉玲（2005）认为，城市的总体教学条件比流出地农村的条件高，流动儿童对在城市上学的满意程度高。总体来看，流动儿童对在城市上学的满意程度相当高，对北京流动儿童调查的结果显示他们对学校的满意度高达93.1%，不喜欢的只有2.3%。城市的学校，无论在学校环境与教学质量，老师及同学关系等方面，都较流出地（老家）条件好，甚至连条件简陋的打工子弟学校一般也比流动人口老家的学校要好。

二 农民工的培训现状

1. 我国农民工的素质普遍偏低

国家人口计生委流动人口服务管理司 2009 年对重点地区流动人口监测试点的调查结果表明，流动人口受教育水平虽有所提高，但仍有 53.2% 的人仅仅是初中毕业，还有 13.2% 的人为小学及以下文化程度，难以适应产业结构升级以及城镇化进程的需要，大多数农民工还只能从事低技术含量的工作，长期沉淀在低层次劳动者群体中（国家人口计生委流动人口服务管理司，2010）。

2. 农民工培训问题突出

在农民工培训方面，现有培训存在诸多问题：一是培训力度不够，导致农民工缺乏继续教育与培训的机会。我国于 2003 年 9 月正式出台了农民工职业技能培训政策，培训的体系和机制并不完善，培训模式也在逐步探索中，加之企业与农民工之间缺乏长期稳定的合约关系，企业对农民工培训往往缺乏足够的动力，导致农民工培训的资源匮乏（农民的培训需求及培训模式研究课题组，2005）。有调查显示，我国 80% 以上的农民工未接受过职业技能培训，且自 2008 年 9 月以来，流动人口接受过政府部门组织培训的比例仅为 8.4%（国家人口计生委流动人口服务管理司，2010）。二是培训往往流于形式，培训的"需求"与"错位"问题严重。农民工培训中存在着培训内容、培训方式、培训时间与培训需求明显的错位现象，大大降低了农民工的培训意愿和参与培训的行为（张妍，2009）。三是农民工对城市文明的接受程度有限。基于城市社会的排斥和农民工的自我拒绝，加之过高的流动性，大多数农民工虽然在不同城市务工多年，但仍然未能真正接受城市文明并融入城市生活，这对农民工素质的提升非常不利（郑功成、黄黎若莲，2006）。

三 流动人口教育现状的影响因素

1. 城乡分割、区域封闭的户籍制度严重制约流动儿童受教育的权利

左光霞等（2009）认为，制度排斥导致流动人口子女"上不了学"，其中户籍制度是最重要的制度排斥手段。城市的管理思路基本上仍停留在过时的户籍人口管理模式，并没有向适应急剧社会变迁时期以常住人口（属地化管理）的管理模式调整（韩嘉玲，2005）。我国 1958 年建立的现行户籍制度与劳动就业、福利保障、义务教育等具体社会制度紧密结合在一起，从而衍生出固化公民先天身份，控制人口自由迁移等附属职能（俞贺楠，2008）。1979 年以后，户籍制度限制人口流动的功能虽然不断弱化，如农民可以"自由"进入城市，但户籍制度依然对农民的身份、就业、教育、生活水平等起到制约作用。没有流入地户口的人口无法享受与城市人口相同的机会与权利，适龄儿童在流入地（现居住地）很难得到同等的受教育机会——户籍不能随人走，但教育经费又要按户籍投入，导致流动儿童无法享受到公共教育资源（韩嘉玲，2005）。

2. 义务教育财政体制的局限性

在现行的"以县为主"的义务教育投入机制框架下，流入地政府多数利用自身的资源只对本地儿童义务教育负责，缺乏解决外来流动儿童教育问题的积极性。流动儿童离开了户口所在的地区，由于没有流入地的户口，无法享受由流入地政府财政负担的教育经费补贴，且流入地政府也没有落实外来人口子女教育的资金及任务（韩嘉玲，

2005）。事权与财权的不匹配加重了流入地政府财政负担，也会导致部分流入地政府在思想上、行动上不能积极配合做好流动人口子女的义务教育工作，采取应付了事的做法（杜晓利，2008）。刘鸿渊（2007）认为，"两为主"的原则势必会触及地方政府的利益，使政策受到影响，加大政策实施的成本。

3. 认识不足、政策落后

现有政策和对流动人口教育的认识无法适应人口大流动的社会格局。随着20世纪80年代中期以来我国流动人口的大规模流动，流动儿童教育问题在90年代初期开始暴露。相关部门对流动儿童问题的认识，远远落后于现实，政策法规滞后于社会变迁。在1995年以前，国家并没有出台专门针对流动人口子女教育的文件。1998年教育部、公安部联合颁发《流动儿童少年就学暂行办法》，对流动儿童在城市入学采取阻挡的管理策略，没有明确流入地政府在解决流动人口子女入学方面应该承担怎样的责任。这表明相关部门没有认识到人口大流动所带来的对教育的冲击与挑战。决策的滞后导致了打工子弟学校在全国范围内遍地开花的现象及农村留守儿童问题（韩嘉玲，2005）。

城市的消极态度影响流动人口教育问题的积极解决。城市对农民工"经济接纳，社会拒入"的态度，导致农民工处于城市边缘的状态，进而造成农民工子女平等接受义务教育的权力得不到保障（华灵燕，2007）。北京、上海等大城市多从负面角度看待人口迁移所造成的社会影响，从控制人口总量的观点出发，采取保守的封闭的地方保护主义，对流动儿童采取有限制的接纳；城市从治安的角度、防止犯罪的角度对流动人员进行管理，而不是从教育城市建设者的高度来考虑他们的子女教育问题，往往以施舍、俯视的角度来对待流动儿童教育（韩嘉玲，2007）。

流动人口子女处于统计口径的"盲区"。我国公安部门从社会治安角度统计的城市流动人口主要为 16 岁以上；而教育部门统计的教育人口是以"户籍人口"为准的；由于城市调查大队对流动人口子女的统计不是常规工作，因此教育部门不能有规律地获得流动人口子女数量的变化。这也使得城市教育部门的工作处于被动状态，只能根据当年的入学数量估计，不利于合理调配教育资源，也不利于把流动人口子女教育问题纳入当地的教育发展规划中（杜晓利，2008）。流入地与流出地缺乏沟通，信息不对称，导致一方面流入地政府只能统计出接受教育的外来人口子女人数，不能完全掌握本地外来人口的子女总数，无法全面检查弥补制度漏洞；另一方面，外来人口具有很大的流动性，而教育投资不能立竿见影，流入地信息掌握不及时，为教育规划带来很大困难（俞贺楠，2008）。

4. 现有"两为主"政策的局限性

近年来，我国先后通过《国务院关于基础教育改革与发展的决定》和《中华人民共和国义务教育法》等政策法规，明确了流动人口子女接受义务教育问题的"两为主"原则，这虽然明确了流入地政府"提供平等接受义务教育的条件"的责任，但是相关的户籍管理制度、教育财政拨款和管理制度并没有进行相应的变革，从入学到经费保障等关键问题如何落实，则交由省、自治区、直辖市规定。这是将流动儿童教育问题另案处理，没有将流动儿童教育主流化（韩嘉玲，2007）。然而，中央政府虽然出台了"两为主"的政策，但没有支付相应的"政策成本"，让流入地政府成为农民工子女教育的投资主体。在这种情况下，流入地政府在执行国家相关政策的成本支出和自身利益的权衡中，其决策的结果要么是有条件的执行——如通过为农民工子女入学设置诸多门槛。以北京市公立学校为例，接收农民工子女入学的准入条件包括暂住证、户籍证明、实际居住证明、就业证明、监护人身份证、户籍地出具的当地监护条件证明等（许林、袁桂林，2010）；或者是将执行国家政策而额外承担的财政支出成本转嫁给城市流动儿童及家庭，现实表现为通过收取借读费、赞助费的形式来转嫁、缓解政府的财政支出成本和压力，从而将大部分难以承担高昂借读费的农民工子女排斥在正式制度的义务教育供给体系之外，使其陷入两难选择中：一是接受正式制度安排的义务教育但必须承受较高的经济成本，二是低成本地接受制度外所提供的质量较差、不规范的义务教育（刘鸿渊，2007）。

5. 制度间发展不协调，造成相互阻碍的局面

在教育制度上，越来越多的省市开始高考自主命题，表明我国的教育方式愈发科学合理，而自主命题自然带来当地教材的修改。但在"回原籍参加高考"这一制度的规定下，教材的不统一无疑给流动人口子女教育带来很大困扰。教育制度与人口政策等并未很好配合，反而相互牵绊，相互制约。如国家相关政策一再强调要保障流动人口子女的受教育权力，那么制度间的不协调状况如何解决仍是一大难题（杜晓利，2008）。

6. 流动人口自身素质和能力不足

在义务教育阶段，因为家庭经济状况优越，城市儿童的义务教育权利更具自主性、可选择性。农村流动儿童的义务教育权利则因为家庭和经济方面的劣势更容易遭受隐性剥损（吕少蓉，2008）。流动人口尤其是农民工普遍存在劳动收入低、工作不稳定、经济状况差、生活质量低的生存状况。在这种不良的生存环境中，又很难获得再学习、接受再教育的机会，形成恶性循环，致使其总体素质无法在短时间里有很大改变。一方面，农民工偏低的文化水平、较低的收入、繁重的

劳动、超常的工作时间等使其能够投入到子女教育上的经济、时间、精力等资源都极为有限，加剧了其子女的教育弱势（华灵燕，2007）。另一方面，当前城市中的大量流动人口，既不能取得城市人的身份，更无法获得社会制度赋予城市人的种种教育与生活机会、福利待遇，并且还经常被城市人群所排斥，长此以往，形成了深刻的社会隔阂。这种隔阂在社会传统的巨大推力作用下"遗传"给他们的子女，使其感受到强烈自卑感和社会教育不公平的影响（王冬云，2008）。

四　流动人口的教育状况对贫困的影响

1. 对未来的期望落空

新生代农民工（"80后"和"90后"）大多数是第一代农民工的子女。他们往往十六七岁就出来打工，没有扎实的知识基础和专业技能，所受教育的欠缺已成为他们前进中最大的绊脚石，未来的上升空间非常有限（阳大桥，2009）。

对大多数农民工来说，他们付出巨大代价往往是为了孩子，希望孩子能够接受良好的教育将来不再受苦。然而，流动儿童的教育在起点、过程和结果中仍然存在种种不平等。如果社会中处于优势地位的阶层通过代际继承的方式巩固优势，而社会较低阶层的子女流动到较高阶层的门槛不断被抬高，失去接受良好教育的机会，也就意味着失去了通过社会阶梯融入社会主流的机会，他们中的大部分将被迫重复父辈的生活，这样一种刚性的社会结构不但会使社会丧失发展和更新的活力，而且社会阶层间的对立和敌意也将随着分化的扩大而加剧（李强等，2007）。

2. 贫困的代际传承

刘鸿渊（2007）认为，尽管我国出台了大量的相关政策，但这些政策并没有达到预期的效果，农民工进城子女无论是在享受义务教育资源的公平性，还是就学的经济成本等方面都受到了流入地政府、公办学校不同程度地排斥和区别对待，其直接后果是进城务工的农民工子女辍学率和上学年龄都远高于城市同龄儿童，导致以农村家庭为主体的人力资本投资中途中断，从而使贫困现象在这类家庭中出现代际转移，暂时贫困因人力资源问题演化成长期贫困。

流动人口的子女如果不能像流入地城市儿童那样获得同等的教育福利，失去入学或升学的机会，很可能造成他们对学习失去兴趣，学习成绩滑坡、失学、辍学等不良后果。从长远来看，一旦这些未成年人错过正常接受教育的机会，进入工厂、流入社会，很有可能像他们父辈一样，成为中国新生一代文化素质低的人口，我国的人口再生产将会进入人口文化素质低的恶性循环。这不仅影响流动人口子女个人的发展，还可能阻碍我国劳动力整体素质的提高（俞贺楠，2008）。

3. 影响流动人口的就业和收入

提高低收入者收入的最根本办法是提高他们获得收入的能力，也就是说要提升他们的人力资本，让他们能够创造更多的价值。中国进城务工人员问题的根源是进城务工人员的教育严重欠缺，比较进城务工人员和他们的城市同龄人时发现，两者的根本差别是教育程度和教育内容的差别（李明华，2008）。受教育水平直接影响农民工的收入水平。国家统计局农调总队的调查表明，农民工的劳均汇寄款与其受教育程度之间的相关系数为 0.9838，呈高度正相关，而且每增加 1 年的受教育时间，每年可增加的汇寄款为 149 元。不仅如此，受教育水平还影响农民工外出就业的空间流动、农民工外出就业的途径方式、外出就业的稳定性和持续性及其维权能力等（魏毅、廖素琼，2006）。

4. 对社会公平和社会和谐的影响

新生代农民工不像他们的父辈那样眷恋乡土，长时间的城市生活，使得他们中的大多数已不适应农村生活，但"同城不同待遇"使其缺乏对城市的认同感和归属感。面对规模日趋庞大的农民工新生代，维护教育公平的任务更加繁重（吴霓，2010）。教育公平作为社会公平价值在教育领域的延伸和体现，它不仅是教育现代化的基本价值和基本目标，也是社会公平的重要基石。义务教育公平是教育公平的基础，假如它无法实现，则公民的起点公平和国民待遇原则及以后的发展也就无从谈起（刘伟，2004）。

流动儿童教育的缺失，可能造成严重的社会危害，妨碍社会稳定的实现，还将影响社会公平的实现。流动人口子女的教育现状反映出严重的不平等，不仅损害了义务教育的义务性、公平性、完整性，还会加深城乡的不平等和社会阶层的分化，产生更大的社会不公平（俞贺楠，2008）。

五　改善流动人口教育状况的政策建议

1. 采取常住人口管理取代属地管理的教育体制

从根本上来说，应逐步强化乃至取消与户籍相联系的城乡隔离的各种制度，从而保障劳动力合理流动（范先佐，2005），户籍的功能应只限于对人口进行登记注册，以实现对人口的管理（左光霞等，2009）。韩嘉玲（2005）提出，各级政府应打破现行以户口为依据的户籍管理体制，建立以常住人口/现居住人口为依据的管理体制，将流动人口也作为公共服务的对象。特别是在基础教育方面，应将流动儿童就学纳入城市公办学校的招生计划，采取常住人口管理取代属地管理的教育体制，即城市义务教育工作应将流动儿童入学纳入"普九"工作的评估、监测及规划中。

2. 将流动儿童纳入政府的日常工作中，改革财政拨款制度

各级政府不仅应为户籍人口服务，也应将非户籍人口（流动人口）纳入其日常管理与服务范围之内（韩嘉玲，2005）。流入地政府应将流动儿童的义务教育纳入当地规划，并从地方税额中划出一定比例给予支持，使国家当前以户籍为基础的义务教育管理体制逐步让位于以纳税人为基础的义务教育制度（高如峰，2005）。

3. 省市一级流入地政府应确保流动儿童教育经费的投入

明确各级政府的财政分担责任是解决农民工子女教育问题的关键。一些学者认为流入地政府应是流动儿童教育的主要财政供给者（范先佐，2005；韩嘉玲，2005）。目前我国以区、县为主的地方负责的义务教育财政体制，带来了地区与城乡之间义务教育阶段的财政资源的不均衡。这种不均衡现象在城市的区县内也同样存在。流动人口在城市中务工、经商，但多住在城乡接合处。这就给城乡接合处的区县增加了接收流动儿童的巨大压力，增加了地方财政的负担。因而省、市一级地区政府的财政应统筹从工商税及房租中征收部分教育附加费，以确保流动儿童教育经费的投入（韩嘉玲，2005）。中央政府也要对那些接收农民随迁子女的城市给予更多财政上的支持（王宗萍等，2010）。

4. 公平对待各类农民工子弟学校，引入市场机制，提高教育财政的利用效率

就目前状况看，单纯依靠公立学校解决所有流动儿童上学问题是

不切实际的。因此，要公平地对待所有农民工子弟学校，消除一切不合理的歧视性政策。一方面，我们要积极鼓励和支持公办民助、民办公助、国有民办和转制学校等多元办学形式，动员社会力量参与对流动儿童教育的投入；另一方面，我们要实行"生均拨款制度"，无论是公立学校还是各类民办学校，只要接纳了流动儿童，就必须一视同仁地按照接纳的数量拨付相应的财政经费（付卫东，2008）。

5. 重视流动儿童的特殊性，提供适合流动儿童的教育

流动儿童因迁徙而形成的特殊教育需求，对传统的学校管理体制提出了新的要求，包括学校的招生与注册制度、到校与离校时间、课堂要求、对老师的评估制度、学校与社区关系的脱离及教师对学生家庭与生活环境的了解，等等。流动儿童时常要随父母的迁移而不断流动，现行的以学年为单位的学籍管理办法无法适应流动儿童的需求，因此，在流动儿童的学籍管理制度上应更有弹性。同时，目前以升学为目的的教育目标及教学体制也无法适应流动儿童的特殊性与流动性，使得流动儿童的教育问题越发突出。流动儿童来自四面八方，过去的学习经历五花八门，使用过的课本各不相同，学习基础也有很大差异性。因此，公立学校应以流动儿童原有的生活经验为基础，针对他们的特殊需求，为他们提供"平等且符合他们特殊需求的教育"（韩嘉玲，2005；雷万鹏，2005）。例如，面临新的学习环境及城乡差异，流动儿童需要老师更多的关怀，需要教师进行个别的辅导或家访。因此，教育部门与学校在评价教师时，不适宜用城市标准去衡量教师的工作（韩嘉玲，2005）。

6. 加强流动人口子女和流入地儿童的融合教育

唐琼一（2008）建议，通过公民教育，提高流动儿童的权责意识、社会参与意识、机会与能力，促进流动儿童与城市居民的理解与

互动。为促进流动儿童融入城市生活，还需加大对农民工为社会做出特殊贡献的正面宣传力度，提高农民工及随迁子女的社会地位，避免"标签化"（王宗萍等，2010）。

7. 允许流动儿童在流入地参加升学考试

首先，应放开职业教育和普通高中教育资源，允许流动儿童在流入地参加中考、就读普通高中和中职。其次，应改革高考制度，允许流动儿童在流入地参加高考。从小在大城市生活及学习的流动儿童，由于没有城市户口，只能回原籍农村参加高考，按当地录取分数线录取。这对他们是极不公平的。他们的基本生活与成长的经验是与所在城市的发展相伴随的，从这个意义上讲，他们已经是真正意义上的城市人，也将成为城市未来的主人，他们的发展与成长将关系到城市长远及整体的发展水平。因此，应改革高考录取制度，流动儿童应获得与所在城市儿童平等的身份和地位（韩嘉玲，2005）。

8. 重新审视农村中学的教育功能

作为农民工输出地的农村中学，其教育水平决定了农民工子女的发展起点。但长期以来我国农村中学更多的是为升学服务。除了传统的升学功能外，农村中学还应当重视发展素质教育、职业技能、情感关怀等这些决定农民工子女起点的功能教育。具体来说，一是要尽量挽留农民工子女继续学习，打下扎实的知识基础；二是要对留守农民工子女给予充分的情感关怀，以弥补其家庭教育的缺位；三是要抓好素质教育，有助于其将来适应城市生活；四是适当地培养职业技能，以备不时之需（阳大侨，2009）。

9. 开放城市教育培训系统，尽快落实农民工的教育培训权

开放城市教育培训系统，尽快落实农民工的教育培训权，在努力

促使农民工素质提升的同时，实现我国产业升级换代，并向新兴工业化快速迈进。因此，政府需要有农民工培训的专项投入，加大对农民工的人力资本投资，在农民工技能培训方面，输出地政府和输入地政府的责任是并重的。在农民工输入地，不仅需要开放城市教育培训系统，推进专门针对农民工的教育培训工程，而且应当规范农民工的劳动关系，努力实现农民工就业的稳定（郑功成、黄黎若莲，2006）。

在农民工培训中，还应明确政府、用工单位和农民工各主体的责任，多渠道加大农民工教育培训的资金投入。进一步加大中央和省级财政对农民工教育培训的投入力度并纳入财政预算范围，确保两级政府对农民工教育培训的投入能够分别与财政收入总量成一定比例增长。适当地在农民工主要输入地财政收入的增量中提取相应比例，上缴中央政府以建立农村劳动力转移培训专项基金，通过财政转移支付的办法用于支持输出地的农民工教育培训（魏毅、廖素琼，2006）。

参考文献

杜晓利：《流动人口子女义务教育问题剖析》，《教育发展研究》2008 年第 1 期。

范先佐：《"流动儿童"教育面临的问题与对策》，《当代教育论坛》2005 年第 4 期。

付卫东：《论流动儿童教育与义务教育财政制度改革》，《教育探索》2008 年第 6 期。

高如峰：《义务教育投资国际比较》，人民教育出版社，2005。

国家人口计生委流动人口服务管理司：《中国流动人口生存发展状况报告——基于重点地区流动人口监测试点调查》，《人口研究》2010 年第 1 期。

韩嘉玲：《城市流动儿童教育问题研究》，载转型期中国重大教育政策案例研究课题组（全国"十五"规划国家重点课题）：《缩小差距：中国教育政策的重大命题》，人民教育出版社，2005。

韩嘉玲：《流动儿童教育与我国的教育体制改革》，《北京社会科学》2007 年第

4 期。

华灵燕：《流动人口子女教育问题的背景分析》，《民族教育研究》2007 年第 3 期。

黄祖辉、许昆鹏：《农民工及其子女的教育问题与对策》，《浙江大学学报（人文社会科学版）》2006 年第 4 期。

雷万鹏：《从多元需求看流动儿童教育政策选择》，《华中师范大学学报（人文社会科学版）》2005 年第 3 期。

李强、雒建江：《机会平等与代际公正——关于农民工子女教育问题的社会学分析》，《沈阳大学学报》2007 年第 4 期。

李明华：《新国富论：农民工教育发展是基本的国家利益是中国未来的国富源泉》，《2008 年度上海市社会科学界第六届学术年会文集（哲学·历史·文学学科卷）》，2008。

刘鸿渊：《多元利益格局下的城市流动儿童教育问题研究》，《社会科学研究》2007 年第 6 期。

刘伟：《从教育公平原则看我国义务教育的投入》，《江西教育科研》2004 年第 4 期。

吕少蓉：《农村流动儿童的群体特征及对其义务教育的不利影响》，《南京人口管理干部学院学报》2008 年第 4 期。

农民的培训需求及培训模式研究课题组：《农民的培训需求及培训模式研究》，《经济研究参考》2005 年第 35 期。

唐琼一：《基于公民教育视角的流动儿童社会融入问题》，《教育理论与实践（中小学教育教学版）》2008 年第 9 期。

王春光：《农村流动人口的"半城市化"问题研究》，《社会学研究》2006 年第 5 期。

王涤等：《中国流动人口子女教育调查与研究》，经济科学出版社，2005。

王冬云：《流动人口子女教育问题与对策研究》，《人口学刊》2008 年第 4 期。

王石生：《全面发展需要提高三产比重》，《经济参考报》2005 年 12 月 24 日，转引自杜晓利：《流动人口子女义务教育问题剖析》，《教育发展研究》2008 年第 1 期。

王远伟：《"复合二元教育"对流动人口子女教育的影响》，《教育发展研究》2007 年第 23 期。

王宗萍、段成荣、杨舸：《我国农民工随迁子女状况研究——基于 2005 年全国 1%

人口抽样调查数据的分析》，《中国软科学》2010 年第 9 期。

魏毅、廖素琼：《农民工受教育状况对其就业能力的影响》，《高等农业教育》2006 年第 8 期。

吴霓：《农民工随迁子女教育的新趋势及对策》，《求是》2010 年第 7 期。

吴晓燕、吴瑞君：《大城市流动人口子女初中后教育的现状、问题及难点分析——基于上海市的专题调研》，《教育导刊》2008 年第 12 期。

许林、袁桂林：《论农民工子女的教育问题——基于利益相关者理论的审视》，《湖南师范大学教育科学学报》2010 年第 3 期。

阳大桥：《农民工子女生存现状与农村中学功能审视》，《黑龙江科技信息》2009 年第 23 期。

杨东平、王旗：《北京市农民工子女初中后教育研究》，《北京社会科学》2009 年第 1 期。

俞贺楠：《我国流动人口子女教育福利失衡研究》，《中共银川市委党校学报》2008 年第 6 期。

张秋凌、屈志勇、邹泓：《流动儿童发展状况调查——对北京、深圳、绍兴、咸阳四城市的访谈报告》，《青年研究》2003 年第 9 期。

张妍：《我国流动妇女的培训现状及培训需求分析》，《农村经济》2009 年第 3 期。

章云兰等：《浙江省流动人口子女义务后教育公平的问题研究》，《浙江工业大学学报（社会科学版）》2010 年第 1 期。

郑功成、黄黎若莲：《中国农民工问题：理论判断与政策思路》，《中国人民大学学报》2006 年第 6 期。

中央教育科学研究所教育发展研究部课题组：《中国进城务工就业农民子女义务教育研究》，《华中师范大学学报（人文社会科学版）》2007 年第 2 期。

庄甜甜、王奕君：《上海流动儿童学前教育社会支持系统的现状与改进》，《学前教育研究》2010 年第 3 期。

左光霞、冯帮：《社会排斥与流动人口子女的教育公平》，《现代教育科学》2009 年第 3 期。

第十三章　流动人口子女的义务教育：北京调查

中国的人口流动在其整个发展过程中，随着流动环境的变化（特别是各种政策和限制的变化）人口流动的特点也表现出一些变化。人口流动最初被制度设计者们限定在"离土不离乡"，也就是说，人口流动的去向一般是就近的小城市和小城镇，但是小城镇的容纳能力毕竟有限，农村剩余劳动力不可避免最终要走向大城市，书斋里的设计总不如现实生产力的生命力强大。中国人口流动表现出的另一特点变化是，流动人口不再像最初阶段那样做大规模的摆钟式流动（曾经所谓的"民工潮"），其中的很大一部分人在流入地沉淀下来，成为本地的常住人口，他们和本地人一样在这里工作、纳税和生活，唯一不同的是他们没有城市的户口（当然还由此导致了他们在就业、保障等诸多方面与本地人的差别）。

人口流动的新变化使得流动人口越来越像本地人，他们在城市生活的时间更长了，他们中的部分人把子女带到了城市（如希望孩子在身边、家里没人照顾、希望孩子接受城里的教育等），这些孩子大部分处于就学的年龄，这就引发了我们今天所讨论的流动人口子女受教育的问题。各种信息表明，流动人口子女在城市就学还存在诸多问题（在后文将详细论及），如何解决这些问题，让所有流动人口子女像其他适龄儿童一样进入国家正规的义务教育体系，是本研究所要关注的问题。

本研究主要采用理论研究和实际调研相结合的方法，在总结近年来其他学者对流动人口子女受教育问题所作研究的基础上，利用2000年中国第五次人口普查的资料，了解流动人口子女受教育的总体状况，同时利用实地调研，进行深度访谈，了解流动人口子女受教育所面临的具体问题，重点是为什么还有大量的流动人口子女无法进入国家正规的义务教育体系，最后在经过深入研究的基础上，提出解决这些问题的建议。

2004年我们访问了北京市的一些打工子弟学校和公立学校，与学校的老师、流动儿童及其家长进行了深入访谈，了解了当前流动人口子女受教育方面存在的一些问题，并在调查中逐渐明确了我们本次调查研究所要关注的主要问题：为什么还有那么多的流动人口子女仍然徘徊在国家正规义务教育体系之外，就读于条件较差的打工子弟学校？我们通过调查找到了其中的答案。

一　流动人口子女受教育的现状

严格来说，流动人口子女是一个很宽泛的概念，它既包括随父母流动的子女，也包括未随父母流动、留在老家的子女。因留在老家的流动人口子女一般在当地很容易进入国家义务教育的体系，所以本研究关注的主要是随父母（或一方）发生了流动的子女受教育问题。鉴于他们本身发生了流动，为了叙述的方便以下称他们为流动儿童（14周岁以下）。

根据第五次人口普查资料，2000年11月1日我国流动儿童总量达1410万人，跨省流动儿童约339万人，他们已成为一个规模庞大的特殊群体（段成荣、梁宏，2004）。下面我们以北京市为例，详细描述和分析流动儿童的受教育状况。

根据北京市 2000 年人口普查资料，2000 年 11 月 1 日北京市外来流动人口总量为 2567725 人，占全市人口总数的 18.92%。其中 14 周岁以下儿童为 283433 人，占全部外来流动人口的 11.04%；而 6～14 周岁的学龄儿童数为 114935 人，占外来流动儿童总体的 40.55%，占北京市学龄儿童总体的 8.85%。

（一）流动儿童的性别年龄特征

在北京市 28 万流动儿童中，男女分别占 54.54% 和 45.46%，性别比高达 120。从他们的性别年龄构成上看（见表 13-1、图 13-1），性别比偏高，且年龄分布不均匀，4～10 岁各年龄的性别比都高于总的性别比。各年龄组的男孩数均多于女孩数（即：各年龄的性别比均高于 100），随着年龄的增加，各年龄人口占 0～14 岁流动儿童的比例呈现明显的下降趋势。这种趋势说明，随着时间的推移，低年龄组流动儿童慢慢进入入学年龄，流动儿童就学的需求将不断增加，流动人口子女受教育问题更为突出，解决这一问题的任务也将更为艰巨。

表 13-1 北京市流动儿童的性别年龄构成

单位：岁，%

年　龄	合　计	男	女	性别比
0	13.71	13.27	14.24	111.76
1	10.91	10.78	11.06	117.01
2	9.70	9.63	9.78	118.20
3	9.00	9.00	9.01	119.83
4	8.23	8.24	8.22	120.40
5	7.89	7.99	7.78	123.36
6	6.03	6.10	5.94	123.20

续表

年　龄	合　计	男	女	性别比
7	5.61	5.92	5.25	135.42
8	5.22	5.44	4.96	131.65
9	4.67	4.86	4.44	131.18
10	5.29	5.45	5.09	128.44
11	4.23	4.23	4.23	119.99
12	3.57	3.51	3.65	115.24
13	3.06	2.90	3.25	107.07
14	2.87	2.67	3.10	103.30
0～14	100	100	100	119.99

资料来源：根据《北京市 2000 年人口普查资料》计算。

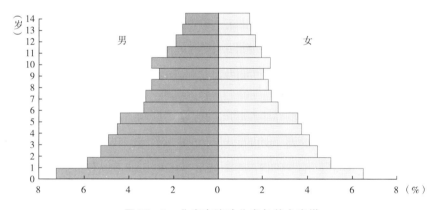

图 13 - 1　北京市流动儿童年龄金字塔

资料来源：根据《北京市 2000 年人口普查资料》计算。

（二）流动儿童的迁移特征

北京是一个流动人口聚集的城市，这些流动人口来自全国各地，各省份均有人口流入北京。但从总体上看，流动人口的迁出地分布还是相对集中，排在迁出地的前五个省份是：河北省（29.06%）、河南省（11.65%）、安徽省（8.96%）、四川省（6.69%）和山东省（6.5%）。流动儿童的迁出地分布也相对集中，与流动人口总体的迁出地略有差异，排在前五位的省份分别是：河北省（25.65%）、河南省（16.23%）、安徽省（13.09%）、山东省（9.95%）和浙江省（6.28%）。这表明，流入北京市的儿童和流动人口一样，大多数来自周边省份或人口大省。例如，河北流入北京的人口最多，而湖南等省流动相对较少，主要是受到空间距离的影响，即具有近距离的迁移特点。

大多数流动儿童来自农村，并与亲人生活在一起。在全部流动儿童中，户口类型为农业户口的占84.82%，非农业户口的占15.18%，且生活在市区内的比例为87.96%。这些流动儿童的96.34%生活在家庭户中，与户主的关系为"子女"的占90.05%，为"孙子女"的占4.19%，这说明大多数流动儿童是随父母一起流动，具有稳定的家庭关系，能直接得到亲人的关怀和照顾。

（三）流动儿童的受教育状况

根据2000年普查长表数据计算，北京市流动儿童的整体受教育水平略高于全国流动儿童的平均水平，但与北京市儿童相比，则相差悬殊。比如，北京市适龄流动儿童"未上过学"者所占比例为5.62%，比全国流动儿童"未上过学"的比例6.3%低一些，但与北京市适龄儿童"未上过学"的比例相比，则高出4.07个百分点。同时，北京市适龄流动儿童的"识字率"和在校比例也低于北京市儿童的平均水平（见表13-2）。

表13-2　流动儿童受教育状况比较

单位：%

受教育状况	北京市流动儿童	全国流动儿童	北京市儿童
识字率	94.38	93.4	98.45
未上过学的比例	5.62	6.3	1.55
在校比例	93.26	95.1	97.85

资料来源：根据2000年第五次人口普查长表数据计算。

此外，无论全国还是北京市流动儿童中，未在正常年龄接受义务教育的比例都很高（见表 13 - 3）。在年龄为 6 岁的儿童中，北京市流动儿童中未入学的比例为 15.75%，北京市儿童未入学的比例为 10.28%，全国流动儿童为 33.2%；同时 14 岁年龄的儿童中，北京市流动儿童在上小学的比例为 19.90%，北京市儿童上小学的比例为 6.34%，全国流动儿童为 33.3%。尽管从数字的比较来看，北京市流动儿童接受义务教育的比例明显高于全国流动儿童，"超龄"上学的现象也比全国流动儿童的状况好，但与北京市儿童相比，比例的差值还是比较大的。尤其是 14 岁儿童上小学的比例，北京市流动儿童比北京市儿童高出 13.56 个百分点。这样的"超龄"上学会对这些孩子的成长产生不利的影响。

表 13 - 3　流动儿童未在正常年龄接受义务教育的情况

单位：岁，%

未在正常年龄接受义务教育的情况	北京市流动儿童	全国流动儿童	北京市儿童	全国儿童[①]
未上过学的比例：6	15.75	33.2	10.28	21.1
7	2.56	6.1	0.85	3.5
8	1.08	1.8	0.39	1.6
9	0.63	1.1	0.29	0.9
14 岁上小学的比例：	19.9	33.3	6.34	21.5

注：全国流动儿童的数据来源于段成荣、梁宏：《我国流动儿童状况》，《人口研究》2004 年第 1 期。

资料来源：根据《北京市 2000 年人口普查资料》计算。

2003 年 11 月，国务院妇女儿童工作委员会和全国妇联公布了中国 9 个城市流动儿童状况调查结果，同样印证了我们从"五普"中发现的某些流动儿童教育问题：失学率较高（达到 9.3%）；近半数适龄儿童不能及时入学；"超龄"上学现象比较严重；不在学儿童"童工"问题突出。调查显示，6 周岁儿童中有 46.9% 没有接受入学教育，有近20%的9周岁的孩子还只上一、二年级，13周岁和14周岁还在小学就读的人占相应年龄流动儿童的31%和10%（苏敏，2003）。

二 国家和北京市有关流动人口子女教育的政策改进

（一）国家有关流动人口子女教育的政策变化

我们今天所讨论的流动人口子女受教育问题并不是中国社会所固有的，它是随着改革开放以后人口流动的逐渐频繁而慢慢显现的。所以，在1995年以前，这一问题并未受到足够的重视，从国家层面并没有专门的针对流动人口子女教育的文件出台。对于流动人口子女的教育问题，人们只能到1986年颁布的《中华人民共和国义务教育法》中去寻找相关的法律依据，在该法规中规定"凡年满六周岁的儿童，不分性别、民族、种族，应当入学接受规定年限的义务教育"，同时还指出"地方各级人民政府应当合理设置小学、初级中等学校，使儿童、少年就近入学"，"适龄儿童、少年到非户籍所在地接受义务教育的，经户籍所在地的县级教育主管部门或者乡级人民政府批准，可以按照居住地人民政府的有关规定申请借读"。当时的立法原则基本上明确了流动儿童义务教育义务的承担者是流动儿童户口所在地的地方政府，对流入地的地方政府而言，基本没有任何向流动人口子女提供义务教育的义务。这一明确的法律指向是造成此后流动人口子女就学困难的重要因素。他们成了十分尴尬的一群人，在户口所在地，他们由于各种各样的情况发生了空间上的移动，享受本地的义务教育已基本没有可能，而在流入地，他们又被视为外来者，无权享受这里的义务教育，除非他们付出高昂的代价（如赞助费）。

随着流动人口大量涌入城市，流动人口子女的教育问题也日渐显现。一部专门的调整流动人口子女受教育问题的法律法规变得十分必须。1995 年，教育部开始着手调查研究流动人口子女的受教育问题，于 1996 年印发了《城镇流动人口中适龄儿童少年就学办法（试行）》，在京、津、沪、浙等 6 省市各选 1 区试行。根据六区的试行结果，1998 年教育部、公安部联合颁发《流动儿童少年就学暂行办法》（以下简称《暂行办法》），规定流动儿童少年就学形式，以在流入地全日制公办中小学借读为主，也可入民办学校及专门招收流动儿童少年的全日制公办中小学附属教学班（组）或简易学校。《暂行办法》规定，流动儿童少年的户籍所在地应当严格控制适龄儿童少年外流，只有在户籍所在地没有监护条件时，可在流入地接受义务教育。同时，为了尽快解决流动儿童少年的入学问题，《暂行办法》提出可酌情放宽简易学校的设立条件，并由当地政府和教育部门给予扶助。《暂行办法》一方面力图控制流动人口子女的外流，另一方面也鼓励流入地采用多种办法解决流动人口子女的就学问题，在解决流动人口子女受教育问题上迈出了重要一步。1998 年后，各种民办打工子弟学校的涌现是这一法规出台直接推动的结果，这些子弟学校在当时公共教育资源相对不足的情况下，对解决流动人口子女就学问题客观上做出了实质性贡献。但《暂行办法》仍然没有就流入地政府在解决流动人口子女入学方面应该承担怎样的义务进行明确说明，立法思想受到了传统教育资源配置体制的约束。

2001 年 5 月《国务院关于基础教育改革与发展的决定》（国发〔2001〕21 号）提出：要重视解决流动人口子女接受义务教育问题，以流入地区政府管理为主，以全日制公办中小学为主，采取多种形式，依法保障流动人口子女接受义务教育的权利。对民办学校在招生、教师职务评聘、教研活动、表彰奖励等方面与公办学校一视同仁。该决定一方面确定了流动人口子女的受教育问题以流入地管理为主，另一方面保障了民办学校的办学条件，使得流动人口子女可以在民办学校得到尽可能好的教育。

2003 年 9 月，国务院办公厅转发教育部、中央编办、公安部、发展改革委、财政部、劳动保障部《关于进一步做好进城务工就业农民子女义务教育工作的意见》（以下简称《意见》）。该《意见》将农民工子女从"流动人口子女"中提出，这是首次直接把政策焦点对准农民工子女，关注这一弱势群体的教育问题。《意见》指出，流入地政府要建立完善机制保障进城务工就业农民子女接受义务教育，并使其教育环境得到明显改善：应将农民工子女义务教育工作纳入当地普及九年义务教育工作范畴和重要工作内容；将农民工子女义务教育纳入城市社会事业发展计划；财政部门要安排必要的保障经费；要根据接收进城务工就业农民子女的数量，合理核定接收学校的教职工编制；价格主管部门要与教育行政部门等制订有关收费标准并检查学校收费情况。在具体实施方面，以公办学校接收为主，要求全日制公办中小学要充分挖掘潜力，尽可能多地接收进城务工就业农民子女就学。在农民工子女接受义务教育的经费筹措保障方面，规定"流入地政府财政部门要对接收进城务工就业农民子女较多的学校给予补助；城市教育费附加中要安排一部分经费，用于进城务工就业农民子女义务教育工作"。为了减轻农民工的经济负担，流入地政府要制定农民工子女接受义务教育的收费标准，减免有关费用，做到收费与当地学生一视同仁；根据学生家长的工作特点，制定分期收费办法；并且积极鼓励社会力量为农民工子女捐资助学。农民工子女在流动人口子女中占有相当大的比例，由于他们的家长收入低，工作不稳定，这些儿童少年在受教育方面处于弱势，这次《意见》明确了流入地政府的职责，并将职责具体化，实现了决策者在流动人口子女受教育问题上的思想转变，有助于流动人口子女尽快实现受教育的权利，并最终解决流动人口子女受教育问题。

（二）北京市有关流动人口子女教育的政策

北京市作为一个流动人口集中的城市，流动人口子女就学的问题一直十分严峻，2001 年，北京市在《北京市人民政府贯彻国务院关于基础教育改革与发展决定的意见》中提议：北京市流动人口子女接受义务教育工作以流入地管理为主，通过安排在公办中小学借读，利用富余校舍及师资条件开办专门学校等多种方式，保证在京合法居住的流动人口的子女接受九年义务教育。

2002 年 9 月 1 日起，根据北京市出台的《北京市对流动人口中适龄儿童少年实施义务教育的暂行办法》规定，流动人口子女在公办小学的借读费由每学期 500 元降到 200 元；初中由每学期 1000 元降到 500 元。这一措施是为了能吸引更多的流动儿童进入公立学校就读。他们借读入学的条件是，在户籍所在地没有监护条件，且其父母在北京居住半年以上并已取得暂住证的适龄儿童。为了让在京流动儿童少年最广泛地得到正规义务教育，北京市为流动人口子女提供多种形式的就学渠道：将公办学校作为招收流动人口子女入学的主体；流动人口集中居住区，由政府举办或改办一批重点招收流动儿童少年的学校；此外，北京市教育行政部门将对"打工者子弟学校"进行规范整顿，将其纳入社会力量办学轨道，依法进行管理，保证在这里就学的孩子得到良好的义务教育。

2003 年 12 月，北京市人大常委会通过了《北京市未成年人保护条例》，规定北京市各级政府和有关部门要对外来务工经商人员未成年子女接受义务教育的权利加以保障。这是北京首次以法律形式保障流动人口子女的受教育权。

三 制约流动人口子女进入正规义务教育体系的因素

尽管北京市近年来为解决流动人口子女受教育问题做出了很大的

努力，但所面临的形势仍然严峻。最新数据显示，目前在北京市打工子弟学校读书的流动儿童有 6.8 万人（葛柱宇，2004），由于打工子弟学校在学校的软硬件方面都相对较差，这部分流动儿童的教育问题尤其值得我们关注。那么，我们首先要问的是为什么还有那么多的流动人口子女无法进入北京市正规的义务教育体系呢？除了公共教育资源有限之外，是否还存在其他的因素？经过调查，我们的答案是肯定的，确实存在其他因素。

（一）来自正规学校的种种限制

中国传统的城乡二元结构虽然随着各项改革的逐渐深入在一定程度上发生了变化，但是其对流动人口子女就学的各种制约并未完全消除。由于流动人口没有本市户口，他们的子女要进入本市的正规义务教育体系，就比本市人口的子女入学要面临更多的艰难。在调查中发现，种种限制流动人口子女进入本市公立学校的障碍依然存在，具体情况如下。

1. 各种高昂的收费是限制流动人口子女进入正规义务教育体系的头号拦路虎

各项调查都表明，流动人口子女进入本地学校要缴纳各种费用。比较主要的有：①借读费。目前北京市规定小学借读费 200 元/人学期，中学为 500 元/人学期。最新的信息是，这项费用在秋季入学时，将全部取消。②择校费（择校生教育补偿金）。此项收费原本是针对北京市学生择校而设的，由于外来人口子女具备既是借读生，又是择校生的双重角色，所以以上二项收费属于规定收费。部分北京市的学校收取。③赞助费。这项费用在前几年大行其道，近年来北京市对赞助费的收取采取了限制措施，大多数招收流动人口子女的学校已经停止了这项收费，但仍然有部分学校还在收取这项费用，各学校的收费因校而异，透明度较低。根据我们的调查，北京海淀区的四季青小学收取的赞助费高达10000元，清河第一小学则为2000元/年。除此之外，在调查中，我们发现还有学校收取不愿吐露具体数额的共建费，同时数额不小的校服费（一般在200元左右）也是各学校普遍收取的费用之一。

2. 繁琐的各种证件和手续成为制约流动人口子女进入正规学校的又一因素

根据《北京市人民政府办公厅转发市教委关于对流动人口中适龄儿童少年实施义务教育暂行办法的通知》（2002年3月28日颁布）第六条的规定："流动儿童少年符合在本市借读条件的，由其父母持申请借读者户籍所在地乡（镇）级人民政府出具的该儿童、少年及其父母的户籍证明；其父母的身份证、在本市的暂住证和外来人员就业证等证明材料向暂住地所在的街道办事处或乡（镇）人民政府提出申请，上述主管部门经核准同意后，为其开具'在京借读批准书'"。流动儿童少年可持"在京借读批准书"和原就读学校出具的学籍证明，到暂住地附近学校联系借读，经学校同意后即可入学。实际上，对于流动人口而言，这是一个十分复杂的流程，他们往往因为在某一环节卡壳而无法让子女入学。在调查中我们就碰到过这样的案例，据被调查者反映，由于其就业证刚刚过期，同时原做生意的市场拆迁，无法申领新的就业证，送女儿进入正规学校的打算只能落空。

3. 其他的人为障碍

目前，北京市的很多学校在招收流动人口子女入学时还设置了一些自己的门槛，如对流动人口子女进行各种各样的考试，然后以考试不合格为由将流动人口子女拒之门外。此外，招生已满和名额不足也是某些学校拒绝招收流动人口子女的常见借口。

（二）流动人口本身制约子女进入正规学校的因素

流动人口子女入学除了受制于正规学校的某些因素之外，还受流动人口自身某些条件的制约，具体情况如下。

1. 流动人口的经济能力是制约其子女进入正规学校的主要因素

在调查中，我们发现几乎所有的流动人口都希望自己的子女有一个好的受教育环境，但是在问及他们为什么没有把子女送入北京市正规学校时，他们提及最多的是交不起钱，这一方面是因为大多数北京市正规学校收费较高，另一方面也因为流动人口自身经济能力较差。根据第五次人口普查资料分析（见表 13-4），北京市外来人口所从事的行业主要集中在批发和零售贸易、餐饮业（34.14%）、制造业（20.87%），建筑业（16.25%）和社会服务业（13%）等四大行业。大多数流动人口的收入较低，较低的收入水平导致用于孩子教育的投资非常有限，即便让他们和北京的孩子交纳同样的费用，他们中的很大一部分人也无力负担，更何况是他们还要交纳诸多其他费用。在调查中发现，即便在收费较低的打工子弟学校，交不起学费的学生也大量存在。

表 13-4 北京市各行业外来人口所占比例

单位：万人，%

行业类别	合　计	合　计
农、林、牧、渔业	6414	4.09
采掘业	2131	1.36
制造业	32745	20.87

行业类别	合　计	合　计
电力、燃气及水的生产和供应业	382	0.24
建筑业	25500	16.25
地质勘查业、水利管理业	133	0.08
交通运输、仓储及邮电通信业	4006	2.55
批发和零售贸易、餐饮业	53554	34.14
金融、保险业	628	0.40
房地产业	2323	1.48
社会服务业	20398	13.00
卫生、体育和社会福利业	1428	0.91
教育、文化广播电影业	3627	2.31
科学研究和综合技术服务业	1431	0.91
国家机关、政党机关和社会团体	1617	1.03
其他行业	567	0.36
合　　计	156884	100

资料来源：根据《北京市 2000 年人口普查资料》计算。

2. 流动人口的流动性特征也制约着其子女进入正规学校

与本地人口不同，流动人口的居住地经常随其工作地的改变而发生变化，当变化发生时，流动人口的子女也必然随之迁徙，当新的居住地与原住居地距离较远时，其子女就读学校的变化也就势在必行。我们在调查中曾经询问学生家长对子女的受教育问题有何期望，有的家长的愿望是转学比较方便，最好到新的地方能找到新的学校入学，但实际上，这种愿望并不太容易实现。在目前北京市教育资源相对不足的情况下，要实现随到随上的愿望几乎是不可能的。所以，在这种情况下，大多数家庭只有寻求比较灵活的打工子弟学校。

3. 流动人口的其他考虑

安全方便是流动人口在考虑子女入学时的一个重要因素。由于流动人口的劳动时间一般比较长且灵活性较差，他们往往没有时间专门接送孩子上学和放学，所以离住所近的学校是他们的首选，这一点使他们的选择范围实际上十分狭小。如果比较近的正规学校的某些条件（如收费高）不能满足他们的期望或超出了他们的承受范围，他们很少去寻找更远一点的正规学校，而是转而选择就近的打工子弟学校入学（或有校车接送的打工子弟学校）。此外，教材问题也是困扰流动人口为子女选择哪种学校的一大因素。目前，北京的学校主要采用的教材有"人教版"和"北京版"两个版本，两个版本的教材存在较大的差异，而别的省份一般使用的是"人教版"，由于目前流动人口子女在北京读高中的难度远胜于小学和初中，在北京参加高考更是毫无希望，很多家长考虑到最终要回到家乡去念高中（有的甚至是初中），所以在选择学校时，一般选择开设了"人教版"课程的学校，这无疑进一步缩小了他们选择学校的范围。

（三）他们为什么选择打工子弟学校——流动人口子女入学的决策分析

在调查中，我们发现之所以有那么多的流动人口选择让子女进入打工子弟学校，是因为他们对现实不得不做出妥协，是一个无奈的选择。

与经济学的理性人假定相一致，流动人口实际上也是一群理性人，他们都有着良好的预期，在调查中，我们发现大多数流动人口对子女的教育有很高的期望，此前的一份调查（李儒雅等，2003）反映了同样的结果，有48.3%的流动人口希望其子女读完硕士或博士，另有近40%的流动人口希望其孩子读完大学，也就是说，近90%的流动人口对子女教育的预期是完成大学以上的学业。但是，当我们进一步询问他们为什么不为孩子选择条件更好的北京市公立学校时，我们马上就能够看到他们脸上所表现出的那种明显的无奈，"没钱"、"讲不去"是他们最经常的回答。实际上从他们的本意来说，他们都希望子女能有一个好的受教育环境，不让孩子输在起跑线上，他们深知公立学校具有"正规"、"教师水平高"、"开设课程多"、"教学质量高"等诸多优点，也了解打工子弟学校的种种不足，但最终出于各种各样的原因，他们只能把孩子送进条件差的打工子弟学校。当深入了解了他们的处境和想法之后，我们就能很清晰地看到他们的无奈之处（见图 13－2）。

实际上，流动人口对子女教育问题的艰难抉择贯穿于其子女入学的整个过程。当孩子进入入学年龄时，第一个抉择就开始了：回家上学还是留在北京上学？此时他们会综合考虑自己的经济能力、家乡和北京教学质量的对比、家里有无人员照顾孩子上学等诸多因素，综合考虑的结果是部分流动人口放弃了孩子在北京上学的打算，进入家乡的国家义务教育体系接受教育，另一部分流动人口则选择让子女留在北京上学，他们有的是因为家里没人照顾孩子，有的是向往北京的教育条件，不一而足，总之他们有的主动有的被动把孩子留在北京。于是，第二个抉择不期而至：让孩子进入何种学校读书——北京市公立学校还是打工子弟学校？除了极少数的流动人口，调查发现，出于对子女接受良好教育的期望，大多数流动人口首先都希望孩子进入北京市公立学校，接受正规的教育，并且很多流动人口做过这方面的努力。一旦确定了进入北京市公立学校的目标，流动人口一般会选择离自己居住或工作地比较近的学校进行咨询，在对学校的咨询中，收费是流动人口关注的首要问题，当所咨询学校的收费超过了流动人口的承受能力或心理预期时，流动人口就会放弃让子女进入这一学校的努力，转而寻找另一所学校，当附近学校的收费都无法满足流动人口的条件时，他们就会改变其选择，让子女进入就近的打工子弟学校就读。如果

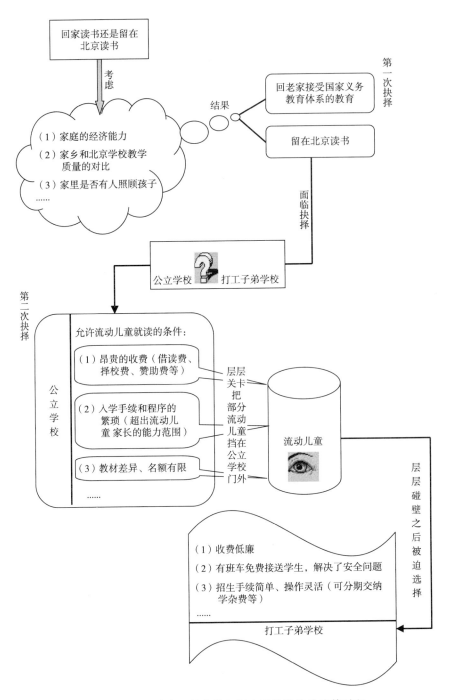

图 13-2 流动人口子女进入打工子弟学校的决策过程

附近某所公立学校的收费让流动人口觉得可接受时，流动人口就会为其子女进入这所学校做进一步的努力，这时他们面临的是我们前面提到的进入公立学校借读所必需的各项手续和程序，部分流动人口由于无法办齐所有手续而放弃努力，还有部分流动人口基于机会成本的考虑（如回老家办学籍证明需要花路费和时间）而止步，即便闯过这道关口，流动人口也可能出于教材差异等考虑而放弃努力，还有的可能因为学校的考试而功败垂成，最后他们还要受到北京市公立学校招生名额有限的硬约束，以及面临信息不灵所带来的迟到风险。对流动人口而言，每一个关口实际上都存在一个"推力"将其子女推出正规的义务教育体系之外。

当然，在流动人口对子女入学进行决策的整个过程中，在承受来自公立学校的"推力"的同时，也有来自打工子弟学校的"拉力"。收费低廉是打工子弟学校吸引流动人口子女入学的最有效工具。目前北京市的众多打工子弟学校的收费大多在每学期300～400元，相比较北京市公立学校动辄上千的收费，吸引力不言自明；打工子弟学校针对需求的灵活反应也是公立学校无法比拟的，如很多打工子弟学校针对流动人口大多没有时间接送孩子的情况购置了校车，将孩子送到离家较近的地点，解除了流动人口的一项后顾之忧，还有的针对部分流动人口经济困难的情况，允许他们分期交纳学费，此外在接受转学、插班学生方面以及在招生方面手续简单、操作灵活。但是，我们在关注这些"拉力"时，看到的并不是教学的内容本身，这让我们更加体味到了流动人口的无奈。

在"推力"和"拉力"的双重作用之下，流动人口子女的教育就处在一个尴尬的位置，他们希望孩子得到好的教育，但他们却无法进入北京市的正规义务教育体系，所以他们最终不得不选择打工子弟学校。

（四）北京市打工子弟学校的现状

其实，我们说流动人口让子女进入打工子弟学校是一个无奈的选择，一方面是基于他们让子女进入正规义务教育体系时所遭遇的艰难，另一方面则基于对打工子弟学校现状的了解和评价。如果打工子弟学校与北京市公立学校的教学条件和质量相差无几，我们的无奈一说自然无从谈起。

据韩嘉玲（2003）估计，北京市大约有 200 所的打工子弟学校。这些打工子弟学校大多数条件比较简陋。校舍多为租借的平房或临时搭建的简易房，或由废旧的库房改建而成。学生用的桌椅多是买的二手货，高矮不配套，并且为节约房租和多招收学生，教室内拥挤不堪，有的一个班学生高达 80 多人，不少教室三人共用两人课桌。此外教室的通风、采光等条件也极其简陋，有的教室甚至连窗户都没有。卫生和饮水条件也堪忧，多数学校没有学生饮水条件，部分学校没有厕所，即便有些学校有自己的厕所，卫生条件也极差。各学校的体育运动设施普遍较差，部分学校根本没有供学生活动的操场，更谈不上体育器材。在海淀区四季青乡的科园学校，我们看到的是 300 多名小学生挤在一个不大的院子里，周围一圈大大小小的房间分别被用做从学前班到六年级的教室和教师的办公室，每个教室的课桌一看就知道有些年头，且密密麻麻地摆在一起；位于院子一角的厕所几乎看不到任何光亮，老远就能看到厕所门口的粪便；下课铃一响，学生们一下子就填满了整个院子，几乎没有任何活动空间，我们在院子里也没有看到任何体育器材。

近年来，打工子弟学校所开设的课程在逐步完善之中，各学校出于吸引生源的考虑，也在尝试与北京公立学校的课程接轨，除了语文、数学等主课之外，逐渐开设了美术、音乐、英语、电脑等课程，但是除少数具备较强实力的学校之外，电脑等课程只是为了吸引学生所要的花枪而已。还是在科园学校，一个老师告诉我们开设了电脑课，但同样从这位老师的口中我们得知，该校只有两台电脑，对于一个300多人的学校，我们无法想象两台电脑如何上电脑课。目前在一些刚刚起步和规模不大的打工子弟学校，大多只能保证语文和数学两门主课的教学。

根据韩嘉玲的研究，打工子弟学校具有流动性和不规范性的特点。流动性包含了三个方面的内容：学校的流动、学生的流动和教师的流动。学校的流动是指学校没有固定的地址，很多学校有着多次搬迁的经历，主要原因是随着学生的扩增及北京城市的扩建、改造、拆迁，流动人口不断地向四环路之外迁徙，打工子弟学校也四处漂泊，有不断向外搬迁的趋势。学生的流动是指学生经常因为家长的经济环境或工作地点的变化而变换学校。教师的流动主要是由于当下打工子弟学校教师的待遇普遍较低、生活条件艰苦且教学负担重，只要有更好的工作他们就会做出跳槽的选择。教师频繁流动对学生的学习与心理适应、教育与课堂管理都产生了不良影响。特别是这些儿童多半面临来到一个新城市及环境的适应问题，教师常常扮演这个特殊过渡时期的重要角色，而教师的频繁变动加剧了学生的适应不良状况，增加了不稳定因素。我们在调查中也发现很多学生家长表现出这方面的担心，并认为这会对孩子的学习造成一定的负面影响。"不规范"性表现在这些学校大多没有合法的办学手续，部分学校取得了流出地教育局颁发的办学许可证，但都未经北京市教育局有关方面的认可，仍然没有办学的合法性。同时，由于这些学校，未经政府部门审批，不能提供学生毕业证。对多数家长来说，这类学校只是提供适龄流动儿童起码的认字、算数的扫盲功能，是提供儿童短暂的受教育场所。此外，由于这些学校是非正规的地下学校，对课程设置、作息安排、考试、学费、开学及放假的时间安排等，都未依照教育部门所颁发的规定与标准执行。而且，上述诸事务大都是由学校的创办人"自行决定"，校际间的办学条件、教学管理上差异很大。

四　如何让流动人口子女接受正规的义务教育

实际上，我们对北京市流动人口子女受教育问题的一些探讨同样也适用于国内很多地区。如何保障流动人口子女接受义务教育的权利，让他们真正接受到应该接受的教育，仍然是一个让人忧心的问题。要从根本上解决这一问题，既涉及深层次的观念转变，也涉及具体操作层面。

首先，树立平等观念，将流动人口视为"本市人口"而不是"外来人口"。虽然我国宪法保障了公民在法律面前人人平等，也规定了人们在受教育方面的权利，但体现在流动人口子女受教育问题上的不平等现象依然存在。长期以来，流动人口子女受教育问题之所以迟迟无法得到解决，关键在于全社会特别是决策者们欠缺平等的观念，没有将流动人口及其子女作为一个平等的主体加以考虑，甚至将他们视为洪水猛兽[1]。政府部门所制定的政策大多站在城市的角度考虑问题，经常忽略流动人口及其子女的权利，虽然近年来情况有所改观，但问题依然存在。

潜藏在流动人口教育平等权利之后的是整个流动人口的社会平等权利，在大多数城市，流动人口只是"外来人口"，他们无论在这个城市住了多长时间（即便有些小孩从出生就属于这个城市），他们也无法成为"本市人口"，他们承担的义务与本地人几乎没有差别（甚至还多，如多交各种费用），他们纳税，他们为本地的经济发展做贡

---

① 这从全国各地流动人口的管理部门大多设在公安部门就可见一斑。

献，但他们无法享受与本地人同样的权利（不只是子女教育方面），他们成为社会真正的弱势群体，子女无法享受国家正规的义务教育只是他们所遭遇的众多不平等中的一项。要最终解决流动人口子女的受教育问题，必须真正把流动人口视为本市人口，视为我们这个城市的平等公民。只有这样，流动人口子女才不会因为某些繁复的证件和手续被挡在校门之外，也不会在上学时被收取比城市孩子更多的费用，这将有助于更多的流动人口子女进入城市公立学校上学。

其次，国家应该承担起义务教育的职责。义务教育很大程度上应该是国家的义务，即使在市场经济发达国家义务教育也是国家行为，即政府有责任提供有利于儿童入学的各种条件及机会，人民也同时享有平等的受教育的权利。目前我国的义务教育国家投入还很不够，负担基本上交给了地方政府和个人承担。虽然现在政策明确了流入地政府在流动人口子女教育方面的责任，但流动人口子女具有跨区域流动的性质，地方政府解决这一问题时的积极性不高，实际上也没有任何具体的监督措施可以保障地方政府一定会履行责任。在当前形势下，国家应该尽快明确自己在义务教育中的角色，统筹全国义务教育资源的分配，并加大投入，使流动人口子女不因其流动而丧失受教育的机会。

再次，进一步降低义务教育的门槛。我们在调查中发现，即便现在城市公立学校取消所有的不合理手续和收费，按照目前北京市中小学的收费状况，还有部分流动人口子女仍然无法承担。要解决这部分低收入的流动人口子女的就学问题，必须降低他们进入义务教育体系的门槛，使他们也有机会享受正规的义务教育。降低门槛可以采取补贴或减免这些学生学费的办法，但最终的措施应该是使整个义务教育体系的门槛都降低，使应该接受义务教育的孩子都能够接受义务教育。

最后，广开就学门路，整合各类教育资源，增强正规义务教育体系的容纳能力。在一些流动人口的流入地，流动人口增长过快，导致当地教育资源的不足，政府一时无法兴建更多的公立学校，流动人口子女无法全部进入正规的义务教育体系。笔者认为，政府可以通过规范民办学校的方法将其纳入正规义务教育体系作为公立学校的补充。具体方法可以是政府每年向这些学校提供一定的补贴（当然这些补贴要远远低于政府重新兴扩建学校的成本），但条件是必须改善办学条件，达到政府要求的标准，使其符合义务教育的要求。我们在调查中发现，目前的打工子弟学校是以营利为办学目标，所以低收费会带来教学条件的降低。在目前情况下，政府一味要求打工子弟学校改善办学条件还不现实，这种做法可能会使部分学校关门，流动儿童失学。如果政府能从中选择一些学校进行正规化完善，在保证办学者有所盈利的情况下督促其改善办学条件，可能是解决当前流动人口子女受教育问题的一个可行的办法。

近年来，流动人口子女教育相关政策逐步得到改进。2005 年国务院颁发的《关于深化农村义务教育经费保障机制改革的通知》进一步明确，进城务工农民子女在城市义务教育阶段学校就读的，与所在城市义务教育阶段学生享受同等政策。2006 年《中共中央国务院关于推进社会主义新农村建设的若干意见》也强调，要认真解决务工农民的子女上学问题。2006 年新修订的《中华人民共和国义务教育法》也进一步以法律的形式明确了流入地政府在解决流动人口子女入学上的责任，该法第十二条第二款规定，父母或者其他法定监护人在非户籍所在地工作或者居住的适龄儿童、少年，在其父母或者其他法定监护人工作或者居住地接受义务教育的，当地人民政府应当为其提供平等接受义务教育的条件。2010 年发布的《国家中长期教育改革和发展规划纲要（2010 – 2020 年）》明确提出，要坚持以输入地政府管理为主、以全日制公办中小学为主，确保进城务工人员随迁子女平等接受义务教育，研究制定进城务工人员随迁子女接受义务教育后在当地参加升学考试的办法。2012 年国务院办公厅转发的教育部等部门《关于做好进城务工人员随迁子女接受义务教育后在当地参加升学考试工作意见》则对做好进城务工人员及其他非本地户籍就业人员随迁子女接受义务教育后在当地参加中考和高考提出了具体的意见，要求各省、自治区、直辖市人民政府要根据城市功能定位、产业结构布局和城市资源承载能力，根据进城务工人员在当地的合法稳定职业、合法稳定住所（含租赁）和按照国家规定参加社会保险年限，以及随迁子女在当地连续就学年限等情况，确定随迁子女在当地参加升学考试的具体条件，制定具体办法。各省、自治区、直辖市有关随迁子女升学考试的方案原则上应于 2012 年年底前出台。北京、上海等人口流入集中的地区要进一步摸清底数，掌握非本地户籍人口变动和随迁子女就学等情况，抓紧建立健全进城务工人员管理制度，制定出台有关随迁子女升学考试的方案。

北京市近年来也出台了一系列措施逐步解决流动人口子女教育问题。2004 年，北京市教委等部门出台《关于贯彻国务院办公厅进一步做好进城务工就业农民子女义务教育工作文件的意见》，明确了对来京务工就业农民子女实施九年义务教育，以公办中小学接收为主。来京务工就业农民子女在京接受义务教育的收费与本市户籍学生一视同仁。自 2004 年 9 月新学年开始，全市实施义务教育的公办小学和初中，对符合来京务工就业农民子女条件的借读生免收借读费。并明确了来京务工就业农民子女接受义务教育的入学程序及专门接收流动儿童少年就读学校的有关程序等。2008 年，北京市教委、财政局联合下发了《关于进一步做好来京务工人员随迁子女在京接受义务教育工作的意见》，提出要建立并完善立足当前、着眼长远的解决来京务工人员随迁子女义务教育的长效机制，切实保障适龄儿童少年接受义务教育的合法权利。对来京务工人员随迁子女的义务教育要以公办学校接收为主、适当委托民办学校，逐步规范自办学校管理，逐步引导学生到公办学校和经过审批的自办学校就读。2010 年，北京市提出未来3~5年内，来京务工人员随迁子女在义务教育入学中将逐渐享受"同城待遇"、"同班待遇"，即除了可免试就近入学外，还可参加推荐优秀生、特长生等。2011 年，对外来务工人员子女的借读条件进一步放松，外来务工人员子女只需提供两证即家长在京居住证明和户口簿，就可以按照北京市户籍学生免试、就近入学方式入学。

需要指出的是，尽管促进流动人口子女在流入地入学的政策有较为明显的改进，但是如何全面落实上述政策，真正解决流动人口子女教育问题仍是社会面临的一个巨大难题。我们在报告中所提及的流动人口子女入学所存在的种种障碍依然在一定程度上存在，与几年前相比，流入地政府虽然在更多地履行责任，但仍然远远不够，在不少城市，仍然有大量的流动人口子女（尤其是农民工子女）徘徊在正规义务教育大门之外，或者被迫选择留守在家接受教育。目前来看，流动人口子女教育问题的真正解决可能必须依赖于户籍、收入分配和高考政策等更深层次的改革。

参考文献

段成荣、梁宏：《我国流动儿童状况》，《人口研究》2004 年第 1 期。

葛柱宇：《鼓励打工子弟上公办学校》，《京华时报》2004 年 3 月 11 日。

韩嘉玲：《流动儿童学校》，中国网，www.china.org.cn，2003 年 6 月 17 日。

李雅儒等：《北京市流动人口及其子女教育状况调查研究》，《首都师范大学学报（社会科学版）》2003 年第 1、2 期。

苏敏：《我国流动儿童失学率高达 9.3%"童工"问题突出》，《中国青年报》2003年 11 月 6 日，转引自中国网，http://www.china.org.cn/chinese/2003/Nov/436646.htm。

 第十四章

我国流动妇女的培训现状及培训需求分析

　　随着我国城市化进程的加快和社会结构的急剧转型，从 20 世纪 90 年代中期开始，大量的农村劳动力涌入城市，2004 年我国农村外出劳动力已超过 1 亿（蔡昉，2005）。在迁移劳动力大军中，女性所占的比例也呈现上升趋势。2000 年第五次人口普查结果显示妇女在迁移劳动力中占了近一半的比例（郑真真、解振明，2004）。2004 年中央 1 号文件明确指出："进城就业的农民工已经是产业工人的重要组成部分。"根据一项粗略的统计结果，当前我国建筑业的 90%、煤矿采掘业的 80%、纺织服务业的 60% 和城市一般服务业的 50% 的从业人员已经被农民工所取代（宋丽智、胡宏兵，2005）。然而，有调查数据显示农民工虽然进入了城市，仍有 71.8% 的人由于文化水平低且从未接受过任何形式的技能培训，只能从事以体力劳动为主的工作，很难进入城镇稳定就业（农村住户调查，2005）。可以说，较低的文化素质已成为制约农民工生存发展和解决"三农"问题的瓶颈。与此同时，流动妇女由于具有较男性更低的受教育水平，加之又面临着家庭、社会等多方面的压力，她们的生存状况更差，经历了比男性更多的风险，如，自身权益难以得到保障、被拐卖、被迫卖淫和感染性病艾滋病的风险较大，享受计划生育/生殖健康的机会较少，等等。因此，通过提

供教育培训活动来提高流动妇女的综合能力就显得尤为重要。迄今为止，对流动妇女的培训现状和培训需求的实证研究并不多见。因此，本文将通过对已有研究成果和实地调查数据的分析，对流动妇女的培训现状及需求进行研究，并从她们的自身需求和现有培训机制出发，以期探索出适合流动妇女培训的有效模式。

一　我国农民工培训的现有政策及其成效

20 世纪 90 年代中期以前，我国政府对农民工的管理工作重心主要放在有序引导流动上。随着农民跨区域流动和向城镇流动就业规模的扩大，出现了诸如农民工就业难、工资拖欠、职业病危害严重等一系列社会问题，进而导致"三农"问题的日趋升温，农民工培训工作也逐步引起政府的高度重视，并出台了农民工培训的专门性政策文件。2003 年 1 月，国务院办公厅下发了《关于做好农民进城务工就业管理和服务工作的通知》，指出要做好农民工培训工作，并对流出地政府和流入地政府各自应承担的职责做了明确要求。2003 年 9 月由农业部、劳动和社会保障部、教育部、科技部、建设部、财政部等六部委共同制定的《2003 - 2010 年全国农民工培训规划》，对农民工培训的任务目标、组织管理、资金投入以及培训资源的整合利用等方面都做了具体说明。2004 年《中共中央、国务院关于促进农民增加收入若干政策的意见》又明确指出：城市政府要切实把对进城农民工的职业培训管理经费纳入正常的财政预算，再次强调了流入地政府对农民工培训需承担的责任和任务。为推动妇女充分参与社会经济发展，《中国妇女发展纲要（2001 - 2010 年）》也把面向农村妇女开展各种劳动技能培训，引导和扶持农村妇女富余劳动力向非农产业转移作为具体策略之一。同时指出流动妇女享有与户籍所在地妇女同等的卫生保健服务。2006 年 1 月 18 日，国务院常务会议审议并通过了《国务院关于解决农民工问题的若干意见》，提出了解决农民工问题的七项重点工作，其中之一就是要搞好农民工就业服务和职业技能培训，这标志着农民工培训工作已经到了全面展开阶段。

我国农村劳动力转移培训工作基本上开始于 20 世纪 90 年代中期，当时是以企业内部的培训形式为主，如：中铁集团为了解决企业职工队伍的逐年老化和技术工人供不应求问题，改革了用工制度，招收农民工，并对他们进行电焊、钢混、木工、隧道操作、机械驾驶等培训，满足了施工一线的用工需要（王启录，2003）。随后在国家政策文件的引导下，以劳务输出地为主体开展的农民工培训活动迅速扩大。目前，全国范围内针对农民工开展的职业技能培训工程主要是 2004 年起由农业部等六部委联合启动实施的"农村富余劳动力转移就业培训工程"（即"阳光工程"）。"阳光工程"是由政府公共财政支持，主要在粮食主产区、劳动力主要输出地区、贫困地区和革命老区开展的农村劳动力转移到非农领域就业前的职业技能培训示范项目。按照"招标确定培训基地、财政资金直补农民、培训保证农民就业"的工作机制，以当前用工量大的制造、建筑、餐饮、家政服务等行业为重点，开展订单培训。据不完全统计，截止到 2007 年 11 月底，全国共培训农村劳动力 1214 万人，转移就业 1032 万人（中国农村劳动力转移培训网，2007）。同时，许多地方政府还因地制宜地组织实施相关的培训行动。如浙江省 2001 年开始实施"外来民工教育培训工程"；山西省提出了"双五百万"工程，其中一个"五百万"就是对拟向非农产业和城镇转移的 500 万个农村劳动力，开展转移就业前的引导性培训和职业技能培训。各地针对流动妇女开展的培训，主要集中在缝纫、家政服务以及计生部门组织的计划生育/生殖健康培训等方面。

二 流动妇女的培训现状和培训需求

本课题组于 2005 年 10 月，在流动人口较多的北京市和成都市，重点对 15～40 岁在本地居住 3 个月以上的单身或已婚流动妇女开展了问卷调查。同时，我们还组织了小组座谈会和个案深入访谈，以便补充和更深入地了解流动妇女的思想、生活状况以及对培训的需求和建议。本次调查最终的有效问卷共 1631 份，其中北京 1008 份，成都 623 份。基于对大量定性、定量资料的整理和统计分析，对流动妇女的培训现状和需求得出如下基本结论。

1. 不足 1/3 的流动妇女在外出之前或外出期间接受过各种形式的培训

被调查对象中有 491 人回答接受过各种形式的培训，占总数的 30.1%，培训次数的中位数是 2。她们接受过的培训内容主要是礼仪知识、计划生育/生殖健康知识、非农技能（包括计算机、家政服务、缝纫、保姆、会计、英语、销售以及餐饮培训）和法律知识。其中部分培训是免费的，有 58.8% 的人是自费参加的非农业技能培训（见表14-1）。95.9% 的流动妇女认为培训对她们的工作生活很有帮助或有些帮助。

表 14-1 参加过培训的情况和培训需求

单位：%

培训内容	参加该项培训	自 费	希望学习该项内容
法律知识	29.5	20.0	61.0
基本卫生防疫知识	23.6	31.9	26.8
妇科疾病防治知识	17.9	25.0	39.7
计划生育/生殖健康知识	33.4	14.0	23.2
城市生活常识	11.8	22.4	30.7

培训内容	参加该项培训	自　费	希望学习该项内容
礼仪知识	33.6	27.9	31.8
非农业技能培训	32.6	58.8	40.9
应答人数	491	491	1077

就培训形式而言，由政府机构（一般为劳务输出地政府）和用人单位组织的比重较大，多为短期培训（一般2～3天）。培训手段以讲授为主，实际操作性差。

2. 流动妇女对法律知识和非农技能培训的需求强烈

调查中有66%的妇女希望参加各种形式的培训活动。基于对个人技术水平和自身经历的深切认识，多数流动妇女对于能提高其素质和能力的培训项目，有着比较强烈的潜在需求。问卷调查结果显示（见表14-1）：流动妇女的培训需求较高强度地指向能帮助她们维护切身权益的法律知识，以及劳动强度低的非农业技能（如计算机、会计、管理、英语等）。座谈会上很多妇女表示只要能学到有用的知识，即使花点钱也愿意参加培训。但是，流动妇女对卫生防疫和生殖健康等方面知识的培训需求淡薄。从表14-1数据可以看出，只有26.8%和23.2%的流动妇女希望获取更多的卫生防疫和生殖健康知识。事实上，流动妇女相关知识的缺乏，已造成流动儿童的计划免疫空白和人工流产率较高等问题。

3. 流动妇女的培训需求与接受过的培训内容存在明显的错位现象

流动妇女的培训需求与培训内容的错位现象主要表现在两个方面：一是希望参加的培训内容，政府提供的培训机会相对较少。如表14-1数据显示，流动妇女对法律知识、妇科疾病防治知识和城市生活常识的培训需求比例远远高于她们参加这三项培训的比例。这也暗示着流动妇女在生活中缺乏相关知识而受到困扰。从本次调查数据发现，接受过妇科检查的妇女中有32.8%的人被诊断为有妇科疾病，其中大部分人是患有阴道炎。众所周知，如果养成良好的生活卫生习惯，可以降低阴道炎的发病率。此外，她们还提到非农业技能培训的内容应多样化，如会计、计算机、管理等知识的培训多一些，还希望有儿童饮食和家庭教育等知识的培训。二是培训内容理论性强、实践性小，与现实生活相脱节。流动妇女普遍反映接受过的培训内容多是普及性的，无法满足实际生活和工作中的需要。比如，法律知识的培训，讲述的内容多是遵纪守法和职业道德等方面的常识，缺少自我保护、妇女权益等知识的培训，且所举的实例较少，遇到问题时仍然不知如何处理。座谈会上，来自河南的一位流动妇女说："我接受过法律知识培训，但当我的权益受到侵犯时，我想去告，可是我不知道去哪里告，具体该怎么办？"因此，培训内容和培训方法的选择要从流动妇女的实际需求和实际接受能力出发，这将直接影响到培训效果和人们参与培训的积极性。

值得注意的是，这种错位现象的直接后果是导致一些妇女认为"培训学习也没什么用"。一位妇女深有体会地说："接受培训对找工作只能起到辅助作用。俺就是一个例子，以前在老家学过缝纫手艺，可在现在的服装厂还要从辅工做起，因为服装的设计、生产和制作工艺等流程都与以前学习的不一样。"

此外，还有一部分人表示"不知道哪里有培训项目"。可见，政府对培训工作的宣传力度不够，很多妇女对国家颁布的政策文件并不了解。

三　影响流动妇女培训行为和培训需求的因素分析

上文概述了流动妇女参加培训的基本情况和培训需求。下面我们将重点分析究竟是哪些因素影响了流动妇女的培训行为和培训需求。

1. 年龄与流动妇女的培训行为和培训需求

与年长者相比，年轻人有更多的时间和精力去学习，接受新知识、新观念也更快，因而流动妇女的年龄是能否接受新知识、新观念的关键点。那么，流动妇女的年龄会影响到她们的培训行为和培训需求吗？

统计分析结果表明（见表 14-2），年龄与流动妇女的培训行为和培训需求的关系都通过了卡方检验，Gamma 系数均为负值（分别为 -0.127 和 -0.260）。这说明流动妇女的年龄对其培训行为和培训需求都有影响，且呈负相关关系，即年龄越大，接受过培训的人数比例越低，而不想参加培训的人数比例越高。但 Gamma 值较小，表明相关关系不是很强。

表 14-2　年龄与流动妇女的培训行为和培训需求（N = 1631）

单位：%，人

年　　龄	是否参加过培训			是否希望参加培训		
	参加过	未参加过	合　计	希望参加	不希望参加	合　计
15～19 岁	37.8	62.2	100（172）	83.7	16.3	100（172）
20～24 岁	33.8	66.3	100（320）	73.4	26.6	100（320）
25～29 岁	29.8	70.2	100（373）	65.1	34.9	100（373）
30～34 岁	28.6	71.4	100（455）	62.6	37.4	100（455）
35 岁及以上	24.8	75.2	100（311）	54.7	45.3	100（311）
	$x^2 = 11.603$，sig. $= 0.021$			$x^2 = 52.211$，sig. $= 0.000$		

2. 受教育水平与流动妇女的培训行为和培训需求

统计结果显示：不同受教育水平的妇女参加培训的情况存在显著差异，两者关系通过了卡方检验，Gamma 系数为 0.329；不同受教育水平妇女的培训需求差异亦十分明显，两者关系也通过了卡方检验，Gamma 系数为 0.340。这表明流动妇女的受教育水平与其培训行为和培训需求都呈明显的正相关关系，也就是说，受教育水平越高，流动妇女参加过培训和希望参加培训的可能性越大。从图 14－1 可以看到：（1）受过高中/中专和高等教育的妇女接受过培训的比例最高，超过 40%；希望参加培训的比例也最高，达 76% 以上。（2）具有初中学历（包括初中未毕业和初中毕业）的妇女，参加过培训的人数比例为 25.8%～31.1%；希望参加培训的比例为 58.2%～70.1%。（3）仅具有小学文化水平的妇女参加过培训的比例明显下降，不到 18%；且不到一半的妇女希望参加培训活动。（4）文盲妇女参加过培训的比例和希望参加培训的比例都最低。调查中发现，由于担心听不懂或学不会培训内容，受教育水平低的妇女从内心里就对培训产生畏惧感，进而逃避培训活动。

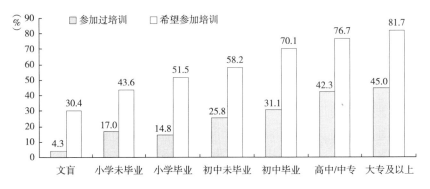

图 14－1　不同受教育程度的流动妇女参加培训和希望参加培训的比例

此外，不同受教育水平的妇女对培训内容的需求也不尽相同。比如，受教育水平在初中及以上的妇女中有 60% 左右的人希望参加法律知识的培训，而文盲妇女中只有 28.5% 的人对法律知识的培训有需求；文盲妇女更多的希望参加城市生活常识（57%）和礼仪知识（43%）的培训，比其他受教育程度的妇女对这两项的培训需求平均值分别高出 30 和 15 个百分点。可以看出，文盲妇女依靠法律进行自我保护的意识较差。因此，在培训活动中，要重视引导她们的培训需求，而不是片面迎合她们的培训需求。

3. 收入水平与流动妇女的培训行为和培训需求

目前，社会上的很多技能培训都属于自费项目，需要流动妇女具有一定的经济支持能力，那么，收入水平的高低是否会影响到她们的培训行为和培训需求呢？为此，我们做了统计分析。根据问卷中"上个月您的收入（包括奖金和加班费）大约有多少元？"一题，我们将流动妇女的收入分为低（0~500 元）、中（501~800 元）、高（800元以上）三个层次。

表 14 – 3　收入水平与流动妇女的培训行为和培训需求（N = 1508）

单位：% ，人

收入水平	是否参加过培训			是否希望参加培训		
	参加过	未参加过	合计	希望参加	不希望参加	合计
低收入	24.8	75.2	100（472）	64.6	35.4	100（472）
中收入	35.0	65.0	100（574）	70.2	29.8	100（574）
高收入	32.5	67.5	100（462）	63.2	36.8	100（462）
	$x^2 = 13.302$，sig. = 0.001			$x^2 = 6.507$，sig. = 0.039		

分析结果表明，收入水平的高低对流动妇女的培训行为有影响，两者的关系通过了卡方检验。表 14 – 3 数据显示，中等以上收入水平的妇女参加过培训的比例明显高于低收入妇女。收入水平与流动妇女的培训需求这两者的关系也通过了卡方检验，但相关系数很小，影响很弱。

4. 工作内容与流动妇女的培训行为和培训需求

本次调查数据显示，流动妇女主要从事批发零售和餐饮/娱乐/服

务业的工作。她们所从事的工作对她们的培训行为和培训需求有哪些
影响呢？

列联表分析发现（见表 14 - 4），从事的工作内容不同，流动妇女
的培训行为和培训需求有显著差别。在企事业单位打工的妇女参加过
培训的比例（43.0%）和希望参加培训的比例（79.1%）都最高，比
从事其他工作的妇女明显高出十几或二十几个百分点。

表 14 - 4　工作内容与流动妇女的培训行为和培训需求　（N = 1631）

单位：%，人

行业分布	是否参加过培训			是否希望参加培训		
	参加过	未参加过	合计	希望参加	不希望参加	合计
无工作	18.7	81.3	100 （123）	62.6	37.4	100 （123）
批发零售业	27.1	72.9	100 （410）	61.0	39.0	100 （410）
餐饮/娱乐/服务业	30.4	69.6	100 （697）	66.3	33.7	100 （697）
企事业单位	43.0	57.0	100 （263）	79.1	20.9	100 （263）
其他行业	23.2	76.8	100 （138）	58.0	42.0	100 （138）
	$x^2 = 33.239$，sig. = 0.000			$x^2 = 29.322$，sig. = 0.000		

为什么从事批发零售和餐饮/娱乐/服务业工作的流动妇女的培训
需求不高呢？调查发现，"工作时间太长，没有空闲时间"是她们最
主要的考虑因素。从事这些工作，工作时间的长短直接决定着她们的
经济收入，尽管她们承认培训对生活或工作有帮助，但在面临着生活
压力、找工作难等现实问题时，常常为保住目前的工作和为加班能挣
得更多的工资而放弃参加培训。在问卷调查现场，我们也多次看到一
些流动妇女先卖货，没有顾客再答题的情景。事实上，这里暗含着一
个恶性循环的过程，即：缺少知识/技能——从事工作时间长、脏、
累、差的工作——没有时间、精力去学习——更缺少知识/技能。因
此，转变部分流动妇女的思想观念，让她们从注重目前的短期效益转
变为用长远眼光来看待培训是一个亟待解决的关键问题。

总结以上分析，我们可以得出这样的结论：反映流动妇女个人特征的年龄、文化程度和经济收入变量对其培训行为和培训需求具有显著的影响。年龄较轻、文化程度较高、经济收入较好的流动妇女更可能参加过培训，且有更强烈的培训需求。在企事业打工的流动妇女相比于从事其他工作的流动妇女，参加过培训的比例更高，培训需求也更高。工作时间太长，没有空闲时间是多数流动妇女不想参加培训的主要考虑因素。

四 加强流动妇女培训的对策建议

根据对北京市和成都市流动妇女的调查，以及对现有文献资料的回顾和与地方政府官员讨论的情况，我们提出以下几条建议，努力探索出适合流动妇女培训的有效模式。

1. 加大对流动妇女的培训力度

近年来，我国政府对农民培训和农村职业教育的发展给予了足够的重视，以期有效地带动农民职业技能和就业竞争能力的提高。然而，从调查结果看，流动妇女接受过培训的比例很低，加之自身文化水平不高，导致她们在劳动就业、家庭生活等方面常处于弱势地位，面临着更多的社会问题。因此，加大对流动妇女的培训力度，提高她们的综合能力和自主意识，是我国经济发展和社会稳定的需要，也是构建和谐社会、建设社会主义新农村的需要。

2. 从实际需求出发，改革和创新培训机制

根据上述分析我们看到，不同年龄、不同文化程度、从事不同工作的流动妇女对培训的需求截然不同，工作时间长、流动性大等特点也影响流动妇女的培训需求。因此，针对流动妇女的培训活动，应以

市场的就业需求为导向，结合流动妇女的个人特征，实行灵活的教育/培训模式，才能提高培训参与率，避免培训需求与培训内容错位现象的再发生。具体措施如短期的急需技能培训和长期的素质培训相结合；根据具有不同的教育背景和从事不同职业的流动妇女对培训的不同需求来设计培训内容，并注重理论与实践的相结合；培训方式以实践为主、讲授为辅；开课时间可采取半日制、全日制、夜校、周末班等形式，为流动妇女参加培训或学习创造便利条件。

3. 重视对流动妇女开展卫生防疫、生殖健康等知识的培训

社会对女性的角色定位使得女性在家人的身体健康和孩子的教育等方面起到重要作用，因此，针对流动妇女不仅要开展以最快的速度为她们获得经济效益的职业技能培训，还要加强对生殖健康、艾滋病防治、基本卫生防疫、育儿知识、营养膳食、家庭教育等内容的培训，其中，带孩子外出或与丈夫一起外出的流动妇女是培训的重点人群。

4. 加强培训项目的评估工作

目前，培训项目主办方（政府或企业）往往是为了贯彻上级政策或完成任务而组织开展培训活动，但忽略了对培训活动的评估。比如，流出地政府在流动妇女外出打工之前都会组织其参加法律知识、城市生活常识、异地计划生育管理等内容的培训，而培训结束时并不考察妇女对知识的实际掌握程度，结果出现了妇女不知道该去哪里维护自己权益的情况。因此，加强对培训项目的评估工作非常重要。评估项目活动应该包括对培训内容、培训模式、培训的组织与管理以及培训效果等各个环节的评估，才能确保培训项目的可持续发展。

5. 充分发挥劳务输入地在流动妇女培训中的作用

自 2004 年"阳光工程"实施以来，劳务输出地都开展了大规模

的基本技能培训活动。从流动人口的输出地看，基本上是中西部地区或贫困地区，社会经济发展水平较低，在培训的人力、物力和财力等方面的力量都相对薄弱。与输出地相比，在输入地开展流动妇女培训具有以下几点优势：（1）针对性更强。当流动妇女更多地了解输入地劳动力市场信息时，她们能针对专门的职业发展提出更明确的培训需求，做到"即学即用"。（2）具备雄厚的培训力量。输入地（多数是城市地区）往往具有较好的培训设施和培训资源（包括人力和财政资源）。（3）易于规划和组织。在我国农村地区开展培训，常常需要参与者到县或乡里来参加培训，使农民花费较多的时间和路费，影响参与培训的积极性。而在工作场所或居住地的培训更容易规划和组织，流动妇女参与的可能性更大。为此，鼓励输入地与输出地政府发挥各自优势，联合开展流动妇女的培训活动。

参考文献

蔡昉：《劳动力市场变化趋势与农民工培训的迫切性》，《中国职业技术教育》2005 年第 32 期。

"各省农村劳动力转移培训阳光工程进展情况（月度数据）"，中国农村劳动力转移培训网，http：//www. nmpx. gov. cn，2007。

国家统计局农调总队：《中国农村住户调查年鉴（2005）》，中国统计出版社，2005。

宋丽智、胡宏兵：《我国农民工培训面临的问题及对策》，《经济问题》2005 年第 10 期。

王启录、杨鹏演：《服务企业：搞好农民工的技能培训》，《现代技能开发》2003 年第 10 期。

郑真真、解振明：《人口流动与农村妇女发展》，社会科学文献出版社，2004。

后 记

中国是一个人口大国，参与迁移流动的人口规模也是世界上最大的，虽还有更多人没有参与迁移流动，但也受到迁移流动的影响。主要由农村向城市的劳动力流动以及一部分流动人口相对较长时期的居留，对中国经济快速增长做出了不可低估的贡献，也改变了中国城乡居民的比例、加快了城市化的进程。2012 年 1 月，国家统计局宣布2011 年城市居民数量历史上首次超过农村居民，在形成中国人口城乡分布的新格局中，流动人口的贡献不可忽视。在中国从人口大国走向人力资源强国的进程中，约占人口总数 1/6 的流动人口是无法忽视的人力资源，流动人口的健康和教育问题是建设人力资源强国的关键问题。

健康和教育是人力资本的主要体现。人口流动经历对人力资本的积累和提升既有积极的作用，也可能有负面作用。在流动人口为中国经济增长做出重大贡献的同时，流动人口的人力资本问题远远没有得到相应的重视，政府、社会和企事业对流动人口的人力资本投资及效果也还没有得到较好的评估。相对中国长期大规模的人口流动而言，我们对人口流动与人力资本的研究还远远不够。

本书中的研究跨越了相当长的时段，部分研究成果曾经以不同形式公开发表。有些研究完成于 10 年前，如流动人口子女的义务教育和男性流动人口避孕套使用的研究；有些则是 10 多年来长期研究的积累，如对相关政策回顾和对流动人口健康问题的综述。这些不同时期的研究记录了政策、状况和问题的变化。与 10 年前相比，政府对流动人口的问题，包括健康和教育问题的关注程度已经提高，国家和地方都有更多的政策出台，促进流动人口公共服务的均等化。不过，这些努力大多数只是针对城市流动人口的短期项目或临时活动，虽有一些成效，但鉴于公共服务体系的巨大城乡差异等体制性局限，以及流动人口在个人收入、知识、态度、实践及服务利用方面的差距，这些努力似乎并未满足需求，且效果也不明显。不同城市或地区之间在相关政策的实施力度方面也有差距。

在人口流动和政策变化大背景下，本研究课题在重点研究流动对人力资本提升的影响方面进行了尝试。课题组在研究过程中，注重实地调查，注意综合应用定量和定性资料与研究方法，收集了大量的一手资料，从而得以既研究了宏观人口现象和政策变化，又在微观个体层面研究了健康、教育与流动经历、政策变化之间的关系，以及针对不同地区和不同人群特有的问题进行对比分析，尤其是对新一代流动人口的问题研究。课题组在研究健康问题时，特别针对流动人口的工作/生活环境与身体/心理健康之间的关系展开研究，且在研究流动与健康问题时，不仅了解健康状况，更关注流动人口的健康意识、知识和服务利用，这些方面都是现有研究中较为缺乏的内容。

未来课题组将继续关注流动人口的健康和教育问题，跟踪政策变化及其影响，在有条件的地区开展跟踪调查，并将更密切地结合相关政策或项目对现状、变化与政策效应进行研究和评价。

本书是团队合作的研究成果，其成员有中国社会科学院人口与劳动经济研究所的郑真真、张妍、牛建林、林宝、连鹏灵；深圳市人口和计划生育科学研究所的张玲华、曾序春；内蒙古社会科学院经济研究所的孙学力；北京大学社会学系的周云。各章的第一作者分别为：郑真真（引言、第一章、第四章、第九章），张妍（第二章、第三章、第八章、第十二章、第十四章），牛建林（第五章、第六章、第七章、第十章），林宝（第十一章、第十三章）；参与各章写作的作者为：郑真真（第六章），张妍（第七章、第十三章），牛建林（引言），连鹏灵（第四章、第十三章），曾序春、张玲华（第六章），孙学力（第七章），周云（第九章）。

郑真真

2014 年 3 月于北京

图书在版编目（CIP）数据

中国流动人口：健康与教育/郑真真等著 . —北京：社会科学
文献出版社，2014.5
　ISBN 978 - 7 - 5097 - 5759 - 8

　Ⅰ . ①中…　Ⅱ . ①郑…　Ⅲ . ①流动人口 - 健康教育 - 研究 -
中国　Ⅳ . ①C924. 24 ②R193

中国版本图书馆 CIP 数据核字 （2014） 第 044415 号

中国流动人口：健康与教育

著　　者／郑真真　张　妍　牛建林　林　宝

出 版 人／谢寿光
出 版 者／社会科学文献出版社
地　　址／北京市西城区北三环中路甲 29 号院 3 号楼华龙大厦
邮政编码／100029

责任部门／皮书出版分社　（010）59367127　　责任编辑／郑庆寰　陈　颖
电子信箱／pishubu@ssap. cn　　　　　　　　责任校对／谢　敏
项目统筹／姚冬梅　　　　　　　　　　　　　责任印制／岳　阳
经　　销／社会科学文献出版社市场营销中心　（010）59367081　59367089
读者服务／读者服务中心　（010）59367028

印　　装／北京鹏润伟业印刷有限公司
开　　本／787mm × 1092mm　1/16　　　　　印　　张／19.5
版　　次／2014 年 5 月第 1 版　　　　　　　字　　数／250 千字
印　　次／2014 年 5 月第 1 次印刷
书　　号／ISBN 978 - 7 - 5097 - 5759 - 8
定　　价／69. 00 元